Praxiswissen
Responsive Webdesign

Tim Kadlec

Deutsche Übersetzung von
Stefan Fröhlich

Die Informationen in diesem Buch wurden mit größter Sorgfalt erarbeitet. Dennoch können Fehler nicht vollständig ausgeschlossen werden. Verlag, Autoren und Übersetzer übernehmen keine juristische Verantwortung oder irgendeine Haftung für eventuell verbliebene Fehler und deren Folgen.

Alle Warennamen werden ohne Gewährleistung der freien Verwendbarkeit benutzt und sind möglicherweise eingetragene Warenzeichen. Der Verlag richtet sich im Wesentlichen nach den Schreibweisen der Hersteller. Das Werk einschließlich aller seiner Teile ist urheberrechtlich geschützt. Alle Rechte vorbehalten einschließlich der Vervielfältigung, Übersetzung, Mikroverfilmung sowie Einspeicherung und Verarbeitung in elektronischen Systemen.

Kommentare und Fragen können Sie gerne an uns richten:
O'Reilly Verlag
Balthasarstr. 81
50670 Köln
E-Mail: kommentar@oreilly.de

Copyright:
© 2013 by O'Reilly Verlag GmbH & Co. KG
1. Auflage 2013

Die Originalausgabe erschien 2013 unter dem Titel
Implementing Responsive Design. Building Sites for an Anwhere, Everywhere Web bei New Riders.

Authorized translation from the English language edition, entitled *Implementing Responsive Design. Building Sites for an Anywhere, Everywhere Web*, 1st Edition, 0321821688 by Tim Kadlec, published by Pearson Education, Inc, publishing as New Riders, Copyright © 2013.

All rights reserved. No part of this book may be reproduced oder transmitted in any form or by any means, electronic or mechanical, including photocopying, recording or by any information storage retrieval system, without permission from Pearson Education, Inc. For informationn on getting permission for reprints and excerpts, contact *permissions@peachpit.com*. German language edition published by O'Reilly Verlag, Copyright © 2013.

Autorisierte Übersetzung der englischsprachigen Ausgabe mit dem Titel *Implementing Responsive Design. Building Sites for an Anywhere, Everywhere Web*, 1st Edition, 0321821688 von Tim Kadlec, erschienen bei Pearson Education, Inc, unter dem Imprint New Riders, Copyright © 2013.

Alle Rechte vorbehalten. Kein Teil dieses Buchs darf in irgendeiner Form oder mithilfe irgendeines Mittels, elektronisch oder mechanisch, einschließlich Fotokopien, Aufnahmen oder der Speicherung in jedweder Form ohne die Erlaubnis von Pearson Education, Inc, vervielfältigt und verbreitet werden. Um Informationen einzuholen, die einen Nachdruck oder die Nutzung von Auszügen dieses Buchs betreffen, wenden Sie sich bitte an *permissions@peachpit.com*. Die deutsche Ausgabe erschien beim O'Reilly Verlag, Copyright © 2013.

Bibliografische Information der Deutschen Bibliothek
Die Deutsche Bibliothek verzeichnet diese Publikation in der Deutschen Nationalbibliografie; detaillierte bibliografische Daten sind im Internet über *http://dnb.d-nb.de* abrufbar.

Übersetzung: Stefan Fröhlich, Berlin
Lektorat: Inken Kiupel, Köln
Korrektorat: Sibylle Feldmann, Düsseldorf
Satz: Ulrich Borstelmann, Dortmund
Produktion: Karin Driesen & Andrea Miß, Köln
Belichtung, Druck und buchbinderische Verarbeitung:
Himmer AG, Augsburg

ISBN 978-3-95561-433-1

Dieses Buch ist auf 100 % chlorfrei gebleichtem Papier gedruckt.

*Für meine Frau und unsere
wundervollen Töchter*

Danksagungen

Häufig heißt es, dass das Schreiben eines Buchs ein einsamer Prozess für Einsiedler sei. In manchen Fällen mag das stimmen, aber auf dieses Buch trifft es definitiv nicht zu. Wenn dieses Buch in irgendeiner Form gut gelungen ist, dann wegen all der harten Arbeit, Geduld und des Feedbacks all derer, die mir dabei geholfen haben.

Ein riesiges Dankeschön geht an …

Michael Nolan, der mir zunächst einmal angeboten hat, ein Buch zu schreiben. Vielen Dank für das Vertrauen in mich!

Margaret Anderson und Gretchen Dykstra, die über meine schrecklichen Interpunktionsfehler hinweggesehen und mir den Eindruck vermittelt haben, dass ich wesentlich mehr Ahnung davon habe, wie man ein Buch schreibt, als ich es in Wahrheit habe.

Danielle Foster, die dafür gesorgt hat, dass das Buch so fantastisch aussieht, und die einige meiner Änderungen in allerletzter Minute akzeptiert hat. Außerdem herzlichen Dank an Rose Weisburd, Joy Dean Lee, Aren Straiger, Mimi Heft, Rebecca Winter, Glenn Bisignani und das übrige Team bei New Riders, die mitgeholfen haben, dass dieses Buch entstehen konnte.

Ed Merritt, Brad Frost, Guy Podjarny, Henny Swan, Luke Wroblewski, Tom Maslen und Erik Runyon für ihre wunderbaren Beiträge. Dadurch, dass sie eingewilligt haben, ihr Fachwissen und ihre Erfahrung zu teilen, ist dieses Buch wesentlich gehaltvoller geworden.

Jason Grigsby für sein wachsames Auge darauf, dass ich versehentlich nichts erfunden habe, für sein wertvolles (und häufig urkomisches) Feedback und seinen unermüdlichen Zuspruch. Jason ist nicht nur einer der klügsten Menschen, die ich kenne, sondern auch einer der hilfsbereitesten. Ich bin dankbar, ihn zum Freund zu haben!

Aaron Gustafson dafür, dass er ein großartiges Vorwort geschrieben hat. Von ihm lerne ich unentwegt, seitdem ich mit dem Web arbeite. Es wäre noch stark untertrieben zu sagen: Ich fühle mich zutiefst geehrt, dass er bereit war, das Vorwort zu diesem Buch zu schreiben.

Stephen Hay, Stephanie Rieger, Bryan Rieger, Brad Frost, Derek Pennycuff, Ethan Marcotte, Chris Robinson, Paul Thompson, Erik Wiedeman, Sara Wachter-Boettcher, Lyza Danger Gardner, Kristofer Layon, Zoe Gillenwater, Jeff Bruss,

Bill Zoelle, James King, Michael Lehman, Mat Marquis, Nishant Kothary, Andy Clarke, Ronan Cremin, Denise Jacobs und Cennydd Bowles für ihre stetigen Einsichten, ihr Feedback und ihren Zuspruch. Dieses Buch verdankt der kollektiven Großartigkeit dieser Menschen eine ganze Menge!

Ein Dankeschön an alle, die durch ihre Anregungen – sowohl persönlicher Art als auch online – die Diskussionen, die in diesem Buch skizziert werden, bereichert haben. Wir sind eine großartige Community, und ich bin stolz darauf, ein Teil davon zu sein.

Meiner Mutter und meinem Vater für ihre Liebe und ermutigenden Worte.

Meinen wundervollen Töchtern: dafür, dass sie mich immer wieder daran erinnert haben, dass es in Ordnung ist, von Zeit zu Zeit eine Pause zu machen, um mit ihnen zu spielen. Und dafür, dass sie jeden einzelnen Tag mit ihrem Lachen, ihren Küssen und Umarmungen füllen.

Und an meine wunderbare Frau Kate. Dieses Buch – genau wie alles andere, was mir je gelungen ist – ist das direkte Ergebnis ihrer liebevollen Unterstützung und ihres Zuspruchs. Worte reichen nicht aus, um auszudrücken, wie dankbar ich ihr bin.

Vorwort

von Aaron Gustafson

Vor einigen Jahren hat die Fotografielegende Chase Jarvis die intelligente Bemerkung gemacht, dass die »beste Kamera immer die ist, die man dabeihat«. Damals wirkte diese Behauptung leicht irritierend, sie scheint mir aber richtig zu sein: Eine perfekte Aufnahme ist nur selten durch und durch geplant. Wenn Sie Glück haben, findet sie den Weg zu Ihnen.

Vielleicht liefert das Licht genau die perfekten Akzente für das Herbstlaub auf Ihrem Spaziergang am späten Nachmittag. Oder Ihre kleine Tochter steht gerade zum ersten Mal im Leben auf zwei Beinen. In solchen Momenten geht es nicht darum, ob Ihre Leica im Nebenzimmer im Regal steht oder Ihre Rebel im Auto liegt. Es geht darum, dass Sie eine Kamera bei sich haben – egal was für ein Modell –, mit der Sie diese glücklichen und flüchtigen Momente einfangen können.

Diesen Gedanken von Jarvis weiterspinnend, hat Stephanie Rieger für Folgendes plädiert: Der beste Browser ist der, den Sie dabeihaben. Das Leben ist schließlich unberechenbar, Gelegenheiten sind flüchtig, und die Inspiration trifft einen oft schnell und hart.

Stellen Sie sich vor, Sie arbeiten in der Krebsforschung. Sie grübeln seit Monaten über Bergen von Forschungsergebnissen und suchen nach einer Möglichkeit, die Interferon-Gamma-Produktion zu erhöhen – um die natürliche Fähigkeit des Körpers anzukurbeln, die Tumorentwicklung zu verhindern. Ihr Bauch sagt Ihnen, dass Sie einer Antwort ziemlich nahe sind, aber eben noch nicht ganz. Und dann, eines Morgens – während Sie sich die Erschöpfung unter einer schönen warmen Dusche vom Leib spülen – trifft es Sie wie ein Schlag. Jawohl! Sie glauben, Sie haben es! Sie müssen lediglich noch mal in den Artikel schauen, den Sie letzte Woche gelesen haben.

Tropfend springen Sie aus der Wanne und landen auf der Badematte. Ohne das Handtuch auch nur eines Blickes zu würdigen, schnappen Sie sich Ihr Handy, gehen auf die Website des Fachmagazins und werden leider auf die »mobile« Version weitergeleitet. Dort finden Sie aber nur allgemeine Informationen zur gewünschten Veröffentlichung und sollen sich registrieren.

Ihre Finger hinterlassen eine feuchte Spur auf dem Bildschirm, während Sie verzweifelt nach unten scrollen, um den Link »Vollständige Website« zu finden und darauf zu tippen. Während der Bildschirm lädt, schweben Sie etwa 10 km über dem Schachbrettmuster einer Website, die aussieht, als wäre sie von einem Website-Ausschuss am grünen Tisch gestaltet worden.

Mehrere Minuten, unzählige Fingergesten und endloses Tippen später finden Sie endlich den Artikel. Aber nur um festzustellen, dass es sich um ein PDF handelt, das auf Ihrem kleinen Bildschirm fast nicht zu lesen ist. Entmutigt legen Sie das Telefon weg, schleppen sich zurück in die Dusche und versuchen, sich Ihre Enttäuschung abzubrausen.

Traurigerweise ist das Surfen auf einem mobilen Gerät leider nur allzu oft ein frustrierendes (und gelegentlich auch entwürdigendes) Unterfangen. Aber das muss nicht sein.

In diesem Buch erzählt Ihnen mein Freund Tim ganz klar und verständlich, was Sie tun können (und auch tun sollten), um allen Benutzern ein großartiges Nutzererlebnis zu bieten, das auf die Möglichkeiten des jeweiligen Geräts zugeschnitten ist und das Zeit, Geduld sowie Datenlimits berücksichtigt. Lassen Sie sich nicht von seinem Kleinstadtcharme täuschen: Tim kennt dieses Zeug in- und auswendig! Ich habe eine Menge aus diesem Buch gelernt und weiß: Ihnen wird es genauso gehen.

Aaron Gustafson ist der Autor von *Adaptive Web Design: Crafting Rich Experiences with Progressive Enhancement* (Easy Readers, 2011).

Beitragende

Die Diskussion über Responsive Design entwickelt sich rasant. Sehr rasant. Dieses Buch soll eine Zusammenfassung der wunderbaren Diskussionen in unserer Community bieten. Aus diesem Grund habe ich mehrere Menschen gebeten, kurze Beiträge zu ihren Projekten und Studien zu schreiben.

Das sind die Beiträge in ihrer Reihenfolge im Buch:

- *Vertikale Media Queries* von Ed Merritt, Seite 74
- *Performanceaspekte von Responsive Design* von Guy Podjarny, Seite 108
- *Kleines Smartphone, große Erwartungen* von Tom Maslen, Seite 142
- *Responsive Design und Barrierefreiheit* von Henny Swan, Seite 148
- *Responsive Design verkaufen* von Brad Frost, Seite 166
- *RESS in der Wildnis* von Erik Runyon, Seite 222
- *Jenseits des Layouts* von Luke Wroblewski, Seite 256

Alle sieben forschen an der vordersten Front des Responsive Webdesign. Sie implementieren die in diesem Buch diskutierten Techniken und treiben die Diskussion kontinuierlich voran. Es ist mir eine unglaubliche Ehre, ihre Beiträge in diesem Buch zu präsentieren – Beiträge, die ihrer hart erkämpften Erfahrung entspringen.

Inhaltsverzeichnis

KAPITEL 1: DAS WEB IST IMMER UND ÜBERALL 1

    Was wir falsch gemacht haben 3

    Die Geräte kommen, die Geräte kommen. 4

        Bildschirmgröße 6

        Netzwerkgeschwindigkeit 7

        Unterstützung von Standards 7

        Eingabemethoden 8

        Kontext 8

    Getrennte Websites 9

        Divergenz 10

    »Responsive« werden 13

        Progressive Enhancement 14

    Wozu noch ein Buch über Responsive Design? 18

    Was wird behandelt? 19

    Für wen dieses Buch ist 20

    Codebeispiele 20

    Die Website zum Buch 21

KAPITEL 2: FLUID LAYOUTS 23

    Layoutoptionen 25

        Feste Breite 25

        Fluid Layouts 27

        Elastische Layouts 28

        Hybride Layouts 29

        Welcher Ansatz ist am ehesten responsive? 29

    Schriftgrößen 30

        Pixel 30

        Em 32

        Prozentsätze 34

        Bonusrunde: rem 35

Welcher Ansatz ist am ehesten responsive?	36
Konvertierung von Pixeln	37
Grid-Layouts	**39**
Vom Inhalt ausgehen	41
Das Raster festlegen	41
Feste und fluide Breiten mischen	**49**
Tabellenlayouts – und zwar richtig	49
Zusammengefasst	**54**

KAPITEL 3: MEDIA QUERIES — 57

Viewports	**61**
Ein Pixel ist ein Pixel, es sei denn, es ist keins	62
Viewport-Tag und Eigenschaften	63
Struktur von Media Queries	**68**
Medientypen	69
Medienausdrücke	71
Logische Schlüsselwörter	71
Regeln	76
Eingebettet kontra extern	**77**
Reihenfolge von Media Queries	**78**
Vom Desktop ausgehend	78
Von mobilen Geräten ausgehend	79
Die Grundfunktionalität entwickeln	**80**
Breakpoints bestimmen	**83**
Folgen Sie dem Inhalt	83
Verbesserungen für große Bildschirme	87
Flexiblere Media Queries mit em	89
Navigation	**92**
Toggle-Menü	93
Unterstützung für den Internet Explorer	**97**
Zusammenfassung	**99**

KAPITEL 4: RESPONSIVE MEDIA — 101

- **Was ist das Problem?** 102
  - Performance 103
- **Bilder für mobile Geräte** 105
  - JavaScript 106
  - Gestatten, matchMedia 110
- **Strategien für Responsive Images** 111
  - Kampf dem Browser 112
  - Resignation 112
  - Serverseitige Lösung 112
- **Optionen für Responsive Images** 113
  - Sencha.io Src 113
  - Adaptive Images 114
  - Moment, was war noch mal die Antwort? 117
- **Hintergrundbilder** 118
  - Da wir schon dabei sind 120
- **Hochauflösende Displays** 121
  - SVG 123
- **Andere Ressourcen mit fester Breite** 124
  - Video 124
  - Werbung 129
- **Zusammengefasst** 132

KAPITEL 5: PLANUNG — 133

- **Responsive Design ist eine Entscheidung** 134
- **Überlegungen** 135
  - Performance 135
  - Kontext 136
  - Content Negotiation 136
  - Investierte Zeit 137
  - Browserunterstützung 138
  - Werbung 138
  - Schlussfolgerung 139

Achten Sie auf Ihre Analyse-Tools 139
   Verzerrte Analysen 141
   Auf welche Statistiken es ankommt 144
   Verzerrte Marktanteile 145
Setzen Sie sich mit Ihren Inhalten auseinander 146
   Inhaltsanalyse 147
   Seitentabellen 150
Setzen Sie Schwerpunkte bei der Optimierung 151
   Optimiert für manche, zugänglich für viele 152
   Sorgen Sie für eine geräteübergreifende User Experience 152
Vorbereitung der Testumgebung 155
   Echte Geräte 155
   Emulatoren 158
   Dienste von Drittanbietern 160
Zusammengefasst 160

KAPITEL 6: DESIGN-WORKFLOW — 161

Die Distanz steht nicht fest 162
   Ein interaktives Medium 163
   Zusammenarbeit 163
   In Systemen denken 168
Mobile First 169
   Mobile Geräte nehmen explosionsartig zu 170
   Mobile Geräte zwingen zum Fokus 171
   Mobile Geräte erweitern Ihre Möglichkeiten 172
Die Tools 173
   Wireframes 173
   Mock-ups 176
   Styleguides 183
Zusammengefasst 187

KAPITEL 7: RESPONSIVE CONTENT — 189

- Mit dem Inhalt anfangen — 190
- Inhaltstypen — 191
  - Zielsetzung — 192
  - Erstellung — 192
  - Struktur — 192
- Welchen Inhalt wann anzeigen? — 194
  - Inhalte entfernen — 195
  - Inhalte verbessern — 197
- Reihenfolge der Inhalte ändern — 202
  - Nochmals zur Struktur — 203
- Wo wir hinwollen — 205
  - Codesuppe — 205
  - Winzige Schritte — 206
  - API für Inhalte — 207
- Zusammengefasst — 208

KAPITEL 8: RESS — 211

- User Agent-Erkennung — 213
  - Anatomie eines User Agent-Strings — 215
  - Was können Sie mit der User Agent-Erkennung anstellen? — 215
- Feature-Erkennung — 216
  - Modernizr — 217
  - Auf den Server — 218
- User Agent- und Feature-Erkennung kombinieren — 219
- RESS: Das Beste aus zwei Welten — 221
- Stürmische Zeiten — 224
- WURFL installieren — 225
  - Konfiguration — 226
- Leistungsmerkmale ermitteln — 229
  - Anrufe tätigen — 234
  - Optimierung für Touch-Geräte — 236
- Zusammengefasst — 240

KAPITEL 9: RESPONSIVE USER EXPERIENCES   241

    Ein System von Sensoren **242**

    Netzwerk **244**

    Was können wir tun? 245

    Kontext **248**

    Kontext klassifizieren 251

    Beobachten und forschen 252

    Leistungsmerkmale **253**

    HTML5-Eingabetypen 253

    APIs 258

    Zusammengefasst **268**

NACHWORT: BLICK NACH VORN   271

    Bildnachweis 276

    Index **277**

    Über den Autor 287

    Über den technischen Gutachter 287

Kapitel 1
Das Web ist immer und überall

Nur arrogante Menschen glauben, dass man eine Stadt planen kann. Und nur fantasielose Menschen würden das überhaupt wollen. — JOHN KAY

Das Web ist eine unglaublich unbeständige Umgebung.

Täglich tauchen neue Betriebssysteme auf. Von den Browsern erscheinen schneller als je zuvor neue Versionen. Jeden Tag haben wir es mit größeren Geräten, kleineren Geräten, Geräten mit außerordentlich leistungsstarken Browsern, Geräten mit sehr begrenzten Surfmöglichkeiten, Geräten mit Touchscreens, Trackpads oder Tastaturen zu tun.

Neue Geräte kommen auf den Markt, aber ältere Geräte und Browser werden weiterhin verwendet. Die Technologie entwickelt sich mit unglaublicher Geschwindigkeit weiter. Das bedeutet aber nicht, dass Ihr Nachbar auch gewillt ist, das mitzumachen. Außerdem kommt so manches Gerät auf den Markt, nur um wenige Monate später wieder abgelöst zu werden.

Dabei gibt es leider nur wenige Strohhalme, an die Sie sich klammern können. Was an einem Tag richtig ist, kann am nächsten Tag schon wieder völlig falsch sein. Das Resultat: Chaos.

Aber das ist ja auch das Gute daran. Chaos führt zu Verwirrung, bringt aber auch Innovationen und Kreativität. Während neue *Formfaktoren* den Markt überfluten und Browser die Grenzen immer weiter sprengen, wächst die Anzahl der Anwendungen und Einsatzbereiche, für die wir entwickeln können, exponentiell.

> **Formfaktor**
> Größe, Konfiguration und physikalische Eigenschaften eines Geräts.

Das Web ist universell. Es ist allgegenwärtig. Im Gegensatz zu allen Vorgängermedien kann sich das Web an jeden beliebigen Bildschirm und jeden beliebigen Kontext anpassen. Es ist von Natur aus flexibel und formbar.

Dieses Kapitel beschäftigt sich mit:

- der rapide wachsenden Vielfalt an verbundenen Geräten
- Faktoren wie Bildschirmgröße, Netzwerkgeschwindigkeiten, Unterstützung von Standards, Eingabemethoden und Kontext
- dem Impuls, für jede Situation eine separate Lösung zu entwickeln (ein aussichtsloser Kampf)
- dem Bedarf nach Responsive Design und damit, was es bedeutet, »responsive« zu sein
- was Sie vom Rest des Buchs erwarten können
- wer dieses Buch lesen sollte
- wie Code in diesem Buch formatiert wird

Was wir falsch gemacht haben

Die Beobachtung meiner kleinen Töchter war eine erleuchtende Erfahrung. Immer wenn sie ein neues Spielzeug bekommen haben, versuchten sie, damit genau so zu spielen wie mit den alten Spielzeugen. Sie haben immer nach bekannten Merkmalen gesucht, nach Möglichkeiten, das Alte mit dem Neuen zu verbinden. Erst wenn sie sich ein Weilchen auf diese Weise mit den neuen Spielzeugen beschäftigt hatten, entdeckten sie all die neuen Dinge, die sie damit tun konnten.

Das ergibt durchaus Sinn: Die Vergangenheit ist bekannt, die Zukunft nicht. Wir klammern uns an vertraute *mentale Modelle*. Wir entscheiden uns gegen das Riskante und Neue für das Sichere und Vertraute. Das Problem dabei ist allerdings, dass wir dadurch *unsere Zukunft auf vergangene Erfahrungen stützen und so die Weiterentwicklung neuer Ideen und Medien beschränken.*

● ***Mentales Modell***
Denkvorgang eines Menschen darüber, wie etwas in der realen Welt funktioniert.

Das Web bildet da keine Ausnahme.

Als Designer haben wir versucht, unsere Kontrolle über die gedruckte Seite auf das Internet zu übertragen. Und diese Mentalität spiegelt sich auch in der Art und Weise wider, wie wir Webseiten für unsere Kunden entwickeln. Wir haben für einen bestimmten Browser entwickelt, für eine bestimmte Bildschirmbreite optimiert. Wir haben Hack für Hack implementiert, um für alle Browser und alle Plattformen dieselbe Erfahrung zu bieten.

Wir haben alles dafür getan, die Kontrolle nicht aufgeben zu müssen. Aber es bleibt leider eine Tatsache, dass wir die Kontrolle nie hatten: *Im Web sitzen die Benutzer auf dem Fahrersitz.*

Die Benutzer entscheiden, welchen Browser sie verwenden. Sie können die Anzeige vergrößern und verkleinern oder die Schriftgröße ändern. Sie können das Browserfenster maximieren oder halbieren. Die Benutzer können sich für ein brandaktuelles Gerät oder einen drei Jahre alten Ladenhüter entscheiden. Sie können den Standardbrowser ihres Geräts verwenden oder eine der vielen kostenlosen Alternativen installieren. Sie können eine Website unterwegs oder gemütlich zu Hause besuchen. Die Benutzer haben die Kontrolle darüber, wie und wo sie auf unsere Inhalte zugreifen.

Als Designer beginnen wir gerade, das zu verstehen. Aber unser Anspruch, dass eine Website in allen Situationen gleich aussehen muss, ist der Beweis dafür, dass wir noch nicht ganz losgelassen haben. Nichts veranschaulicht das besser als die unglaubliche Explosion neuer Geräte und Plattformen, die auf der Bildfläche erscheinen.

Die Geräte kommen, die Geräte kommen

Ich bin ein paranoider Reisender. Ich habe keine Flugangst, aber Angst, meinen Flug zu verpassen. Deshalb sitze ziemlich häufig oft in der Wartehalle eines überfüllten Flughafens und muss Zeit totschlagen.

Also beobachte ich die Leute. Besser gesagt, ich achte darauf, welche Geräte sie benutzen. Auf einer meiner letzten Reisen bin ich von einem kleinen, ländlichen Flughafen aus abgeflogen – jener Art von Flughafen, auf dem es nur fünf Minuten dauert, das Gepäck aufzugeben. Es waren lediglich etwa 25 Menschen im Wartebereich – aber die Gadgets! Da waren Android-Telefone, iPhones und – ja, auch ein paar ältere Feature-Phones. Irgendjemand hat auf einem Nook gelesen. Ganz in meiner Nähe saß eine Frau mit grauen Strähnen, die sich die Nachrichten auf ihrem iPad anschaute.

Wir gingen an Bord. Nachdem uns die Stewardess wieder erlaubt hatte, unsere elektronischen Geräte einzuschalten, kramten alle Passagiere in ihren Taschen herum. Dieselbe Frau mit den grauen Strähnen saß nun zwei Reihen vor mir am Gang, griff in ihr Handgepäck und zog einen Kindle heraus, um zu lesen. Nach der Landung steckte sie den Kindle zurück in ihre Tasche und zog ein iPhone heraus.

Diese Frau hat innerhalb von fünf Stunden mit drei verschiedenen Geräten auf Inhalte zugegriffen. Das war eine kleine Erinnerung daran, wie viele PC-fremde Geräte in den vergangenen Jahren auf der Bildfläche erschienen sind.

2013 gibt es weltweit schätzungsweise 6,8 Milliarden abgeschlossene Mobilfunkverträge – also fast so viele wie Menschen auf dem Planeten.[1] Und bereits im vierten Quartal 2010 überholten die weltweiten Verkäufe von Smartphones erstmals die Verkäufe von PCs.[2]

Das Surfen auf mobilen Geräten nimmt ebenfalls ständig zu – auch aufgrund der Tatsache, dass das Web auf einem Telefon mittlerweile eine wesentlich angenehmere Erfahrung sein kann. Früher konnten nur einige wenige Telefone auf das Internet zugreifen, und das nur auf äußerst rudimentäre Weise. Die Hardware war sehr limitiert. Die Geräte waren unfähig, mehr als eine sehr vereinfachte XML-Version mit dem Namen Wireless Markup Language (WML) zu verstehen.

---

[1] »The World in 2013: ICT Facts and Figures« unter http://www.itu.int/en/ITU-D/Statistics/Documents/facts/ICTFactsFigures2013.pdf

[2] »Smartphone sales pass PC sales for the first time in history!« unter www.smartonline.com/smarton-products/smarton-mobile/smartphones-pass-pc-sales-for-the-first-time-in-history/

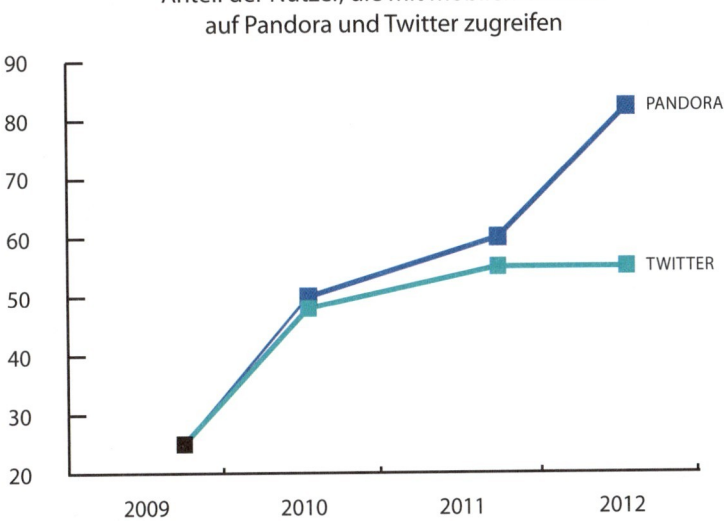

Abbildung 1.1 Anteil des mobilen Traffics für Twitter und Pandora von 2009 bis 2012.

Die Netzwerke waren brutal langsam, die Bildschirme klein und die Eingabemethoden plump und umständlich.

Die mobilen Geräte haben sich aber weiterentwickelt, so wie Technologien das tendenziell immer tun. In den frühen 2000ern kamen einige leistungsfähigere Geräte auf den Markt, aber im Jahr 2007 wurde das erste iPhone angekündigt, das alles verändern sollte. Plötzlich konnten Sie das »echte Internet« auf einem mobilen Gerät erleben. Das Surfen auf dem iPhone und den nachfolgenden Smartphones stellte alles bisher Dagewesene in den Schatten.

Es passiert etwas Interessantes, wenn Sie jemandem ein Erlebnis bieten, das nicht nervt: Es wird häufiger genutzt. 2012 stammten 82 % des Traffics von Pandora, einer Online-Musik-Streaming-Website, von mobilen Geräten. 2009 waren es nur 25 %. Im selben Zeitraum wuchs der mobile Traffic der sozialen Website Twitter von 25 auf 54 % (Abbildung 1.1).[3] Der Traffic von mobilen Websites allgemein nahm im Jahr 2010 um sagenhafte 600 % zu.[4]

---

3 »Mobile Devices Drive More Than Half of Traffic to Twitter and Pandora« unter *http://therealtimereport.com/2011/10/21/mobile-devices-drive-more-than-half-of-traffic-to-twitter-and-pandora/* und *http://www.forbes.com/sites/ericjackson/2012/11/29/the-biggest-players-in-mobile-these-days-are-pandora-twitter-yelp-and-espn/*

4 »Smartphone market drives 600% growth in mobile web usage« unter *http://news.bango.com/2010/02/16/600-percent-growth-in-mobile-web-usage/*

Mobiltelefone mögen zwar die Klassenbesten sein, sie sind aber bei Weitem nicht die einzigen Geräte, die für Aufruhr sorgen. Tablets, allen voran das iPad von Apple, schließen die Lücke zwischen Telefonen und Laptops. Sie bieten die Tragbarkeit eines Smartphones, dabei aber ähnlich viel Platz auf dem Bildschirm wie ein kleiner Laptop. Es wird geschätzt, dass die Verkäufe von Tablets bis 2015 ungefähr 49 Milliarden Dollar erbringen werden.[5]

Internetfähige TV-Geräte sind immer noch relativ neu auf dem Markt. Aber nachdem große Player wie Google und Apple mit in den Ring steigen, ist das Potenzial durchaus vorhanden, dass diese Geräte in der näheren Zukunft durchstarten werden. Dazu haben Spielekonsolen wie die Microsoft Xbox 360 und Nintendo Wii integrierte Browser, mit denen die Benutzer das Web direkt auf ihren TV-Bildschirm holen können.

E-Book-Reader, vorwiegend dominiert von der Familie der Kindle-Geräte von Amazon und teilweise auch dem Nook von Barnes and Noble werden ebenfalls mit einem integrierten Webbrowser ausgeliefert. Dieses Surferlebnis ist vielleicht weniger raffiniert und nicht so komfortabel wie das auf einem Tablet, Smartphone oder PC. Das heißt aber noch lange nicht, dass man die Reader nicht zum Surfen verwenden kann. In dieser Ära der beinahe allgegenwärtigen Konnektivität ist der beste Browser nun mal der, den Sie dabeihaben.

Abschließend ist ganz klar zu erkennen, dass Webseiten heutzutage auf mehr Geräten als je zuvor benutzerfreundlich sein müssen. Jedes Gerät bringt eine eigene Kombination aus Grenzen und Möglichkeiten mit.

Bildschirmgröße

Die Bildschirmgröße war immer schon variabel, aber wenigstens konnten wir die ungefähre Größenordnung erahnen. Der erste Macintosh von 1984 hatte eine Auflösung von 512 × 342 px. Im Laufe der Zeit nahm die Auflösung stetig zu. Zehn Jahre später kam im Jahr 1994 das Apple Multiple Scan-Display mit 17 Zoll und 1.024 × 768 px auf den Markt.

Aber schon bald geriet alles durcheinander. Mobile Geräte mit Internetzugriff betraten die Bildfläche. Seit dem Erscheinen des iPhones im Jahr 2007 mit einer Auflösung von 320 × 480 px können wir nicht mehr davon ausgehen, dass die Bildschirmauflösung immer weiter zunimmt.

---

5 »Tablet Market May Surge to $49 Billion« unter *www.businessweek.com/technology/content/apr2011/tc20110418_512247.htm*

Heutzutage gibt es beliebte Geräte mit horizontalen Auflösungen von 280 px bis 1.920 px. Man hat uns den Boden unter den Füßen weggezogen – es gibt keine Standardauflösung mehr.

Netzwerkgeschwindigkeit

Die Geschwindigkeit des verwendeten Netzwerks kann dramatische Auswirkungen auf die User Experience haben. Unglücklicherweise fallen die Netzwerkgeschwindigkeiten sehr unterschiedlich aus. So hat vielleicht ein Besucher eine kabelgebundene Verbindung mit sehr hoher Bandbreite, während ein anderer ein mobiles EDGE-Netzwerk mit schmerzhaft langsamen Geschwindigkeiten und einer schrecklichen *Latenz* nutzt.

● *Latenz*
Die Verzögerung beim Senden von Daten von einem Punkt zu einem anderen.

Manche Geräte und Mobilfunkanbieter gestatten es ihren Benutzern, über ihr Telefon einen mobilen Hotspot einzurichten, damit sie auch mit einem Laptop mobil auf das Internet zugreifen können. Und Smartphones können ebenso wie Desktop-Computer eine Verbindung mit Wi-Fi-Netzwerken herstellen. Ein Zusammenhang zwischen Gerät und verwendetem Netzwerk ist nicht mehr notwendigerweise gegeben. Wir können nach wie vor über die Netzwerkgeschwindigkeit unserer Websitebesucher spekulieren, das Ergebnis ist aber bei Weitem weniger genau als früher.

Unterstützung von Standards

Dank der zunehmenden Anzahl von Plattformen, Browsern und Geräten hat der Konkurrenzkampf eine Rekordhöhe erreicht. Neue Standards und Funktionen werden schneller als je zuvor implementiert.

Diese erhöhte Evolutionsgeschwindigkeit bringt zwar viel Stabilität, aber leider genauso viel Chaos mit sich. Das Wort »Unterstützung« wird sehr locker verwendet. Es ist keine Boolesche Eigenschaft – es gibt Abstufungen. Viele Browser unterstützen dieselbe Funktion, nutzen aber eine leicht unterschiedliche Syntax. Andere unterstützen wiederum nur Teile eines Standards. Und wieder andere – die schlimmsten von allen – schaffen es tatsächlich, Standards mit eigenen proprietären Implementierungen zu vermischen, und richten so ein schreckliches Durcheinander bei der Syntax an.

Noch verwirrender wird die Situation durch die vielen brandaktuellen Geräte, die mit Browsern mit eingeschränkter Unterstützung von Standards ausgeliefert werden. Denken Sie beispielsweise an den mehr als beliebten Kindle. Der Kindle wird zwar in erster Linie als Lesegerät eingesetzt, verfügt aber auch über einen integrierten Browser. Websites werden genauso wie die E-Books mit E-Ink angezeigt – also alles in Graustufen!

Es ist nicht ganz so schlimm, wie ich gesagt habe. Aber Internet Explorer 6 ist nun mal nicht gerade der Spitzenreiter, wenn es um die Unterstützung von Standards geht. Das bedeutet aber dennoch nicht, dass ihn niemand benutzt. Es ist verführerisch, Browser mit begrenzter Standardunterstützung als Bürger zweiter Klasse zu behandeln. Diese Einstellung ist allerdings nicht akzeptabel, weil auch manche brandneuen und qualitativ hochwertigen Geräte in diese Kategorie fallen.

Eingabemethoden

Lange Zeit haben wir eine relative Stabilität bei der Art und Weise genossen, wie Menschen mit ihren Computern interagieren. Die Tastatur gibt es schon seit der Schreibmaschine, die Maus seit Erscheinen des Apple Macintosh im Jahr 1984. (Genau genommen reichen die Ursprünge der Maus bis in die 1950er-Jahre zurück, sie galt aber so lange als eine relativ obskure Eingabemethode, bis sie fester Bestandteil des Macintosh wurde.)

Es scheint ein sich wiederholendes Thema zu sein: Die mobilen Geräte haben wieder alles durcheinandergebracht. Plötzlich gab es Scrollräder, Trackpads und diese schrecklichen winzigen Pfeiltasten, die so schwer zu drücken sind (vielleicht habe ich auch einfach nur dicke Finger).

Und dann kamen Touchscreens ins Spiel und machten es noch komplizierter. Touch-Geräte bedürfen besonderer Aufmerksamkeit: Ziele müssen größer gemacht werden, um sie an den menschlichen Finger anzupassen. Und im Gegensatz zu Geräten mit indirekter Manipulation gibt es keinen Hover-Zustand. Touch-Geräte unterstützen zwar ebenfalls JavaScript-Events ähnlich wie bei der Eingabe mit einer Maus, beispielsweise Klicks, es gibt aber eine spürbare Verzögerung im Vergleich zu nativen Touch-Events. Außerdem bieten Touch-Geräte das Potenzial für wesentlich natürlichere Interaktionen: Wischen, Ziehen zum Aktualisieren und Ziehen zum Bewegen usw. Entsprechend erfordern diese Geräte häufig andere Skripte und Stilregeln als ihre traditionellen Pendants.

Kontext

Die Architektur und die physikalischen Eigenschaften eines Geräts sind nicht die einzigen Faktoren, die berücksichtigt werden müssen. Auch der Kontext, in dem ein Gerät verwendet wird, wirft ein großes Fragezeichen auf.

Geräte können in einer Vielzahl von Situationen eingesetzt werden: zu Hause, auf der Straße, an einer Bushaltestelle, nachts, tagsüber, unter Freunden oder unter Fremden. Außerdem kann der Kontext keinem bestimmten Gerätetyp zugeordnet werden. Telefone werden unterwegs, aber auch genauso beim Entspannen auf der Couch verwendet. Laptops können an einem Schreibtisch, aber auch in einem überfüllten Zug benutzt werden.

Der Kontext ist ein düsteres Kapitel, das wir aber nicht ignorieren dürfen. Wir kommen darauf in Kapitel 9, »Responsive User Experience«, zu sprechen. Für den Moment müssen Sie lediglich verstehen, dass der Kontext der Schlüssel ist, der uns von einem Web, das auf Geräte reagiert, zu einem Web führt, das tatsächlich auf Menschen eingeht.

Die unglaubliche Vielfalt an Geräten trägt zu dem Chaos bei, das ich bereits erwähnt habe. Wir sind aber eine Spezies, die im Allgemeinen Stabilität schätzt. Und so ist es keine Überraschung, dass wir zunächst versucht haben, mit dieser Vielfalt so umzugehen, dass wir die Benutzererlebnisse in getrennte, jeweils optimierte Websites aufteilten.

Getrennte Websites

Als dieses Buch geschrieben wurde, bestand der gebräuchlichste Ansatz darin, für bestimmte Gerätetypen separate Websites zu entwickeln (oder, in manchen extrem fehlgeleiteten Versuchen, auch nur für ein bestimmtes Gerät). Oft bedeutet das, dass es eine Website für mobile und eine weitere für Desktop-Geräte gibt (Abbildung 1.2). Immer häufiger ist es aber für Unternehmen nicht unüblich, eine Desktop-Website, eine Tablet-Website, eine Website für mobile Touch-Geräte und eine einfachere mobile Website für Geräte ohne Touch-Unterstützung anzubieten. Macht insgesamt vier verschiedene Websites pro Unternehmen.

Dieser Ansatz bietet sicherlich einige Vorteile. Mit einer eigenen Website für jeden Gerätetyp ist es einfacher, die Inhalte auf das jeweilige Benutzerverhalten sowie auf das entsprechende Gerät maßzuschneidern. Wie sinnvoll das ist, hängt vom Projekt, den Unternehmenszielen, den Benutzern, den Kompetenzen des Teams, dem Budget und all den anderen spaßigen wirtschaftlichen Erwägungen ab, die dabei eine Rolle spielen.

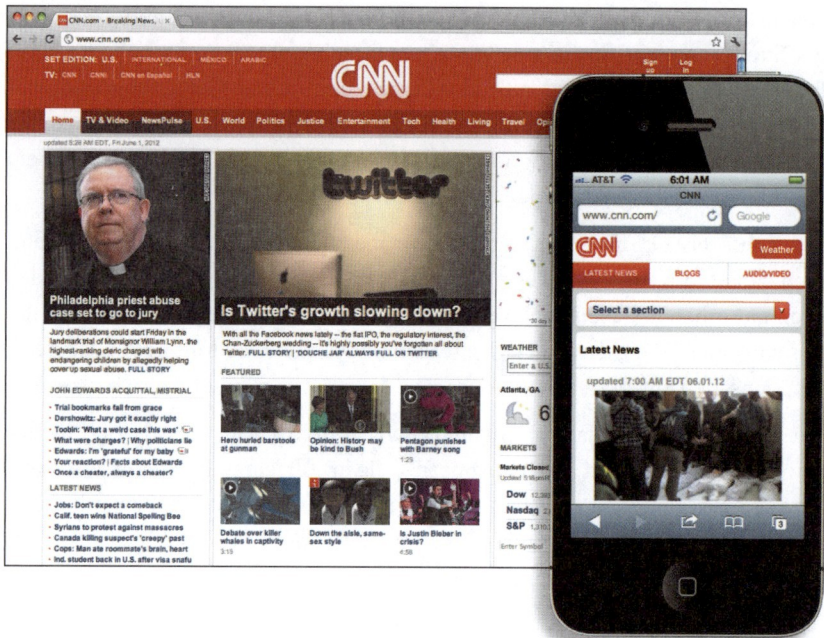

Abbildung 1.2 CNN hat getrennte Websites für mobile und Desktop-Geräte.

Unglücklicherweise lässt sich dieser Ansatz nicht gut skalieren: Denn dann müssen vier Websites aktualisiert, getestet und gepflegt werden. Eine einzige Website kann häufig schon mehrere Entwickler in Beschlag nehmen. Stellen Sie sich nur die Last auf den Schultern jedes einzelnen Entwicklers vor, wenn sich der Umfang des Projekts vervierfacht! Manche schlagen sogar vor, die Inhalte für jede Website separat zu schreiben, was noch mehr Zeit und Aufwand bedeutet.

Divergenz

Manchmal fragen die Leute, ob wir schon langsam eine gewisse Annäherung erkennen können. Ob sich also viele dieser komplizierten Probleme automatisch lösen, wenn die Palette der verfügbaren Geräte und Plattformen kleiner wird. Dazu sage ich nur: Zombie-Apokalypse!

In »The Coming Zombie Apocalypse«, zweifelsohne einem der besten Artikel im Web, argumentiert Scott Jenson, dass die Gerätevielfalt in Wahrheit zunehmen wird. Er postuliert, dass nicht nur die technologischen Neuerungen, sondern auch die sinkenden Kosten die Vielfalt weiter vorantreiben wird:

> Die Kommodifizierung der Smartphone-Hardware ist nur der Anfang. Die in den Keller purzelnden Preise für Geräte mit integrierten Ein-Chip-Systemen (SoC), gepaart mit Linux-Klonen wie Android, haben nicht nur billige Geräte

möglich gemacht, sondern auch billige Cloud-basierte Geräte. Das gilt für Telefonieprodukte wie Sony Ericsson LiveView, aber auch für Haushaltsgeräte wie das Home-Musiksystem Sonos.

Diese Beispiele sind nur die ersten, verräterischen Anzeichen einer riesigen neuen Welle billiger Geräte, die in unser Leben eindringen werden – sozusagen eine Zombie-Apokalypse elektronischer Geräte.[6]

Der Markt nimmt sicherlich Formen an, die diese Theorie stützen. Smartphones werden immer erschwinglicher. Manche Versionen des iPhones, das lange Zeit eines der teureren Mobiltelefonmodelle war, sind mittlerweile schon kostenlos in Verbindung mit einem Vertrag zu haben.

Während die Entwicklungskosten für diese Geräte sinken, nimmt auch die Einstiegsbarriere ab und öffnet Tür und Tor für immer mehr Player mit immer mehr Systemen und mehr Geräten. Es ist überhaupt keine Konvergenz in Sicht: Wir stehen einer Flut neuer internetfähiger Geräte und Formfaktoren gegenüber.

Selbst wenn wir heute den Ansatz mit den separaten Websites noch aufrechterhalten können: Wie sieht es morgen damit aus? Es ist ein abgegriffenes Beispiel, aber was passiert, wenn unsere Kühlschränke mit dem Internet verbunden sind? Werden wir dann versuchen, eine spezielle Website für Kühlschränke zu entwickeln?

Abbildung 1.3
Microsofts Omni-Touch verwandelt beliebige Oberflächen in ein Display – selbst Ihre Hand.

---

6 »The Coming Zombie Apocalypse« unter http://designmind.frogdesign.com/blog/the-coming-zombie-apocalypse-small-cheap-devices-will-disrupt-our-old-school-ux-assumptions.htm

Abbildung 1.4
Ethan Marcottes ursprüngliche Demo-Website zeigt, dass eine responsiv, also anpassungsfähig aufgebaute Website mit einer Codebasis mehrere Auflösungen bedienen kann.

Was passiert, wenn der Bildschirm etwas Beliebiges sein kann? Im Jahr 2011 hat Microsoft den Prototyp eines Geräts mit dem Namen OmniTouch vorgestellt – ein klobiges, hässliches Gerät, das auf Ihrer Schulter sitzt. Was ihm an Ästhetik fehlt, gleicht es durch den »Wow-Faktor« aus. OmniTouch projiziert seine Anzeige auf alles Mögliche: eine Wand, den Boden, selbst Ihre eigene Hand (Abbildung 1.3). Und mit dieser Projektion können Sie interagieren. Dadurch werden alle Beschränkungen eines Bildschirms aufgehoben – das Display kann alles Mögliche sein. Ich bin schon gespannt, wann es die erste für die menschliche Hand optimierte Website gibt.

Die Entwicklung separater Websites ist da kein zukunftsträchtiger Ansatz. Um die bevorstehende Flut an Geräten zu überleben, müssen wir die Flexibilität des Webs voll ausnutzen.

»Responsive« werden

Im Mai 2010 schrieb Ethan Marcotte für »A List Apart« einen Artikel mit dem Titel »Responsive Web Design«. Der Ansatz, den er darin beschreibt, war einfach wie revolutionär. Er verwendete drei existierende Tools (Media Queries, Fluid Grids und skalierbare Bilder), um eine Website zu entwickeln, die auf mehreren Auflösungen wunderbar dargestellt wurde (Abbildung 1.4).

In diesem Artikel drängte er Designer, die einzigartigen Charakteristiken des Webs auszunutzen:

> Das ist unser Weg nach vorne. Statt voneinander unabhängige Designs auf eine ständig wachsende Zahl von Geräten zuzuschneiden, können wir sie als unterschiedliche Facetten derselben User Experience behandeln. Wir können für eine optimale Darstellung gestalten, aber gleichzeitig standardbasierte Technologien in unsere Designs einbetten, damit sie nicht nur flexibler werden, sondern sich auch besser an das jeweilige Medium anpassen, auf dem sie dargestellt werden.[7]

Im Großen und Ganzen wurde der Artikel hochgelobt, und zwar ganz zurecht. Marcotte hat gezeigt, dass es möglich ist, auf einer Vielzahl von Geräten großartige User Experience zu bieten – und zwar nicht, indem man deren Unterschiede ignoriert und krampfhaft versucht, die Kontrolle zu behalten, sondern indem man loslässt und das Web als Fluidum versteht.

---

7 »Responsive Web Design« unter *www.alistapart.com/articles/responsive-web-design/*

Räumen wir zunächst ein paar Missverständnisse aus: Eine Responsive Website ist nicht mit einer mobilen Website gleichzusetzen. Diese Tatsache verursacht eine Menge Verwirrung und hitzige Debatten. Natürlich besteht die Attraktivität eines Responsive Design größtenteils darin, dass es Teil einer Strategie für mobile Geräte sein kann. Aber das ist nur eine kurzfristige Lösung.

Eine Responsive Website ist weder eine mobile Website noch eine Desktop-Website oder eine Website für Tablets. Das hat Marcotte in seinem Beitrag »Toffee-Nosed« klargemacht:

> Wenn ich von Responsive Webdesign spreche oder schreibe, versuche ich, eine Sache mit einem großen dicken Edding zu unterstreichen: Bei Responsive Webdesign geht es nicht um »Design für mobile Geräte«. Es geht auch nicht um »Design für den Desktop«. Es geht vielmehr darum, einen flexibleren, Geräte-agnostischen Designansatz für das Web zu verfolgen.[8]

● **Geräte-agnostisch**
Alles (Komponenten, Layout usw.), was so gestaltet wurde, dass es mit unterschiedlichen Gerätetypen und Betriebssystemen kompatibel ist.

Dieses *Geräte-agnostische* Konzept ist unglaublich wichtig. Wir können nicht wissen, mit welchen Geräten die Menschen aufs Web zugreifen. Kein anderes Medium ist für ein so breites Spektrum an Geräten bzw. Menschen zugänglich. Als Designer müssen wir das immer im Blick behalten.

Wir haben noch lange nicht alles verstanden. Aber dank einer Menge harter Arbeit und vieler Experimente hat sich das Responsive Design seit seiner ersten Vision deutlich verbessert. Dieselben drei Elemente (Media Queries, Fluid Grids und skalierbare Bilder) bilden weiterhin den Kern, sind aber nur die Spitze des Eisbergs.

Wie sich herausstellt, baut ein erfolgreiches Responsive Design auf genau denselben Prinzipien auf wie das *Progressive Enhancement*. Es ist, um ehrlich zu sein, die progressive Verbesserung auf Speed.

Progressive Enhancement

Lange Zeit plädierte die Webcommunity für *Graceful Degradation*, ein Konzept aus anderen Bereichen der Informatik, wie etwa der Netzwerktechnik. Die entsprechende Idee bestand darin, dass Sie bei der Entwicklung einer Website die neuesten Funktionen (für die leistungsfähigsten Browser) verwenden und gleichzeitig dafür sorgen, dass sich ältere Browser am Markup nicht verschlucken und trotzdem auf die Inhalte zugreifen können.

---

8 »Toffee-Nosed« unter *http://unstoppablerobotninja.com/entry/toffee-nosed/*

Zum Thema »zukunftsfreundlich«

Das Wort *zukunftsfreundlich* wird Ihnen noch einige Male in diesem Buch begegnen. Genau genommen stammt dieser Begriff aus dem »Future Friendly Manifesto«.

Erdacht von einer Gruppe mobiler Entwickler, beinhaltet das Future Friendly Manifesto eine Reihe von Prinzipien, die bei der Entscheidung berücksichtigt werden sollen, welche Webdesignlösungen zu implementieren sind. Diese Prinzipien sind bewusst hoch angesetzt. Während die Bedeutung bestimmter Techniken im Laufe der Zeit zu- und abnehmen wird, bleiben die Werte konstant, auf denen sie basieren. Behalten Sie diese Prinzipien im Hinterkopf, wenn Sie sich entscheiden, welche Techniken Sie in Ihren eigenen Projekten implementieren.

Auszüge aus dem Manifest finden Sie unter *http://futurefriend.ly*:

Laserfokus

Wir können nicht alles auf allen Geräten gleichzeitig sein. Um in einer Welt mit einer ständig wachsenden Komplexität an Geräten klarzukommen, müssen wir uns auf das konzentrieren, was für unsere Kunden und Geschäftsmodelle am wichtigsten ist.

Orbit um die Daten

Ein Ökosystem von Geräten erfordert Interoperabilität, und ein stabiler Datenaustausch ist der einfachste Weg dahin. Seien Sie empfänglich für vorhandene und neu erscheinende Möglichkeiten, indem Sie Ihre Daten so definieren, dass: mehrere (flexible) Formen des Zugriffs und für Benachrichtigungen möglich sind, Standards zum Einsatz kommen, die vollständig kompatibel sind, die langfristige Integrität der Daten gewährleistet ist, aussagekräftige und dauerhafte Referenzen auf alle Inhalte verfügbar sind und Ihre Daten sowohl Lese- als auch Schreibvorgänge unterstützen.

Universeller Inhalt

Gut strukturierte Inhalte fallen mittlerweile in den Aufgabenbereich von Art-Direktoren. Berücksichtigen Sie, wie diese Inhalte in eine Vielzahl von Containern fließen können, indem Sie auf die jeweiligen Beschränkungen und Möglichkeiten achten. Seien Sie mutig und erforschen Sie neue Möglichkeiten. Dabei sollte Ihnen aber immer klar sein, dass sich die Zukunft in viele Richtungen entwickeln kann.

> **Unbekanntes Flugobjekt, identifizieren Sie sich**
>
> Die Bemühung, auf jede Gerätevariante einzugehen, macht universelles Design zu einer extrem Herausforderung. Eine Reihe von sich annähernden Standards auf oberster Ebene für die verschiedenen Gerätetypen kann den Adaptionsvorgang vereinfachen.
>
> **Befehligen Sie Ihre Flotte**
>
> Die Gerätevielfalt in unserem Leben bietet uns die Möglichkeit, Aufgaben und Informationen auf unterschiedliche Geräte zu verteilen. Durch diese Verteilung einer User Experience auf eine Sammlung von Geräten kann jeder Gerätetyp die Interaktionen übernehmen, für die er am besten geeignet ist. Dadurch entfällt die Notwendigkeit, alle Aspekte eines Diensts auf alle Geräte zuzuschneiden. Stattdessen haben wir die Möglichkeit, in einem Ökosystem von Gerätefunktionalitäten zu arbeiten.

Das ist im Prinzip kein schlechter Ansatz, aber es verleitet dazu, sich – wenn überhaupt – nicht allzu viele Gedanken darüber zu machen, wie diese Inhalte auf den älteren Browsern dargestellt werden. Solange sie in irgendeiner Form verfügbar waren – ganz egal wie schmerzhaft das Nutzererlebnis war –, hatten Sie erfolgreich die Graceful Degradation eingesetzt.

Dieses Konzept war aber nicht sonderlich zukunftsfreundlich: zum einen wegen des mangelnden Respekts gegenüber den Benutzern älterer Browser und zum anderen, weil die Tatsache ignoriert wurde, dass es auch neue (mobile) Geräte mit weniger leistungsfähigen Browsern gibt.

Im Jahr 2003 haben Steven Champeon und Nick Finck in einer Präsentation bei der South by Southwest (SXSW) ein neues Konzept vorgestellt, das Steve »Progressive Enhancement« nannte.[9]

Beim Progressive Enhancement wird die Graceful Degradation quasi auf den Kopf gestellt. Anstatt zunächst für den neuesten und leistungsstärksten Browser zu entwickeln und die weniger leistungsfähigen Browser mit dem zu vertrösten, was sie können, entwickeln Sie zunächst eine Basisfunktionalität. Sie bauen dabei

---

9 »Inclusive Web Design for the Future« unter *www.hesketh.com/thought-leadership/our-publications/inclusive-web-design-future*

auf semantisches Markup und eine semantische Struktur und konzentrieren sich auf die Darstellung der Inhalte in einer sauberen, benutzerfreundlichen Form.

Anschließend schichten Sie Darstellung und Interaktivität so darüber, dass diese Basisfunktionalität erhalten bleibt, aber in leistungsfähigeren Browsern entsprechend reichhaltiger aufbereitet wird.

Aaron Gustafson, für lange Zeit Verfechter dieses Ansatzes, vergleicht das Progressive Enhancement mit M&Ms: Der Inhalt ist die Erdnuss, die Darstellung (CSS) die Schokolade, die Interaktivität (JavaScript) die Glasur. Der Inhalt steht für sich selbst. Aber wenn Sie die Funktionalität Schicht für Schicht darüberlegen, wird die User Experience immer reichhaltiger und umfassender (Abbildung 1.5).[10]

Abbildung 1.5 Die drei Schichten von M&Ms bieten eine nette Analogie für das Progressive Enhancement: Der Inhalt ist die Erdnuss, die Darstellung die Schokolade, die Interaktivität der Überzug.[11]

Responsive Design folgt demselben Denkansatz, um einer Vielzahl von Geräten passende Inhalte und Layouts zu bieten. Sie beginnen mit einer einfachen User Experience, die Sie mit Techniken wie Fluid Grids und Media Queries für Geräte mit mehr Leistung und größeren Bildschirmen (nicht immer gleichbedeutend!) verbessern.

---

10 Aaron Gustafson, *Adaptive Web Design: Crafting Rich Experiences with Progressive Enhancement* (Easy Readers, 2011)

11 Ebenfalls aus Aaron Gustafson, *Adaptive Web Design: Crafting Rich Experiences with Progressive Enhancement*. Foto mit freundlicher Genehmigung.

Wozu noch ein Buch über Responsive Design?

Täuschen Sie sich nicht: Die korrekte Umsetzung von Responsive Design ist nicht banal. Dafür ist eine Generalüberholung unseres Umgangs mit dem Web erforderlich. Unsere Tools und Verfahren wurden nicht für die aktuellen Herausforderungen entwickelt. Wir müssen einen Schritt zurücktreten und uns einige Fragen stellen:

- Sind Desktop-Geräte sinnvollerweise der Standard?
- Wie können wir unsere Arbeitsweise an Design und Prototyping für unterschiedliche Geräte und Bildschirmgrößen anpassen?
- Wie können wir Inhalte strukturierter ablegen?
- Sind Content Management-Systeme und WYSIWYG-Editoren (What You See Is What You Get) naturgemäß der falsche Weg?
- Sollen wir unsere langjährige Aversion gegen *User Agent Strings* (UA-Strings) noch mal überdenken?
- Wie machen wir Inhalte besser portierbar?
- Wie unterstützen wir die Flut an Geräten, die künftig erscheinen werden?
- Können die aktuellen Standards (HTML, CSS) einem so vielfältigen Web standhalten?
- Wie können wir unterschiedliche Kontexte bedienen, ohne das Kohärenzgefühl für die unterschiedlichen Nutzererlebnisse zu verlieren?

Manche dieser Fragen lassen sich leicht beantworten, andere nur schwer, und wieder andere werden noch diskutiert. Als Marcotte im Mai 2010 jenen Artikel schrieb, stellte er mehr als nur eine neue Technik vor: Er hat einen wesentlich umfangreicheren Dialog einschließlich der notwendigen Weiterentwicklung unseres Berufs losgetreten.

Und davon handelt dieses Buch – davon, die Flexibilität des Webs mit offenen Armen zu empfangen und Responsive Design zu praktizieren. Die nachfolgenden Kapitel führen Sie durch jene Techniken, die Sie benötigen, um Ihre Websites zu verbessern und den Benutzern unabhängig vom jeweiligen Gerät angenehme Erfahrungen zu bescheren. Es wird natürlich Antworten geben, aber auch Fragen. Das liegt in der Natur jedes Mediums, das sich so rasant wie das Web entwickelt.

● **User Agent Strings**
Ein vom User Agent übergebener String, der den Browser identifiziert und zusätzliche Informationen, beispielsweise über das Betriebssystem, verrät.

Was wird behandelt?

Das Buch besteht einschließlich der Einführung, die Sie gerade lesen, aus neun Kapiteln. Die nächsten drei Kapitel stellen die drei Säulen des Responsive Webdesign vor:

- **Fluid Layouts**

  Dieses Kapitel zeigt, wie Sie von Designs mit festen Breiten wegkommen und in die Entwicklung von fluiden Layouts und fluider Typografie einsteigen.

- **Media Queries**

  Dieses Kapitel gibt eine Einführung in Media Queries: verschiedene Arten von Media Queries, wie Sie sie verwenden und Breakpoints bestimmen.

- **Responsive Media**

  Dieses Kapitel beschäftigt sich mit Elementen mit fester Breite, wie Bildern, Videos und Werbung, und zeigt, wie sie sich in ein Responsive Layout integrieren lassen.

Wenn diese drei Säulen solide stehen, beschäftigt sich der Rest des Buchs damit, wie sich Responsive Webdesign auf den Designprozess auswirkt:

- **Planung**

  Dieses Kapitel stellt die für die erfolgreiche Planung einer Responsive Website erforderlichen Schritte vor.

- **Design-Workflow**

  Dieses Kapitel untersucht, wie sich Responsive Design auf den Designprozess auswirkt. Wir sehen uns die zu liefernden Ergebnisse und Schritte sowie einige der Anpassungen an, die wir vornehmen müssen.

- **Responsive Content**

  Dieses Kapitel diskutiert, wie Sie Inhalte für ein Responsive Layout planen, erstellen und anzeigen.

- **RESS**

  Dieses Kapitel zeigt, wie Sie die Leistung von Responsive Design mit Methoden zur clientseitigen Feature-Erkennung und zur serverseitigen Bestimmung des User Agent kombinieren, um stabilere Lösungen zu entwickeln.

- **Responsive User Experience**
  Das letzte Kapitel untersucht, wie Sie Responsive Design auf das gesamte Weberlebnis anwenden. Sie erfahren, wie Sie Kontext und besondere Funktionalitäten der Geräte nutzen, um eine User Experience zu schaffen, die sich wirklich an die Bedürfnisse des Benutzers anpasst.

Für wen dieses Buch ist

Dieses Buch ist für Designer und Entwickler gedacht, die damit beginnen möchten, Webseiten zu entwickeln, die auf einer Vielzahl von Geräten gut dargestellt werden und funktionieren. Sie brauchen keinerlei Erfahrung mit Responsive Webdesign – die ersten paar Kapitel werden Sie schon auf Touren bringen.

Sie sollten sich aber mit HTML und CSS wohlfühlen und mit JavaScript wenigstens vertraut sein. In Kapitel 8, »RESS«, kommt auch etwas PHP-Code zum Einsatz. Diese Konzepte sollten aber auch ohne besondere PHP-Kenntnisse verständlich sein.

Codebeispiele

Im gesamten Buch werden Sie immer wieder Codebeispiele finden, die folgendermaßen aussehen:

```
1.  <html>
2.  <head>
3.      <title>Geolocation</title>
4.      <meta name="viewport" content="width=device-width" />
5.  </head>
6.  <body>
7.      <p>Test der Geolocation-API</p>
8.      <div id="results"></div>
9.  </body>
```

Änderungen im Code werden hervorgehoben, damit sie leichter erkennbar sind.

In manchen Fällen lassen wir Code aus, der unverändert bleibt. Solche Stellen werden wie unten in Zeile 7 durch drei Punkte dargestellt:

```
1.  <html>
2.  <head>
3.      <title>Geolocation</title>
4.      <meta name="viewport" content="width=device-width" />
5.  </head>
6.  <body>
7.      ...
8.  </body>
```

Die Website zum Buch

Den gesamten deutschsprachigen Beispielcode zu diesem Buch können Sie unter *http://examples.oreilly.de/german_examples/implementrespdesger/* herunterladen.

Der amerikanische Autor bietet außerdem eine englischsprachige Begleitwebsite unter *http://implementingresponsivedesign.com* an. Dort finden Sie auch die Errata und zusätzliche Quellen zu den in diesem Buch diskutierten Themen.

Die meisten Codebeispiele dienen dazu, das Layout für eine einzelne Seite eines fiktiven Magazins mit dem Titel *Noch eine Sport-Website* zu entwickeln. Ich empfehle zwar, anhand des Texts mitzuarbeiten, das ist aber nicht unbedingt notwendig. Dieses Buch ist keiner Weise ein Arbeitsbuch, und Sie sollten den Konzepten und der Diskussion auch folgen können, ohne einen Editor zu öffnen.

Genug der Vorrede, lassen Sie uns loslegen!

Ein Wort zum JavaScript in diesem Buch

Die Seiten, die aktuell online sind, haben durchschnittlich eine lächerliche Größe von 1.485 KByte pro Seite. Davon entfallen 225 KByte auf JavaScript – das sind fast 67 % mehr als 2011. Dieser Trend ist ziemlich bedenklich.[12]

Eine Menge, wenn auch nicht alles, von diesem JavaScript-Ballast ist der Tatsache zuzuschreiben, dass die Branche zunehmend auf Frameworks und Plugins zurückgreift. Es ist natürlich ziemlich verführerisch, zu diesen fertig geschnürten Lösungen zu greifen, weil sie in vielen Fällen bereits gründlich getestet und dokumentiert wurden. Aber sie sind nicht immer notwendig. In Abhängigkeit von den Problemen, die Sie zu lösen versuchen, kommen Sie häufig auch mit nur einem Bruchteil des Codes aus.

In diesem Buch wurde sämtliches JavaScript ohne die Hilfe irgendwelcher Frameworks geschrieben. Um das klarzustellen: Ich mache hier keinen Kreuzzug gegen Frameworks. Tatsächlich werden Ihnen mehrere hilfreiche jQuery-Plugins in diesem Buch begegnen. Ich plädiere lediglich für die sorgfältige Auswahl dessen, was Sie in Ihre Seite integrieren. Wenn Sie ein Framework brauchen, verwenden Sie es. Ansonsten könnte es sinnvoll sein, Ihren eigenen Code zu basteln, um Ihre Seiten schlanker zu halten.

---

12 Vergleich vom 1. Juli 2011 mit dem 1. Juli 2013 unter *http://httparchive.org*

Kapitel 2
Fluid Layouts

Eine sehr große Eiche wurde vom Wind entwurzelt. (...) Sie fiel ins Schilf und fragte die Schilfrohre: »Ihr seid so leicht und schwach, und dennoch werdet ihr von diesen starken Winden nicht zerbrochen.« Die Schilfrohre antworteten: »Du leistest dem Wind Widerstand und kämpfst, deshalb wurdest du zerstört. Wir dagegen beugen uns vor dem Ansturm der Winde und kommen unbeschadet davon.«

– AUS »DIE EICHE UND DAS SCHILF«, FABELN DES AESOP

In »Die Eiche und das Schilf« werden die große Eiche und die kleinen Schilfrohre vom Wind hin und her geschüttelt. Die Eiche versucht, starr stehen zu bleiben und dem mächtigen, vernichtenden Wind standzuhalten. Irgendwann geht sie besiegt zu Boden.

Die Schilfrohre dagegen beugen sich dem Wind. Sie sind nicht nur gewillt, sich zu beugen, sondern auch in der Lage dazu. Sie kämpfen nicht gegen den Wind, sondern sind bereit, sich mit ihm zu bewegen. Sie biegen und beugen sich, werden aber nicht entwurzelt.

Lange Zeit haben wir unsere Websites wie Eichen gebaut: starr und mit fester Breite. Sie sehen so lange wunderbar aus, bis sie mit der unvermeidlichen Unvorhersehbarkeit des Webs konfrontiert werden. Anstatt diesen Unsicherheitsfaktor zu bekämpfen, müssen wir uns auf ihn einlassen.

Genau das meinte John Allsopp seinerzeit im Jahr 2000, als er seinen bahnbrechenden Artikel für *A List Apart* mit dem Titel »A Dao of Web Design«[1] schrieb. In einer Branche, in der das, was an einem Tag gängige Praxis ist, am nächsten Tag schon wieder lächerlich sein kann, haben sich Allsopps Einsichten als unglaublich weitsichtig erwiesen. Er plädierte dafür, dass die Webcommunity die Flexibilität des Webs begrüßen und damit aufhören solle, den Mangel an Kontrolle als Einschränkung zu sehen:

> Ich glaube, dass die größte Stärke des Webs häufig als Einschränkung, als Defekt verstanden wird. Es liegt in der Natur des Webs, flexibel zu sein. Und unsere Rolle als Designer und Entwickler sollte es sein, diese Flexibilität mit offenen Armen zu begrüßen und Seiten zu produzieren, die durch ihre Flexibilität allen zugänglich sind.

Allsopp hat erkannt, dass Flexibilität und Unvorhersehbarkeit keine Dinge sind, die wir bekämpfen sollten. Es sind Features, keine Bugs. Sie machen das Web einzigartig und zu einem wesentlich mächtigeren Medium, als es Printmedien jemals waren.

Mit der zunehmend mannigfaltigen Gerätelandschaft ist die naturgemäße Flexibilität und Unvorhersehbarkeit des Webs immer schwieriger zu ignorieren. Im Ergebnis greift die Branche 13 Jahre später nun endlich die Ideen auf, die Allsopp in diesem Artikel vorgestellt hat. Der erste kleine Schritt, diese Flexibilität mit offenen Armen zu empfangen, besteht in der Entwicklung von Fluid Layouts für unsere Websites, also darin, *responsiv*, anpassungsfähig, für die Abmessungen des jeweiligen Geräts zu sein.

---

1 »A Dao of Web Design« unter *www.alistapart.com/articles/dao/*

In diesem Kapitel lernen Sie:

- vier verschiedene Layouttypen kennen
- verschiedene Möglichkeiten kennen, Schriftgrößen festzulegen, und welche Methoden Sie am besten verwenden
- wie Sie Fluid Layouts erstellen
- wie Sie Ressourcen mit fester Breite, wie etwa Bilder, dazu bringen, in einem Fluid Layout mitzuspielen
- wie Sie mit `display:table` Spalten mit fester und fließender Breite miteinander kombinieren

Layoutoptionen

Damit wir verstehen können, wann ein flexibles Layout die beste Wahl ist, müssen wir uns zunächst die anderen zur Verfügung stehenden Optionen ansehen. Nur wenn wir wissen, worin die jeweiligen Vorteile bestehen, können wir die richtige Entscheidung treffen, damit unsere Websites in einer Vielzahl von Umgebungen bestmöglich dargestellt werden.

In ihrem großartigen Buch *Flexible Web Design*[2] hat Zoe Mickley Gillenwater vier Layouttypen definiert: mit fester Breite, fluid (fließend), elastisch und hybrid.

Jeder dieser Ansätze hat seine eigenen Stärken, Grenzen und Herausforderungen.

Feste Breite

In Layouts mit fester Breite wird die Breite der Website mit einem bestimmten Pixelmaß begrenzt – 960 px wird heute am häufigsten verwendet. Im Jahr 2006 schrieb Cameron Moll einen Blogbeitrag mit dem Titel »Optimal width for 1024px resolution?«, in dem er sich detailliert damit auseinandersetzt, was die »optimale« Breite für die immer beliebtere 1.024er-Auflösung sein könnte. Unter Berücksichtigung der Browserleiste blieb etwas zwischen 974 und 984 px zum Herumspielen übrig. Die Zahl 960 war rasterbasierten Layouts wesentlich freundlicher gesonnen (weil sie durch 3, 4, 5, 6, 8, 10, 12 und 15 teilbar ist und dadurch eine Vielzahl von Rasteroptionen bietet) und gut mit den Standardgrößen

---

2 Zoe Mickley Gillenwater, *Flexible Web Design* (New Riders, 2008)

für Werbung des Interactive Advertising Bureau (IAB)[3] zusammenarbeitet. Entsprechend blieb es bei dieser Größe.

Layouts mit fester Breite sind die am häufigsten vorkommende Implementierung im Web. Ein Layout mit fester Breite erweckt die Illusion, dass man die volle Kontrolle hat. Wenn Sie die Breite, mit der Ihre Website dargestellt wird, genau kennen, können Sie grafiklastige Designs entwickeln, die auf verschiedenen Bildschirmen ziemlich konsistent aussehen.

Das größte Problem bei Layouts mit fester Breite besteht darin, dass Sie von einer Menge Voraussetzungen ausgehen müssen. Indem Sie bestimmen, wie breit Ihre Website sein wird, treffen Sie eine Annahme darüber, welche Maße dem größten Prozentsatz Ihrer Besucher entgegenkommen. Und das ist wesentlich schwieriger, als es scheint. Selbst vor der Einführung von Geräten wie Smartphones und Tablets gab es bereits große Abweichungen bei den Bildschirmgrößen der Besucher. Und das war erst der Anfang. Manche Menschen maximieren die Browserfenster nicht auf die volle Bildschirmbreite. Viele andere haben Plugins installiert, die eine Seitenleiste im Browser zeigen und dadurch den auf dem Bildschirm verfügbaren Platz erheblich einschränken.

Die »Konsistenz« eines Designs mit fester Breite ist auch ein bisschen irreführend. Wenn Ihre Website 960 px breit ist und ein Besucher einen kleineren Bildschirm hat (beispielsweise 800 px), sieht er oder sie nur einen Teil Ihrer Website und einen hässlichen horizontalen Scrollbalken (Abbildung 2.1).

Größere Bildschirme sind ebenfalls nicht vor Problemen gefeit. Wenn jemand mit einem großen Monitor Ihre 960 px breite Website anzeigt, ist eine Menge ungenutzter Leerraum zusehen. Leerraum ist gut – als Teil eines Designs. Aber von unnötigem Leerraum hat keiner etwas.

Im heutigen Geräteökosystem mit seiner riesigen Vielfalt ist die Unnachgiebigkeit von Layouts mit fester Breite umso mehr ein Problem. Viele der neuesten und leistungsfähigsten Telefone und Tablets zeigen Websites verkleinert an, damit sie auf den Bildschirm passen. Per Zweifingerzoom können die Besucher dann die entsprechenden Bereiche vergrößern. Das ist zwar besser als keine Vergrößerung oder die Website gar nicht anzeigen zu können, es ist aber trotzdem mühsam und weit davon entfernt, Spaß zu machen.

---

[3] »Optimal width for 1024px resolution« unter *www.cameronmoll.com/archives/001220.html*

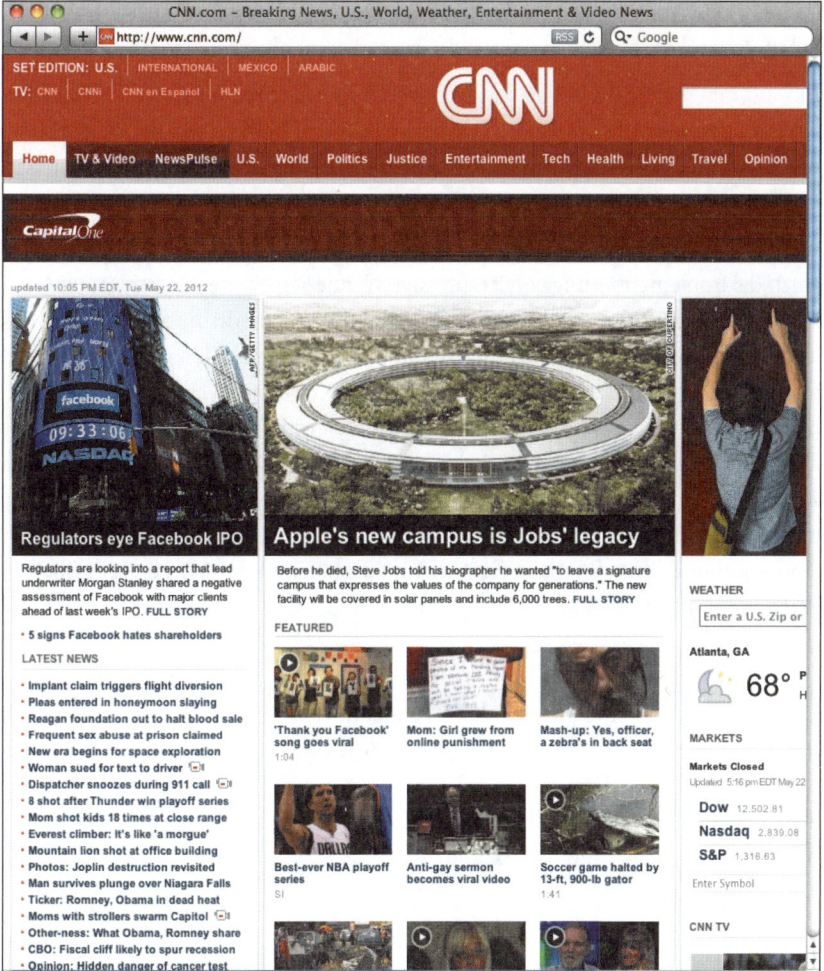

Abbildung 2.1
Wenn der Bildschirm schmaler als die Breite einer Website mit fester Breite ist, werden die Besucher von dem gefürchteten horizontalen Scrollbalken begrüßt.

Fluid Layouts

In Fluid Layouts werden Maße durch Prozentsätze und nicht in Pixeln angegeben. Entsprechend sind solche Designs wesentlich anpassungsfähiger. So haben Sie beispielsweise eine Hauptspalte, die 60 % des Containers einnimmt, eine rechte Seitenleiste mit 30 % und einen Spaltenzwischenraum von 10 %. Wenn ein Layout auf diese Weise definiert ist, spielt es keine Rolle, ob der Benutzer einen Desktop-Computer mit einer Browserbreite von 1.024 px oder ein 768 px

▶ **Hinweis**
Gillenwater verwendete den Begriff »liquid« in ihrer Kategorisierung. In diesem Buch bezeichnen wir das als Fluid Layouts.

breites Tablet verwendet: Die Breiten der Seitenelemente passen sich automatisch entsprechend an.

Ein auf einem Fluid Layout basierendes Design umschifft viele der Probleme eines Layouts mit fester Breite. Horizontale Scrollbalken werden so meistens umgangen. Da die Website ihre Breite an die Breite des Browserfensters anpasst, kann das Design den verfügbaren Platz besser ausnutzen, und der unerwünschte Leerraum eines Layouts mit fester Breite entfällt.

Auch die Implementierung von Responsive Webdesign-Strategien, wie etwa Media Queries und Stilregeln für die Anpassung an unterschiedliche Auflösungen, ist mit Fluid Layouts wesentlich einfacher. (Auf solche Strategien gehen wir in den folgenden Kapiteln näher ein.) Es gibt weniger Probleme zu lösen, entsprechend müssen Sie weniger CSS-Regeln schreiben. Allerdings reicht ein Fluid Layout allein nicht aus, um zu gewährleisten, dass ein Design vom Smartphone bis hin zum TV-Gerät überall gut aussieht. Beispielsweise können die Zeilenlängen auf großen Displays zu breit geraten und auf kleinen Displays zu schmal. Es ist ein Anfang, aber es gibt durchaus Gründe für zusätzliche Kapitel in diesem Buch.

Elastische Layouts

Elastische Layouts sind Fluid Layouts sehr ähnlich, jedoch mit dem Unterschied, dass die Begrenzungen durch die Schriftgröße festgelegt werden – typischerweise in em. Ein em entspricht der aktuell definierten Schriftgröße. Angenommen, der Text im Body hat die Schriftgröße 16 px. In diesem Fall entspricht 1em also 16 px, und 2 em entsprechen 32 px.

Elastische Layouts bieten eine starke typografische Kontrolle. Eine große Zahl von Studien empfiehlt eine Zeilenlänge zwischen 45 und 70 Zeichen für ideale Lesbarkeit.[4] Bei einem elastischen Layout können Sie die Breite des Containers beispielsweise als 55 em definieren. So ist gewährleistet, dass die Breite des Containers immer eine passende Zeilenlänge beibehält.

Ein weiterer Vorteil elastischer Layouts besteht darin, dass Elemente mit elastischer Breite immer relativ zur entsprechenden Schriftgröße skaliert werden, wenn Besucher die Schrift vergrößern oder verkleinern. Weiter unten in diesem Kapitel, bei der Diskussion über Schriftgrößen, werden wir noch näher darauf zu sprechen kommen.

---

[4] Die am häufigsten zitierte Quelle ist *The Elements of Typographic Style* (Hartley & Marks Publishers, 1992) von Robert Bringhurst.

Unglücklicherweise können bei elastischen Layouts auch wieder die gefürchteten horizontalen Scrollbalken auftauchen. Wenn Sie eine Schriftgröße von 16 px verwenden und die Breite des Containers mit 55 em definieren, zeigt jeder Bildschirm kleiner als 880 px (16 × 55) einen horizontalen Scrollbalken. Das Problem kann sogar noch unberechenbarer werden als mit festen Breiten. Ändert ein Besucher beispielsweise die Schriftgröße auf 18 px, ergibt sich dadurch eine Containerbreite von 990 px (18 × 55).

Hybride Layouts

Die letzte Layoutoption besteht in einem hybriden Layout, das zwei oder mehr der vorangehend beschriebenen Layouttypen kombiniert.

Angenommen, Sie verwenden eine 300 px breite Werbefläche. Dann könnten Sie sich dafür entscheiden, der Seitenleiste mit der Werbung eine feste Breite von 300 px zu geben, aber die anderen Spalten prozentual zu definieren. So ist gewährleistet, dass die Grafiken für die Werbung speziell für 300 px gestaltet werden können. (Hinsichtlich der Unnachgiebigkeit von Werbeservices ist das eine äußerst wichtige Erwägung.) Das übrige Layout wird dagegen automatisch erweitert, um den verbleibenden Platz im Browser auszufüllen.

Mit Floats kann dieser Ansatz allerdings ziemlich chaotisch werden, und zwar sehr schnell. Wenn Sie die Seitenleiste mit 300 px festlegen und für die Hauptspalte 70 % verwenden, landen Sie schnell wieder bei einem horizontalen Scrollbalken, wenn die Bildschirmgröße kleiner als 1.000 px ist. Das ist die Grenze, ab der die 300-px-Seitenleiste 30 % des zugeteilten *Viewports* einnimmt, wodurch weniger als 70 % für die Hauptspalte verbleiben. Glücklicherweise gibt es eine Alternative zur Erstellung von hybriden Layouts, auf die wir weiter unten in diesem Kapitel eingehen.

● *Viewport*
Der sichtbare Bereich des Browsers.

Wenn Sie diesen Absatz ohne Schwitzen und Flashbacks aus der Schulzeit überstanden haben, haben Sie einen Applaus von mir verdient.

Welcher Ansatz ist am ehesten responsive?

Welche Methode ist also die richtige, um auf verschiedene Geräte und Umgebungen zu reagieren? Letzten Endes hängt das vom jeweiligen Projekt ab. Jeder Ansatz hat entsprechende Vorteile und Grenzen.

> **Media Queries**
> Mit Media Queries können Sie anhand der Eigenschaften eines Geräts, wie etwa Breite, Ausrichtung und Auflösung, steuern, welche Stilregeln angewendet werden.

> **Breakpoint**
> Der Punkt, ab dem eine neue Media Query angewendet wird. Ein Breakpoint bei 980 px bedeutet beispielsweise, dass jeweils eine andere Media Query greift, wenn die Browserbreite größer oder geringer als diese Zahl ist.

Meistens ist eines der flexibleren Layouts – fluid, elastisch oder hybrid – die richtige Antwort, weil sie alle zukunftsfreundlicher sind als Layouts mit fester Breite.

Es ist möglich, mithilfe von *Media Queries* zwischen verschiedenen Layouts mit fester Breite hin- und herzuschalten, aber auch das ist immer noch eine begrenzte Lösung. Bei einem solchen »Schaltansatz« können Sie einige Auflösungen sehr gut bedienen, aber alles dazwischen leidet. Die Besucher sind dann davon abhängig, ab welchem Punkt Sie die Gnade haben, das Layout anzupassen. Passt das entsprechende Gerät nicht ins Konzept, wird dadurch das Benutzererlebnis auch nicht viel besser, als wenn Sie überhaupt nicht darauf eingingen.

Der »Schaltansatz« ist also ein Schritt in die richtige Richtung, ist aber gleichzeitig ein bisschen so, als wenn Sie zwar jeden morgen joggen gehen, aber danach 30 Minuten lang auf der Couch liegen und Eis essen – esser als nichts, aber Sie ziehen nicht den vollen Nutzen daraus.

Mit einem Fluid Layout haben Sie mindestens die halbe Miete. Selbst ohne die Hilfe von Media Queries kann sich Ihr Design an verschiedene Viewport-Größen anpassen, selbst wenn es kleine Macken geben sollte.

Mit der Einführung von Media Queries, beseitigen Sie die Mehrheit der Probleme von elastischen oder Fluid Layouts (siehe Kapitel 3, »Media Queries«). Das Ergebnis ist, dass Ihr Fluid Layout einen Großteil der Arbeit für Sie macht. Sie müssen weniger *Breakpoints* erstellen und weniger CSS schreiben. Mit einem starken Fluid Layout werden Media Queries zu einer Möglichkeit, das Design anzupassen, anstatt es vollständig neu aufzubauen.

Schriftgrößen

Um die Fluidität des Webs in Ihren Designs zu nutzen, beginnen Sie damit, Ihre Schriftgrößen flexibel festzulegen. Schriftgrößen können Sie im Web mit einer ganzen Reihe verschiedener Einheiten bestimmen, aber die wichtigsten Optionen lauten: Pixel, Prozent und em.

Pixel

Für eine ganze Weile waren Pixel die bevorzugte Methode, um Schriftgrößen festzulegen. Der Grund dafür liegt auf der Hand: Sie haben exakte Kontrolle darüber, wie ein Browser den Text anzeigt. Wenn Sie die Schriftgröße auf 18 px festlegen, zeigt der Browser diese Größe auch exakt mit 18 px an.

Leider hat diese Kontrolle seinen Preis. Zuallererst gibt es für Schriftgrößen in Pixeln keine *Kaskadierung* – d. h., die Schriftgröße des Elternelements hat keine Auswirkungen auf die Schriftgrößen der Kindelemente. Das bedeutet wiederum, dass Sie für jedes Element, das in einer anderen Größe angezeigt werden soll, explizit eine Größe in Pixeln angeben müssen. Das kann bei der Wartung lästig sein. Wenn Sie alle Schriftgrößen insgesamt ändern möchten, müssen Sie dafür jeden Wert einzeln anpassen.

Außerdem können Schriftgrößen in Pixeln pozentiell Probleme bei der Barrierefreiheit bereiten. Alle wichtigen Browser bieten den Benutzern die Möglichkeit, eine Seite zu vergrößern oder zu verkleinern. Es gibt zwei Möglichkeiten, wie Browser damit umgehen. Die erste besteht darin, die Vergrößerung bzw. Verkleinerung auf die gesamte Seite anzuwenden. Wenn ein Besucher vergrößert, nimmt die Größe aller Elemente der Seite zu – nicht nur der Text. Bei dieser Methode können die Benutzer unabhängig von der Schriftgröße zoomen (Abbildung 2.2).

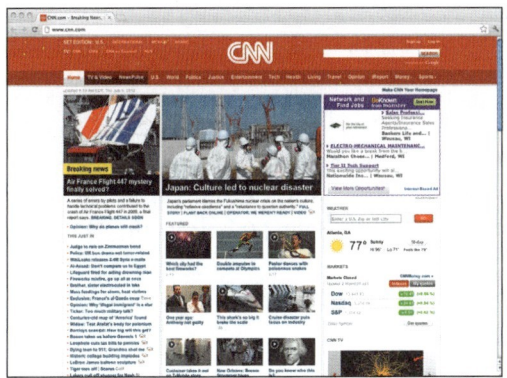 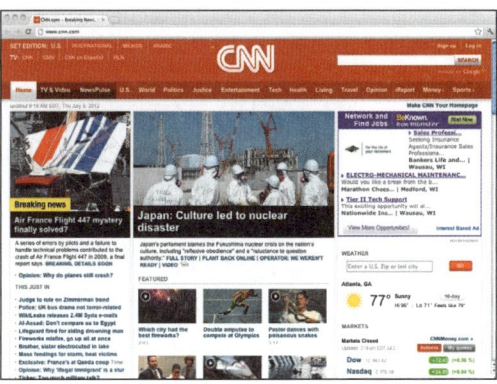

Die andere Methode besteht darin, den Text selbst zu vergrößern, nicht aber die anderen Elemente auf der Seite. Das war lange Zeit ein verbreitetes Verhalten und wird so immer noch von manchen Browsern implementiert.

Abbildung 2.2 In manchen neueren Browsern wird die gesamte Seite vergrößert, nicht nur die Schriften.

Schriftgrößen in Pixel lassen sich aber leider im Internet Explorer nicht skalieren. Das bedeutet für alle Benutzer, die eine Version vor IE9 verwenden, in denen eine Anpassung der Schriftgröße Standard war, oder die diese Funktion in der neuesten Version aktiviert haben, dass sich die Schriftgrößen auf Ihrer Seite nicht anpassen lassen.

Dieses Problem gibt es auch bei vielen älteren Geräten aus der Zeit, in der es noch keine Touchscreens gab. In manchen Fällen wird überhaupt nicht skaliert.

In anderen Fällen werden vielleicht Teile der Seite skaliert, aber die Schriften bleiben in derselben Größe, wodurch die Website unansehnlich wird.

Durch die Möglichkeit, den Text zu vergrößern, erhalten die Benutzer die Kontrolle. Das ist nicht nur benutzerfreundlich, sondern kann auch die Barrierefreiheit Ihrer Website erhöhen. Manche Besucher haben unter Umständen Schwierigkeiten, Text unterhalb einer bestimmten Schriftgröße zu lesen. Indem Sie ihnen die Möglichkeit geben, die Schrift zu vergrößern, können sie nun Ihre Inhalte genießen.

Schriftgrößen in Pixeln sind natürlich auch kein sonderlich zukunftsträchtiger Ansatz. Unterschiedliche Geräte haben unterschiedliche Bildschirmgrößen und Pixeldichten.

Deshalb kann eine in Pixeln angegebene Schrift, die auf einem Gerät gut aussieht, auf einem anderen Bildschirm zu klein oder zu groß sein (mehr dazu finden Sie weiter unten in diesem Kapitel im Abschnitt »Standardschriftgrößen«). Schriftgrößen in Pixeln festzulegen, gehören zu den besten Beispielen dafür, sich gegen die Flexibilität des Webs zu sträuben.

Em

Eine wesentlich flexiblere und zunehmend beliebte Möglichkeit, Schriftgrößen anzugeben, ist die Einheit em. Wie bereits gesagt, entspricht ein em der aktuellen Schriftgröße. Wenn beispielsweise die Schriftgröße des Body-Texts 16 px aufweist, dann sind:

1 em = 16 px

2 em = 32 px

em sind browserübergreifend vergrößer- bzw. verkleinerbar und werden auch kaskadiert – was zugleich gut und schlecht sein kann. Es ist insofern gut, da dadurch die Wartung vereinfacht wird. Wenn Sie die Schriftgrößen aller Elemente relativ zueinander festlegen, müssen Sie nur die zugrunde liegende Basislinie ändern, und die restlichen Inhalte passen sich automatisch an, wobei die Proportionen erhalten bleiben.

Die Möglichkeit zu kaskadieren, kann aber auch alles komplizierter machen. Sehen Sie sich beispielsweise das folgende HTML an:

```html
<body>
    <div id="main">
        <h1>Frage Nr.1 <span>Wählen Sie eine Antwort aus.
            </span></h1>
<p>In welchem Buch schreibt H.G. Wells: "Moralische Entrüstung ist
Eifersucht mit einem Heiligenschein."</p>
        <ol>
            <li>Die Zeitmaschine</li>
            <li>Das Land der Blinden</li>
            <li>Der Krieg der Welten</li>
        </ol>
    </div>
</body>
```

Das HTML wird mit dem folgenden CSS gestylt:

```css
body {
    font-size: 16px; /* Basisschriftgröße in Pixel */
}
h1 {
    font-size: 1.5em; /* 24px / 16px */
}
span {
    font-size: 1em; /* 16px / 16px */
}
```

In diesem Beispiel wird die Basisschriftgröße auf 16 px festgelegt. Unser h1-Element hat eine Schriftgröße von 1.5 em, das entspricht 24 px. Das span soll mit 16 px gerendert werden, deshalb wählen wir dafür 1 em. Das Problem besteht darin, dass sich der Kontext geändert hat. Als Grundlage dient nicht mehr die Body-Schrift mit 16 px, sondern die Schriftgröße des h1-Elements mit 24 px. Statt der erwarteten 16 px wird unser span also mit 24 px dargestellt.

Entsprechend müssen wir die font-size für das span wieder auf die richtige Größe bringen:

```css
span {
    font-size: .666666667em; /* 16px / 24px */
}
```

> **Nachkommen-selektor**
> CSS-Selektor, der alle Elemente auswählt, die Nachkommen des angegebenen Elements sind.

Versuchen Sie, Ihr CSS und HTML so zu strukturieren, dass die Schriftgrößen vorhersehbar bleiben. Wenn Sie beispielsweise für den Großteil Ihrer Inhalte die Basisschriftgröße verwenden und nur für Elemente wie beispielsweise die Header-Elemente eine andere Schriftgröße wählen, können Sie dieses Problem komplett umgehen. Auf ähnliche Weise können Sie solche Probleme sehr leicht mit einem *Nachkommenselektor* lösen, wenn Sie Ihr HTML sorgfältig schnitzen.

Prozentsätze

Schriftgrößen, die in Prozentwerten angegeben werden, haben ebenso wie em eine sich anpassende Größe und kaskadieren. Genau wie bei em gilt: Wenn die Basisschriftgröße 16 px ist, entsprechen 100 % exakt 16 px und 200 % 32 px.

Theoretisch gesehen, besteht kein nennenswerter Unterschied zwischen em und Prozent, aber nach und nach wird em als Maßeinheit für Schriften im Web bevorzugt. Es gibt nicht wirklich einen technischen Grund dafür, es ist aber durchaus sinnvoll, em für Textgrößen zu verwenden, da sich diese Einheit direkt auf die Textgröße bezieht.

Allerdings – dank jedermanns Lieblingsbrowser Internet Explorer – gibt es ein Problem, wenn Sie die Basisschriftgröße Ihres Dokuments in em angeben. In diesem Fall übertreibt es der Internet Explorer damit, wie groß oder klein die Schrift bei Größenänderungen sein soll. Angenommen, Sie definieren die Basisschriftgröße als 1 em und wählen als Schriftgröße für Ihre h1-Elemente 2 em. In den meisten Browsern verhalten sich die h1-Elemente genau so, wie Sie es erwarten würden: Sie sind ungefähr doppelt so groß. Im Internet Explorer sind sie dank eines kleinen Bugs wesentlich größer.

Dieses Problem können Sie aber umgehen, indem Sie die Basisschriftgröße für den body mit einem Prozentsatz angeben:

```
body {
    font-size: 100%;
}
```

Bemerkenswerterweise beträgt die Standardschriftgröße auf den meisten Browsern und Geräten ziemlich konsistent 16 px (siehe dazu den Kasten »Standardschriftgrößen«). Indem Sie die Größe der Body-Schrift auf 100 % festlegen, können Sie gewährleisten, dass sich die Größe der Inhalte ohne jegliche Übertreibung anpassen lässt. Ab dann können Sie den Rest Ihrer Schriften mit em relativ angeben.

Standardschriftgrößen

Eine ganze Weile betrug die Standardschriftgröße für den Body auf Desktop-Browsern ungefähr 16 px. Wenn Sie also die Schriftgröße für den Body auf 100 % setzen, erhalten Sie eine konsistente Schriftgröße.

Bei anderen Gerätetypen ist das nicht immer so. Bei einem Test auf einem BlackBerry mit dem Betriebssystem Blackberry 6.0 war die Standardschriftgröße beispielsweise 22 px. Die Abweichung beim Kindle Touch ist sogar noch dramatischer: Dort beträgt die Standardgröße 26 px.

Bevor Sie nun alles hinschmeißen: Es gibt einen Grund für dieses Verhalten. Viele der neuen Geräte haben eine hohe Pixeldichte, sodass eine 16-px-Schrift ziemlich klein aussehen würde. Die meisten dieser Geräte umgehen dieses Problem, indem sie dem Browser eine andere Auflösung melden. Das iPhone 4 hat beispielsweise eine Auflösung von 640 x 960, meldet dem Browser aber eine Auflösung von 320 x 480.

Andere Geräte wie der Kindle Touch geben zwar ihre vollständige Auflösung an, erhöhen aber dafür zum Ausgleich die Standardschriftgröße.

Unterm Strich geht es nicht um die tatsächliche Pixelgröße: Es geht um die Lesbarkeit der Schrift auf dem jeweiligen Display. Verwenden Sie weiterhin 100 % als Basisschriftgröße. Bedenken Sie aber, dass das jeweilige Pixelmaß für Schriften nicht unbedingt 16 px sein muss (das ist ein guter Grund für die Verwendung von em in Ihren Media Queries; darüber sprechen wir im nächsten Kapitel).

Bonusrunde: rem

Es gibt eine weitere flexible Option für Schriftgrößen mit einer Menge Potenzial: die Einheit rem (»root em«). rem verhält sich genauso wie em, allerdings mit einem entscheidenden Unterschied: Es definiert die Schriftgrößen relativ zur Schriftgröße des Wurzelelements – des HTML-Elements.

Mit rem wäre es möglich, das Problem mit der Kaskadierung bei verschachtelten Elementen zu umgehen. Schreiben wir das CSS so um, dass die Listenelemente mit rem gestylt werden:

```
html {
    font-size: 100%; /* entspricht ~16px */
}
h1 {
    font-size: 1.5em; /* 24px / 16px */
}
span {
    font-size: 1rem; /* 16px / 16px */
}
```

Im obigen Beispiel verwendet das h1-Element weiterhin eine 24 px-Schrift. Allerdings wird das span-Elementen nun mit 16 px angezeigt. Durch die Verwendung von »root em« erben die Elemente ihre Schriftgröße vom html-Element – und nicht vom Container div.

Der einzige Haken bei rem ist die Unterstützung in mobilen Browsern. Auf dem Desktop wird die Einheit rem generell ziemlich gut unterstützt: Internet Explorer 9+, Firefox 3.6+, Chrome 6.0+, Safari 5.0+ und Opera 11.6+. Das Gleiche gilt für iOS 4.0+, Android 2.1+ und Opera Mobile 12+. Leider unterstützen manche mobile Plattformen (darunter Opera Mini) rem nicht.

Für diese Fälle müssen Sie eine Ausweichlösung in Pixeln anbieten:

```
span {
    font-size: 16px;
    font-size: 1rem;
}
```

Auf diese Weise verwenden Browser, die die Einheit rem unterstützen, genau diese Deklaration, da sie an letzter Stelle steht. Browser ohne rem-Unterstützung nutzen die erste Deklaration in Pixeln und ignorieren die rem-Deklaration.

Welcher Ansatz ist am ehesten responsive?

> **Tipp**
> Viele Wartungsprobleme können mit einem CSS-Präprozessor wie SASS (http://sass-lang.com) oder LESS (http://lesscss.org) und der Verwendung von Variablen abgemildert werden.

Es gibt einige Kompromisse, die Sie bei der Entscheidung für einen Ansatz berücksichtigen müssen. Mit em sind Ihre Schriften nicht nur skalierbar, diese Einheit erleichtert Ihnen auch die Wartung. Wenn Sie die Schriftgröße auf der gesamten Website vergrößern möchten, passen Sie einfach den Prozentsatz für den Body an. Das war's! Mit rem müssen Sie durch die Pixel-Ausweichlösung alle Elemente mit Pixelangaben im gesamten Code aktualisieren.

Für den Rest dieses Buchs verwenden wir einen Prozentsatz für den Body und für alles Weitere em.

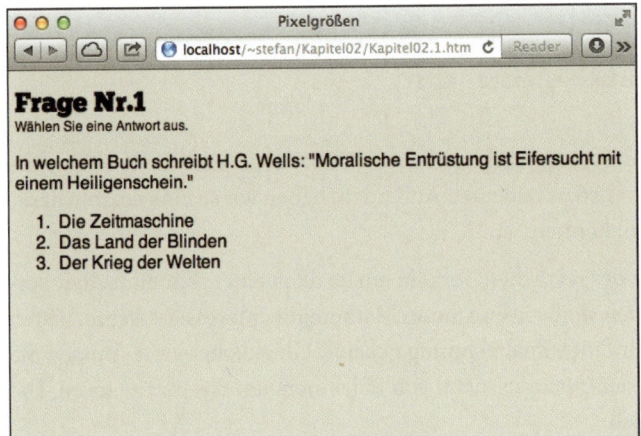

Abbildung 2.3
Schriftgröße in Pixeln: hübsch, aber vollkommen unflexibel.

Konvertierung von Pixeln

Es wäre zwar schön, zu glauben, dass Sie in alle Projekte, an denen Sie arbeiten, frisch einsteigen und alles von Anfang an schön flüssig im Browser gestalten können. In der Realität ist das aber nicht sehr wahrscheinlich. Bei den meisten Projekten wird es eine Übergangsphase geben, in der Sie alle festen Größen in etwas Flexibleres konvertieren müssen.

Aus diesem Grund sehen wir uns dasselbe Snippet noch mal an, diesmal mit allen Größenangaben in Pixeln (Abbildung 2.3).

```
body {
    font-size: 16px;
    font-family: Helvetica, sans-serif;
}
h1 {
    font-size: 24px;
}
span {
    font-size: 12px;
}
```

Zuallererst hat der body-Text eine Größe von 16 px. Das h1-Element hat 24 px, das span 12 px.

Die Konvertierung in flexiblere Maße ist relativ einfach. Beginnen Sie mit der Schriftgröße für den body:

```
body {
    font-size: 100%;
    font-family: Helvetica, serif;
}
```

Denken Sie daran, dass eine Schriftgröße von 100 % für die meisten Browser eine Basisschriftgröße von 16 px bedeutet. Außerdem haben wir so eine flexible Basis, auf der wir aufbauen können.

Die Konvertierung des restlichen Texts in em ist dank einer sehr einfachen Formel ganz leicht. Ja, ich weiß – wenn Sie an Mathematik interessiert wären, hätten Sie ein Buch über Infinitesimalrechnung gekauft. Glücklicherweise müssen Sie nicht den Kosinus der Quadratwurzel von Pi kennen, um das hier zu lösen. Die Formel lautet einfach:

> Ziel / Kontext = Ergebnis

Nehmen wir zum Beispiel das h1-Element. Unser Ziel sind 24 px. Der Kontext ist die Schriftgröße des Containerelements – in diesem Fall 16 px für den body. Also dividieren wir 24 durch 16 und erhalten 1.5 em:

```
h1 {
    font-size: 1.5em; /* 24px / 16px */
}
```

Beachten Sie den Kommentar hinter der Deklaration. Als jemand, der sich oft am Kopf kratzt beim Lesen des Codes aus der vergangenen Nacht – ganz zu schweigen von dem, den ich vor einem Monat geschrieben habe –, empfehle ich Ihnen dringend zu solchen Kommentaren, damit Sie sich daran erinnern können, wie es zum jeweiligen Maß gekommen ist.

Nun können wir dieselbe Formel auf das span-Element anwenden. Nachdem es sich innerhalb des h1-Elements befindet, hat sich der Kontext geändert. Der Kontext ist nun das h1-Element. Entsprechend müssen wir als Schriftgröße für das span .666666667em (16 / 24) angeben.

Insgesamt sieht das CSS dann folgendermaßen aus:

```
1. body {
2.     font-size: 100%;
3.     font-family: Helvetica, sans-serif;
4. }
5. h1 {
6.     font-size: 1.5em; /* 24px / 16px */
7. }
```

```
8.  span {
9.      font-size: .5em; /* 12px / 24px */
10. }
```

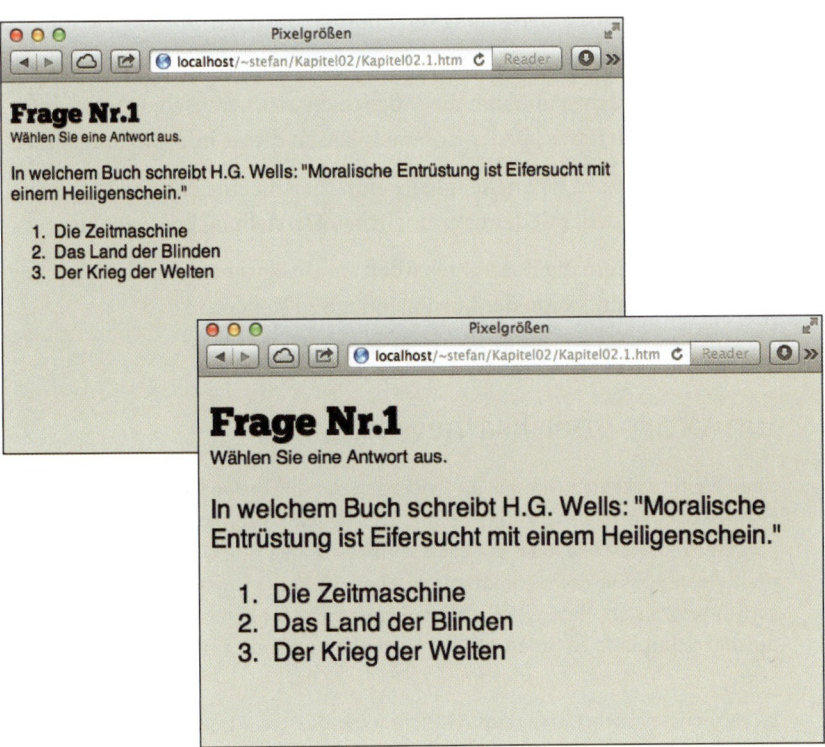

Abbildung 2.4 Die Schriften mit der flexiblen Größe sehen identisch aus. Allerdings bleiben jetzt die Proportionen unverändert, wenn Sie die Schriftgröße ändern.

Und schon haben Sie's – flexible Schriftgrößen. Wenn wir jetzt die Schriftgröße für den Body ändern müssen, bleiben die Proportionen zwischen der neuen Größe und den Header-Elementen unverändert (Abbildung 2.4).

◆ **Tipp**
Öffnen Sie die Beispieldatei *Kapitel02.1.html*, um das Ganze in Aktion zu erleben.

Grid-Layouts

Designs auf einem Raster aufzusetzen, ist eine unglaublich beliebte Praxis, die viele Dekaden älter ist als das Web. Raster oder Grids bringen Gleichgewicht, Leerraum und Struktur in eine Website. Ein gut implementiertes Rastersystem lässt eine Website gut aufgeräumt erscheinen und verbessert die Lesbarkeit und die Scanbarkeit.

> **Hinweis**
> Detaillierte Informationen über Grids finden Sie in Khoi Vinhs Buch oder in der Videoreihe »Designing Grid Systems« von Mark Boulton.

In *Ordering Disorder: Grid Principles for Web Design*[5] betont Khoi Vinh die vier wichtigsten Vorteile von Rasterdesigns, die zusammengenommen ein Design ergeben, das sich wesentlich kompakter anfühlt:

- Raster erweitern die Darstellung von Informationen um Ordnung, Kreativität und Harmonie.
- Raster geben dem Publikum die Möglichkeit, vorherzusehen, wo es Informationen findet, was bei der Kommunikation dieser Informationen hilft.
- Mit Rastern lassen sich neue Inhalte einfacher auf eine Art und Weise integrieren, die visuell mit der ursprünglichen Darstellung konsistent ist.
- Raster erleichtern die Zusammenarbeit am Design einer einzelnen Lösung, ohne die Gesamtvision der Lösung infrage zu stellen.

Ein Wort über Frameworks

Online gibt es keinen Mangel an Grid-basierten Frameworks. Diese Frameworks enthaltene Vorlagen und CSS-Regeln, mit denen Sie schnell vorgefertigte Rasterlayouts erstellen können. Manche sind flexibel, manche nicht. Die meisten haben zwischen 12 und 16 Spalten. Es kann verführerisch sein, Ihr Lieblings-Framework für jedes neue Projekt wieder aus der Schublade zu holen. Wir können aber auch ein bisschen kreativer sein.

Es ist nichts verkehrt an einem zwölfspaltigen Raster. Aber wenn Sie es für jede einzelne Website verwenden, führt das zu einem langweiligen und berechenbaren Layout. Um die Vorteile eines rasterbasierten Ansatzes voll auszuschöpfen, müssen Sie das Design für jedes Projekt neu überdenken.

Haben Sie keine Angst, alles zu vermischen und ein drei- oder fünfspaltiges Grid zu implementieren. Nur wenige der am schönsten gestalteten Websites verwenden etwas so Umfangreiches wie ein zwölfspaltiges Layout. Manchmal ist einfacher tatsächlich besser.

---

5 Khoi Vinh, *Ordering Disorder: Grid Principles for Web Design* (New Riders, 2010)

Vom Inhalt ausgehen

Als Erstes müssen Sie bei der Einrichtung eines Rasters die Arbeitsfläche bestimmen. Im Grafikdesign ist das Ihr Papier. Die entsprechenden Maße bestimmen das Raster. Dann unterteilen Sie die Arbeitsfläche in die Anzahl der gewünschten Spalten (3, 5, 9 – und ja, auch 12) und arbeiten von dort aus weiter.

Wie wir bereits festgestellt haben, gibt es bei der Arbeit im Web keine solchen Dimensionen. Stattdessen müssen Sie vom Inhalt ausgehen: Der Inhalt definiert das Raster.

Nur um sicherzugehen: Wenn ich »Inhalt« sage, spreche ich nicht nur von Text. Inhalt kann viele Formen haben: Werbung, Videos, Bilder, Text. Jede dieser verschiedenen Inhaltsarten kann Ihr Grid bestimmen. Gestalten Sie beispielsweise den Auftritt eines Unternehmens, das seinen Umsatz in erster Linie durch Werbung bestreitet, ist es unter Umständen sinnvoll, Ihr Raster auf ein oder zwei Werbeformate der IAB abzustimmen. Wenn Sie andererseits eine große Website mit einer Menge vorhandener Bilder neu gestalten, kann es sinnvoll sein, Ihr Grid auf diesen Abmessungen aufzubauen.

Wenn Sie die Inhalte die Struktur Ihrer Website bestimmen lassen, ist das einerseits gutes Design, aber auch praktisch. Anstatt zu versuchen, vorhandene Bilder oder Werbeflächen in ein vordefiniertes Grid hineinzuzwängen, bauen Sie das Raster lieber von Anfang an entsprechend auf. Das führt auf allen Seiten zu einem zusammenhängenden Design.

Genug gequatscht, lassen Sie uns etwas stylen.

Das Raster festlegen

Fangen wir damit an, dass wir an der fiktiven Sportpublikation *Noch eine Sport-Website* arbeiten (sehr originell, ich weiß). Genauer gesagt, wir entwickeln ein Raster für die Artikelseite. Für Farben und Typografie gibt es bereits einige Standardstilregeln (zu Demonstrationszwecken müssen wir mit dem Header und dem Footer noch bis zum nächsten Kapitel warten). Mal sehen, womit wir es zu tun haben:

◆ **Tipp**
Öffnen Sie die Beispieldatei Kapitel02-start.html, um diesen Code in Aktion zu sehen.

```
1.  <body id="top">
2.      <div id="container">
3.          <article class="main" role="main">
4.              <h1>Dieser Mann ist am Ball</h1>
```

> **Hinweis**
>
> Auf dieser Seite kommen mehrere HTML5-Elemente für mehr Semantik zum Einsatz. Dazu gehört das `aside`-Element. Für weitere Informationen über HTML5 empfehle ich Ihnen dringend *HTML5 for Web Designers* von Jeremy Keith (A Book Apart, 2010).

```
 5.            <p class="summary">Es hat sich eine Entwicklung
               allerhöchster Wichtigkeit ergeben - der Mann da drüben
               ist jetzt am Ball.</p>
 6.            <p class="articleInfo">Von Ricky Boucher |
               <time>January 1, 2012</time></p>
 7.            <section>
 8.                <img src="images/football.jpg" alt="Football" />
 9.                <p>...</p>
10.            </section>
11.        </article>
12.        <aside>
13.            <section class="related">
14.                <h2>Verwandte Schlagzeilen</h2>
15.                <ul>
16.                    <li>
17.                        <a href="#">Dieser Typ hat den anderen
                            Typ umgehauen</a>
18.                    </li>
19.                    ...
20.                </ul>
21.            </section>
22.            <section class="ad">
23.                <img src="images/ad.png" alt="Boombox ad unit" />
24.            </section>
25.            <section class="article-tags">
26.                <h2>Tags</h2>
27.                <ul class="tags">
28.                    <li><a href="#">Football</a></li>
29.                    ...
30.                </ul>
31.            </section>
32.            <section class="soundbites">
33.                <h2>O-Ton</h2>
34.                <blockquote>
35.                    ... so viel ist mir klar. An seiner Stelle
                        hätte ich schon 5 Super Bowls gewonnen.
36.                        <cite><a href="#">–Typ mit großem Ego</a></cite>
37.                </blockquote>
38.            </section>
39.        </aside>
40.        <div class="more-stories">
41.            <h2>Mehr zu Football</h2>
42.            <ul class="slats">
43.                <li class="group">
```

```
44.                    <a href="#">
45.                        <img src="images/ball.jpg"
                           alt="Schau, ein Ball!" />
46.                        <h3>Kicker erzielt Rekord von 13
                           Toren</h3>
47.                    </a>
48.                </li>
49.                ...
50.            </ul>
51.        </div>
52.    </div><!-- /#container -->
53. </body>
```

Wir als Entwickler allererster Güte (ähem) haben uns bereits eine Menge Gedanken über die Inhalte für diese Seite gemacht und eine solide Struktur dafür entwickelt. Wir wissen, dass es einen `article` geben wird. Jeder Artikel hat eine Überschrift als `h1`-Element, eine Zeile mit dem Namen des Verfassers, eine kurze Zusammenfassung und einen Textkörper, der in ein `section`-Element verpackt wird.

Jede Artikelseite enthält außerdem eine Seitenleiste mit den neuesten Schlagzeilen in Form einer ungeordneten Liste. Da *Noch eine Sport-Website* die Inhalte kostenlos anbietet, muss die Website auch irgendwie Geld verdienen. Deshalb muss auf jeder Seite Platz für eine Werbung im Format 300 px × 250 px sein. Das ist eine erste Einschränkung, die uns dabei helfen wird, das Raster zu ermitteln.

Zu guter Letzt soll die Seitenleiste auch eine Tagliste zum Artikel und einige Zitate enthalten. Die Tags schreiben wir in Form einer ungeordneten Liste, die Zitate zeichnen wir mit dem `blockquote`-Element aus.

Fangen wir zunächst damit an, das Raster auf die altmodische Art zu entwickeln – in Pixel.

Statt uns das nächste zwölfspaltige 960-px-Raster zu schnappen, versuchen wir es mit einem neunspaltigen. Jede Spalte soll 84 px breit sein, jeweils mit einem Abstand von 24 px, macht also eine Breite von insgesamt 948 px. Eine 300 px breite Werbung passt wunderbar in die letzten drei Spalten des Rasters, damit bleiben uns sechs für den Artikel.

Zuerst legen wir die Breite für den Container fest:

```
#container{
    width: 948px;
}
```

◆ **Tipp**
Werfen Sie einen Blick auf Robbie Mansons GitHub-Repository unter *https://github.com/ robbiemanson/ 960px-Grid-Templates*, wo Sie eine Reihe von Rastervorlagen für Photoshop und Fireworks finden.

◆ **Tipp**
Mit der Beispieldatei *Kapitel02.2.html* können Sie den Code in Aktion erleben.

Dann floaten wir die `article`- und `aside`-Elemente und legen die Breite entsprechend fest:

```
aside {
    float: right;
    width: 300px;
}
.main {
    float: left;
    width: 624px;
}
```

Nun sieht das Layout schon ziemlich gut aus. Durch das Raster wirkt das Design konsistent, und durch eine angenehme Zeilenlänge ist der Artikel leicht lesbar.

Abbildung 2.5 Die Seite sieht auf einem großen Bildschirm hübsch aus. Es gibt aber Probleme, sobald das Browserfenster verkleinert wird.

Die Probleme zeigen sich ziemlich schnell, wenn Sie das Browserfenster verkleinern: Mit 948 px Breite oder weniger erhalten wir den gefürchteten horizontalen Scrollbalken und es werden nicht mehr alle Inhalte auf dem Bildschirm angezeigt (Abbildung 2.5).

Wir haben unser Design auf einem Grid aufgebaut, aber dieses Design passt nur für einen kleinen Teil unseres Publikums. Das sollten wir ändern, oder?

Box-Sizing

Wenn Sie sich die Standardstilregeln angesehen haben, sind Ihnen wahrscheinlich die folgenden drei Zeilen aufgefallen, die auf so ziemlich alles angewendet werden:

```
-moz-box-sizing: border-box;
-webkit-box-sizing: border-box;
box-sizing: border-box;
```

Das standardmäßige Box-Model in CSS ist ein bisschen umständlich. Sie definieren zunächst die Breite. Jegliches Padding, das Sie definieren, wird dazuaddiert. Wenn Sie beispielsweise eine Spalte mit 300 px Breite und 20 px Padding links und rechts erstellen, ist diese Spalte insgesamt 340 px breit. Das ist besonders lästig, wenn Sie versuchen, ein schönes, rasterbasiertes Layout in einer Fluid Website zu gestalten.

Mit box-sizing: border-box weisen Sie den Browser an, das Padding *innerhalb* der definierten Elementbreite anzuwenden. Wenn Sie diese Eigenschaft verwenden, ist eine 300 px breite Spalte mit jeweils 20 px Padding auf beiden Seiten immer noch 300 px bereit, weil das Padding innerhalb des Elements angewendet wird. Das macht bei der Planung eines Fluid Layout alles wesentlich einfacher.

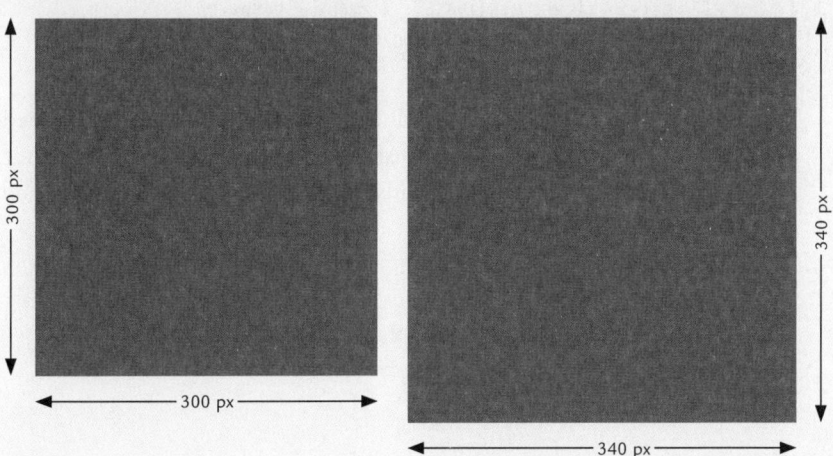

Ohne box-sizing (rechts) ist eine 300-px-Box mit 20 px Padding 340 px hoch und 340 px breit. Mit box-sizing:border-box bleibt die Box 300 px hoch und 300 px breit.

Wenn Sie die jeweilige Version mit dem Präfix verwenden, ist die Unterstützung sehr gut. Der einzige wichtige Browser – ob Desktop oder Mobile –, der das nicht unterstützt, ist der Internet Explorer vor Version 8. Ansonsten wird diese Funktion schon eine ganze Weile unterstützt. Chrome und Firefox beispielsweise unterstützen die Syntax mit dem Präfix beispielsweise seit der ersten Version.

FLEXIBLE LÖSUNG

Wenn Sie an die flexiblen Schriftgrößen zurückdenken: Wir können dieselbe Formel (Ziel / Kontext = Ergebnis) anwenden, um unser bisheriges Layout flexibler zu gestalten.

Der Kontext ist der Container: 948 px. Auf Grundlage dieses Maßes ist es einfach, aus unserem Layout ein Fluid Layout zu machen:

```
aside {
    float: right;
    width: 31.6455696%; /* 300/948 */
}
.main {
    float: left;
    width: 65.8227848%; /* 624/948 */
}
```

Nun ändern wir nach den Abschnitt more-stories, damit auch dieser fluid wird.

```
.main {
    float: left;
    margin-right: 2.5316456%; /* 24px / 948px */
    width: 31.6455696%; /* 300/948 */
}
```

▶ **Hinweis**
Warum 95%? Ehrlich gesagt, gibt es dafür keinen wissenschaftlichen Grund. Ich habe verschiedene Breiten ausprobiert, und 95% wurden mit den verschiedensten Browserbreiten relativ gut angezeigt. Manchmal basieren Designentscheidungen einfach auf Look-and-Feel.

Nachdem jetzt beide Spalten flexibel definiert sind, müssen wir noch die feste Breite des Containers beseitigen. Anstatt die Breite mit 948 px zu definieren, legen wir die Breite auf 95 % des Bildschirms fest – mit ein bisschen Padding, damit Platz zum Atmen bleibt:

```
#container{
    width: 95%;
    padding: .625em 1.0548523% 1.5em; /* 10px/16px, 10px/948,
    24px/16px */
    margin: auto 0;
}
```

In diesem Beispiel verwenden wir em für das Padding oben und unten, aber Prozent für links und rechts. Das liegt am Kontext. Die Padding-Werte oben und unten richten sich nach der Schriftgröße, deshalb ist em sinnvoller.

OBJEKTE MIT FESTER BREITE IN EINER FLUIDEN WELT

Das nächste Problem, um das wir uns kümmern müssen, sind die Bilder. Wenn Sie die Fenster kleiner und größer machen, stechen die Bilder mit fester Breite einem wie ein bunter Hund ins Auge. Bei größeren Breiten füllen sie nur einen Bruchteil der Spalte. Und bei einer kleineren Breite sind sie viel zu breit. Glücklicherweise ist es ziemlich einfach, die Bilder zum Mitspielen zu bewegen.

Als Erstes müssen wir die Bilder mit der `width`-Deklaration anweisen, die Breite des `aside` auszufüllen:

```
aside img,
.main img,
.slats img {
    width: 100%;
}
```

Wichtig ist dabei, dass die Attribute `height` und `width` des `img`-Elements in Ihrem HTML nicht definiert werden dürfen. Wenn Sie diese Werte festlegen, wird das Bild nicht proportional skaliert. Fluide Bilder funktionieren nur dann, wenn Sie die Abmessungen ausschließlich durch CSS steuern.

Als Nächstes brauchen wir die Deklaration `max-width`. Indem wir `max-width` auf 100 % festlegen, weisen wir den Browser an, dass das Bild nicht größer als das Element werden darf, in dem es enthalten ist (in diesem Fall die Seitenleiste). Wird der Bildschirm schmaler, ragt das Bild auf diese Weise nicht über den Container hinaus und wird auch nicht abgeschnitten:

```
aside img,
.main img,
.slats img {
    width: 100%;
    max-width: 100%;
}
```

Jetzt haben wir ein Fluid Layout – eines, das sich selbst entsprechend anpasst und auf einer ziemlich großen Anzahl von Geräten verwendbar ist (Abbildung 2.6). Natürlich können wir noch mehr im Hinblick auf die Bilder tun, um die User Experience weiter zu verbessern, aber diese Diskussion heben wir uns für Kapitel 4, »Responsive Media«, auf.

◆ **Tipp**
Öffnen Sie die Beispieldatei *Kapitel02.3.html*, um diesen Code in Aktion zu erleben.

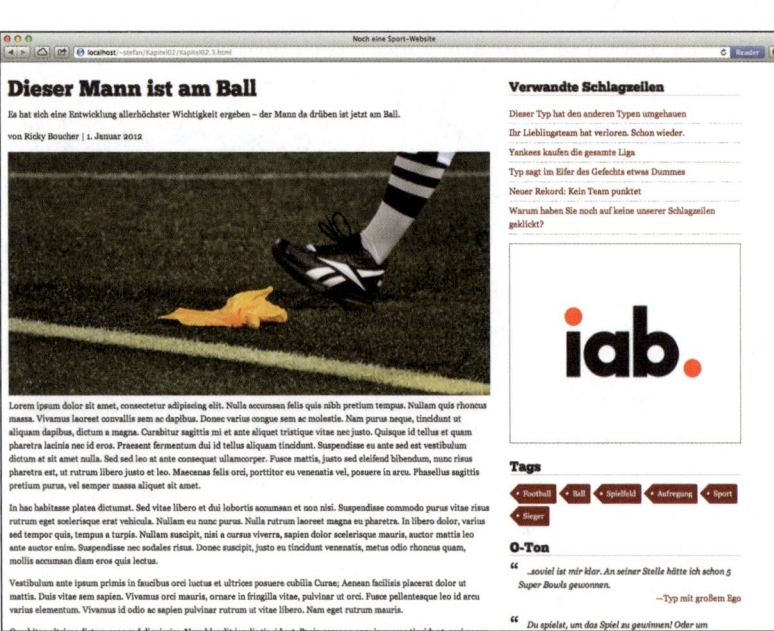

Abbildung 2.6 Das neue Fluid Layout sieht gut aus, selbst wenn die Bildschirmgröße anders als geplant ist.

Feste und fluide Breiten mischen

Der Artikel sieht gut aus und ist absolut flexibel. Aber wir könnten die rechte Spalte noch begrenzen. Es ist auch jetzt nichts verkehrt damit, aber es wäre schön, wenn diese Spalte nicht breiter als 300 px würde und die Hauptspalte fluid bleibt. Das ist zwar keine Notwendigkeit, wäre aber angesichts der Werbung in der Seitenspalte eine feine Sache.

Mit Floats ist das beinahe unmöglich. Wie wir bereits festgestellt haben, variiert die Breite der Hauptspalte je nach Bildschirmauflösung. Wenn wir beispielsweise zu einer festen Breite für die rechte Spalte zurückkehren und für die Hauptspalte die aktuelle Breite von 66.125 % beibehalten, bekommen wir bei Bildschirmgrößen unter 960 px immer wieder Probleme.

Es gibt aber eine Möglichkeit, das zu umgehen – und zwar mit CSS-Tabellen.

Tabellenlayouts – und zwar richtig

Vor gar nicht allzu langer Zeit in einer gar nicht so weit entfernten Galaxie wurde das Layout der meisten Websites mit Tabellen gemacht. Das war nicht semantisch, es war chaotisch, und es brachte viele Leute zum Weinen. Es hat aber funktioniert. Dann kam die Webstandards-Bewegung mit der Idee, Inhalt und Darstellung voneinander zu trennen und die Wichtigkeit semantischer Markups zu betonen. Es folgte eine große Schlacht, und irgendwann haben die Standards die Oberhand behalten.

Eine Sache konnten diese Tabellenlayouts besser als CSS: das Layout einer Website in Spalten. Sie konnten feste und variable Breiten kombinieren, Zeilen und Spalten aneinander ausrichten – und das alles relativ einfach. Mit CSS ist das nicht so unkompliziert.

Allerdings können Sie in CSS mit der `display`-Eigenschaft eine Reihe verschiedener tabellenorientierter Werte definieren, mit denen Sie ähnliche Möglichkeiten haben. Es gibt tatsächlich eine `display`-Eigenschaft, mit der das Layout von Elementen dem der tabellenbezogenen HTML-Elemente sehr ähnlich ist:

Tabelle 2.1 Tabellenbezogene display-Werte

WERT	ENTSPRECHEN-DES ELEMENT	WERT	ENTSPRECHEN-DES ELEMENT
table	TABLE	table-column	COL
table-row	TR	table-column-group	COLGROUP
table-row-group	TBODY	table-cell	TD, TH
table-header-group	THEAD	table-caption	CAPTION
table-footer-group	TFOOT		

Sollte Ihnen die Vorstellung, Tabellenwerte in CSS zu verwenden, irgendwie falsch vorkommen sollte, kann ich Ihnen das nicht übel nehmen. Nach der ganzen Hatz gegen tabellenbasierte Layouts überkommt Sie wahrscheinlich schon ein leichtes Unwohlsein. Aber die Verwendung von Tabellenwerten für CSS-Layouts ist ein völlig anderes Paar Stiefel als HTML-Tabellen. Tabellenwerte für CSS definieren die visuelle Darstellung Ihrer Inhalte, nicht die Bedeutung des Inhalts.

Die Tabellenwerte der `display`-Eigenschaft werden bisher nicht allzu häufig verwendet. Daran ist wahrscheinlich der Internet Explorer schuld. Während Firefox, Safari und Opera Tabellenwerte nun schon seit einer ganzen Weile unterstützen, hat der Internet Explorer damit bis Version 8 gebraucht. Als ich dieses Buch geschrieben habe, war der Marktanteil von Internet Explorer 6 und 7 zusammen bereits jenseits der 5-%-Marke. Daher glaube ich, dass es an der Zeit ist, den Staub von den CSS-Tabellenlayouts zu wischen und sie endlich zu nutzen. Auch die Unterstützung auf mobilen Geräten ist erstaunlich gut.

Wenn wir den Wert `table-cell` auf die `display`-Eigenschaft der Spalten anwenden, können wir erfolgreich Spalten mit fester und Spalten mit variabler Breite mischen:

```
.main {
    display:table-cell;
}
aside {
    display:table-cell;
    width: 300px;
}
```

Wird nun die Größe des Browsers verändert, bleibt die rechte Spalte konstant 300 px breit, und die Hauptspalte füllt die restliche Breite aus. Wir haben den hübschen Abstand zwischen den beiden Spalten verloren. Aber den bekommen wir ganz einfach mit ein bisschen Padding wieder hin:

```
.main {
    display:table-cell;
    padding-right: 2.5316456%; /* 24px / 948px */
}
```

So einfach haben wir Spalten mit fester und variabler Breite kombiniert! Dabei bleibt uns die Flexibilität erhalten, ohne dass wir uns um das Chaos mit einem hybriden Layout kümmern müssen, wenn Floats ins Spiel kommen (Abbildung 2.7). Die Hauptspalte kann bei höheren Auflösungen ein bisschen komisch aussehen. Aber das ändern wir im nächsten Kapitel, wenn wir uns mit Media Queries beschäftigen.

UNTERSTÜTZUNG FÜR ÄLTERE VERSIONEN DES INTERNET EXPLORER

Für viele Webseiten ist es nicht mehr nötig, an dieser Stelle weiterzulesen. Der Internet Explorer vor Version 8 verliert rasch an Marktanteilen. Je nach Ihren Kunden kann das aber eventuell doch nicht ausreichen. Der Content wird zwar angezeigt, das Design könnte aber unter Umständen nicht akzeptiert werden. In diesen Fällen müssen Sie eventuell Stilregeln bereitstellen.

Dazu können Sie bedingte Kommentare verwenden. Mit bedingten Kommentaren können Sie den Internet Explorer anweisen, für bestimmte Versionen des Browsers ein anderes Stylesheet zu verwenden. Angenommen, wir erstellen ein Stylesheet mit dem Namen *ie.css*. Um es in den Internet Explorer Version 7 und darunter zu laden, verwenden wir einen bedingten Kommentar wie den folgenden:

```
<!–[if lt IE 8]>
<link rel="stylesheet" href="/css/ie.css" media="all">
<![endif]-->
```

Nun laden alle Internet Explorer-Versionen vor Version 8 auch *ie.css*, und wir können für diese Browser ein alternatives Styling anbieten.

Abbildung 2.7 Mit display:table-cell bleibt die Seitenleiste 300 px breit, während die Hauptspalte so angepasst wird, dass sie den verbleibenden Platz ausfüllt.

> ## display:table – Warnung und ein Mini-Ausblick
>
> Bevor Sie nun zu begeistert sind und `display:table` auf alles anwenden, was Ihnen über den Weg läuft, sollten Sie sich einige potenzielle Haken bewusst machen.
>
> Zum einen können Sie in einem Element mit der Eigenschaft `display:table-cell` nichts absolut positionieren. Wenn Sie auf die absolute Positionierung angewiesen sind, müssen Sie entweder ein weiteres div in die Tabellenzelle einfügen oder den Ansatz mit `display:table` verwerfen.
>
> Zum anderen sind Tabellen ein bisschen weniger flexibel. Manchmal ist die fließende Natur von Floats wünschenswert. Wenn etwas beispielsweise zu lang ist, kann es ganz einfach unten umbrochen werden.
>
> Sie werden das nicht zum letzten Mal von mir hören: Im Webdesign gibt es kein Wundermittel. Sie müssen Ihre Anforderungen sorgfältig prüfen, bevor Sie sich für einen bestimmten Ansatz entscheiden – und dazu gehört auch `display:table`.
>
> Ich möchte Sie auch auf zwei Spezifikationen aufmerksam machen – CSS Grid Layout und Flexbox –, die dafür entwickelt wurden, Ihnen wesentlich mehr Kontrolle über das Layout zu geben. Diese werden zurzeit nur sehr eingeschränkt unterstützt, deshalb verwenden wir `display:table`.

Das einzige Problem dabei ist, dass derzeit auch Windows Phone 7 dieses Stylesheet lädt. Angesichts der Tatsache, dass wir im nächsten Kapitel bereits mit Media Queries die Stilregeln für kleinere Bildschirme umschalten, möchten wir diese Regeln nicht mit einem IE-spezifischen Stylesheet überschreiben. Glücklicherweise können wir das mit einer einfachen Änderung unseres bedingten Kommentars umgehen (zuerst dokumentiert von Jeremy Keith[6]):

```
<!--[if (lt IE 8) & (!IEMobile)]>
<link rel="stylesheet" href="/css/ie.css" media="all">
<![endif]-->
```

---

6 »Windows mobile Media Queries« unter *http://adactio.com/journal/4494/*

Jetzt können wir alternative Stilregeln bereithalten, ohne dadurch die User Experience auf mobilen Geräten zu beeinflussen. Ändern wir also in der Datei *ie.css* die Stilregeln zurück auf zwei variable, gefloatete Spalten:

```
.main {
    float: left;
    width: 65.8227848%; /* 624/948 */
}
aside {
    float: right;
    width: 31.6455696%; /* 300/948 */
}
```

◆ **Tipp**
Öffnen Sie die Beispieldatei *Kapitel02.4.html*, um diesen Code in Aktion zu erleben.

Das ist zwar nicht genau das Layout, das Browser mit besserer Standardunterstützung erhalten. Aber es ist nah genug dran. Denken Sie daran: Websites müssen nicht auf jedem Browser und jedem Gerät identisch aussehen. Das ist einfach nicht möglich. Benutzer älterer Versionen des Internet Explorer bekommen immer noch ein hübsches Layout zu Gesicht, das in ihren Browsern funktioniert.

Zusammengefasst

Meistens sind Fluid Layouts (in Prozent aufgebaute Layouts, die sich entsprechend an die Bildschirmgröße anpassen können) die beste Option für das Layout Ihrer Website. Sie können auch elastische Layouts entwickeln, bei denen Sie die Breite in Abhängigkeit von der Schriftgröße angeben, oder Fluid Layouts, bei denen die Breite in Prozent beschränkt wird.

Die flexible Festlegung von Schriftgrößen erleichtert die Pflege und verbessert die Barrierefreiheit. Halten Sie sich hierzu an Prozent oder em, wobei auch rem Potenzial für die Zukunft bietet.

Ein Raster hilft Ihnen, einer Website Struktur und Konsistenz zu verleihen. Statt eines willkürlichen, vordefinierten Rasters sollten Sie versuchen, ein eigenes Raster auf Grundlage der Inhalte zu entwickeln. Als Kriterien können Sie die Zeilenlänge, verwendete Bilder, die Größe von Werbung sowie eine Vielzahl weiterer Faktoren heranziehen.

Um feste Einheiten in flexible Einheiten zu konvertieren, müssen Sie lediglich die Zielgröße durch den aktuellen Kontext dividieren. Diese Formel können Sie sowohl für Breiten als auch für Schriftgrößen verwenden.

Mit CSS-Tabellen können Sie Spalten mit fester und Spalten mit variabler Breite ganz einfach kombinieren. Die Unterstützung auf modernen Desktop-Browsern ist ausgezeichnet. Für Internet Explorer 7 und darunter können Sie mithilfe von bedingten Kommentaren ein alternatives Design bereitstellen.

Das Layout für den Artikel für *Noch eine Sport-Website* ist flexibel, und wir bedienen damit bereits mehr Auflösungen, als uns das mit einem festen Layout gelungen wäre. Es ist allerdings noch nicht wirklich responsive. Wir geraten immer noch in Formatierungsschwierigkeiten, wenn der Bildschirm zu schmal wird. Außerdem wirkt unser Design unaufgeräumt, wenn der Bildschirm zu breit ist.

Im nächsten Kapitel werden wir diese Probleme mit Media Queries anpacken, mit denen wir Stilregeln auf Grundlage der jeweiligen Geräteeigenschaften festlegen können. Diese mächtige Technik wird uns auf unserem Weg zu echtem Responsive Design ziemlich weit bringen.

Kapitel 3
Media Queries

Du musst gestalt- und formlos sein wie Wasser. Wenn du Wasser in eine Tasse gießt, wird es zur Tasse. Wenn du Wasser in eine Flasche gießt, wird es zur Flasche. Wenn du Wasser in einen Teekessel gießt, wird es zu diesem Teekessel.
— BRUCE LEE

Haben Sie schon mal ein Erdnussbuttersandwich gegessen? Ja, genau – ein Erdnussbuttersandwich. Keine Marmelade. Einfach nur Erdnussbutter zwischen zwei Scheiben Brot.

Das ist absolut essbar. Auf jeden Fall besser als zwei Scheiben Brot mit gar nichts. Trotzdem ist es nicht ganz zufriedenstellend. Sie wissen, dass etwas fehlt: diese eine Zutat, durch die das Ganze viel besser wird.

Sie brauchen die Marmelade!

Im Responsive Design sind Media Queries die Marmelade. (Ich denke da an Erdbeer, aber Sie können sich natürlich auch Ihren Lieblingsgeschmack vorstellen.)

Fluid Layouts sind ein toller Anfang. Sie beseitigen die Beschränkungen eines Layouts mit fester Breite und sorgen dafür, dass Ihre Website auf einer deutlich größeren Anzahl von Bildschirmen hübsch angezeigt wird. Aber damit kommen Sie über einen bestimmten Punkt nicht hinweg.

Mit Media Queries können Sie dagegen definieren, welche Stilregeln unter bestimmten Umständen angewendet werden sollen, indem Sie die Werte bestimmter Eigenschaften wie Auflösung, Farbtiefe, Höhe und Breite abfragen. Setzen Sie Media Queries sorgsam ein, und Sie können die verbleibenden Falten in Ihrem Layout ausbügeln.

Wenn Sie mit diesem Kapitel fertig sind, können Sie:

- den Viewport Ihrer Website festlegen
- mit Media Queries das Design Ihrer Website anpassen
- Media Queries organisieren und einbinden
- die erforderlichen Breakpoints ermitteln
- das Navigationserlebnis auf kleinen Bildschirmen verbessern

Als wir unsere Artikelseite das letzte Mal gesehen haben, war sie mit einem Fluid Layout mit den `display:table`-Eigenschaften aufgebaut. Die Seitenleiste hatte eine feste Breite, aber die Hauptspalte und der äußere Container waren in Prozent definiert, sodass sich die Breite an die Bildschirmgröße anpasste.

Während Sie umblätterten, erschienen Header und Footer wie von Zauberhand und gaben der Website ein bisschen mehr Form und Struktur. Im Moment sieht die Artikelseite aus, wie in Abbildung 3.1 gezeigt.

▶ **Hinweis**
Öffnen Sie die Beispieldatei *Kapitel03.1.html*, um die aktuelle Version der Seite zu sehen.

Für manche Breiten funktioniert das wunderbar. Bei näherer Betrachtung zeigen sich allerdings einige Probleme.

Abbildung 3.1
Unsere *Noch eine Sport-Website* zieren ein stylischer Header und ein ebensolcher Footer.

Wenn wir das Fenster sehr breit machen, erhöht sich die Zeilenlänge. Je breiter das Fenster wird, umso weiter entfernt sich die Zeilenlänge des Artikels vom Idealmaß. Abgesehen davon sieht alles gar nicht so schlecht aus: Das Layout schlägt sich ziemlich wacker.

Abbildung 3.2 Wenn wir das Browserfenster schmaler machen, sieht das Layout ein bisschen schlapp aus.

Aber wenn wir das Fenster verschmälern, sieht unser wunderbares Layout allmählich aus, als hätte jemand immer wieder mit einem großen Stock darauf gedroschen. Das Fenster muss gar nicht allzu schmal werden, bevor das erste Navigationselement unter die restlichen Links rutscht (Abbildung 3.2). Das ist nicht sonderlich elegant, aber auch nicht notwendigerweise ein Beinbruch. Die Zeilenlänge der Hauptspalte wird auch ein bisschen kurz. Idealerweise möchten wir, dass die Zeilenlänge zwischen 45 und 70 Zeichen beträgt. Alles, was darunter- oder darüberliegt, kann sich negativ auf den Lesekomfort auswirken.

Wenn wir das Fenster noch schmaler machen, verschärfen sich die Probleme. Ab ca. 360 px ist die Navigation ein einziges Chaos. In die Hauptspalte passen kaum mehr drei Wörter pro Zeile, und selbst die Seitenleiste wird ganz schön eng. Da haben wir eindeutig noch einiges zu tun.

Abbildung 3.3 Auf einem Smartphone wirkt unsere Website verkleinert.

Nun könnten Sie vielleicht denken, dass dieses schmale Fenster ungefähr das darstellt, was Ihre Besucher auf einem mobilen Gerät sehen. Von der Breite her müsste das ungefähr hinkommen. Aber da würden Sie sich täuschen (Abbildung 3.3).

Wenn Sie die Artikelseite auf einem Smartphone ansehen, bekommen Sie meistens nicht die Probleme zu Gesicht, die bei einer Größenänderung des Browserfensters auftreten. Stattdessen behält die Seite das ursprüngliche Layout bei, wird aber ziemlich stark verkleinert. Um zu verstehen, warum das passiert, müssen wir uns jene kleinen Quadrate auf dem Bildschirm etwas näher ansehen: die Pixel

Viewports

Das Konzept eines Viewports ist bei Desktop-Browsern relativ simpel: Der Viewport ist der sichtbare Bereich des Browsers, die Breite des Browsers. Dieses Konzept ist so einfach, dass sich niemand wirklich die Mühe macht, überhaupt darüber nachzudenken. Aber mit Telefonen ist das anders. Trotz des wesentlich kleineren Bildschirms versuchen Telefone, die »vollständige« Website anzuzeigen, um ein vollwertiges Weberlebnis zu bieten. Und schon wird alles etwas komplizierter.

Ein Pixel ist ein Pixel, es sei denn, es ist keins

Wenn es um den Browser geht, gibt es zwei Arten von Pixeln: Gerätepixel und CSS-Pixel. Gerätepixel verhalten sich so, wie Sie es von einem Pixel erwarten: Wenn ein Bildschirm 1.024 px breit ist, können Sie zwei 512-px-Elemente nebeneinander darin unterbringen.

CSS-Pixel sind ein bisschen weniger beharrlich. CSS-Pixel kümmern sich nicht um den Bildschirm, sondern um den sichtbaren Bereich innerhalb des Browserfensters. Das bedeutet, dass CSS-Pixel unter Umständen nicht genau den Gerätepixeln entsprechen. Auf vielen Geräten entspricht zwar ein CSS-Pixel genau einem Gerätepixel, aber auf vielen hochauflösenden Displays, wie etwa dem Retina-Display des iPhones, entspricht ein CSS-Pixel in Wahrheit zwei Gerätepixeln. Warten Sie ab ... es wird noch lustiger!

Jedes Mal, wenn ein Benutzer eine Seite vergrößert oder verkleinert, verändern sich die CSS-Pixel. Wenn ein Benutzer beispielsweise auf 300 % vergrößert, werden die Pixel auf die dreifache Höhe und Breite der ursprünglichen Größe skaliert. Verkleinert der Benutzer auf 50 %, werden die Pixel auf die halbe Höhe und halbe Breite reduziert. Die Anzahl der Gerätepixel ändert sich dabei nicht – der Bildschirm hat ja nach wie vor dieselbe Breite. Aber die Anzahl der CSS-Pixel ändert sich sehr wohl: die Anzahl der Pixel, die im Browserfenster angezeigt werden können.

All das muss beim Viewport berücksichtigt werden. Außerdem gibt es zweierlei Viewports: den visuellen und den Layout-Viewport.

Der Layout-Viewport ist insofern den Gerätepixeln ähnlich, als seine Maße immer dieselben bleiben, unabhängig von Ausrichtung und Vergrößerung. Der visuelle Viewport variiert dagegen. Das ist der Teil der Seite, der tatsächlich auf dem Bildschirm angezeigt wird. Abbildung 3.4 veranschaulicht das.

Auf einem mobilen Gerät kann dadurch alles noch komplizierter werden. Um eine »Full Web«-Erfahrung zu bieten, liefern viele mobile Geräte große Maße für den Layout-Viewport zurück. Das iPhone hat beispielsweise einen Layout-Viewport mit einer Breite von 980 px, Opera Mobile gibt 850 px an, und Android WebKit meldet 800 px. Wenn Sie also auf einem iPhone ein 320-px-Element erstellen, füllt es den verfügbaren Platz auf dem Bildschirm nur ungefähr zu einem Drittel.

Abbildung 3.4
Mobile Geräte haben zwei verschiedene Viewports, die sich deutlich unterscheiden können.

Viewport-Tag und Eigenschaften

Glücklicherweise hat uns WebKit gerettet, und viele andere *Rendering-Engines* sind seither seinem Beispiel gefolgt. Mit dem Viewport-Metatag können wir die Skalierung und den Layout-Viewport vieler Geräte steuern.

Das Format des `viewport`-Tags ist einfach: Definieren Sie es einfach als `viewport`-Metatag und geben Sie eine Liste von Direktiven an:

    <meta name="viewport" content="Direktive,Direktive" />

Metatags kommen in den Head Ihres HTML:

    <head>
        <meta name="viewport" content="Direktive,Direktive" />
    </head>

Machen wir einen Rundgang zu den Viewport-Eigenschaften und sehen wir uns an, was es alles gibt.

● **Rendering-Engine**
Die Komponente eines Browsers, die Markup (HTML, XML usw.) und Stylinginformationen (CSS, XSLT usw.) entgegennimmt und auf dem Bildschirm als formatierten Inhalt darstellt.

Abbildung 3.5
Links wurde die Breite auf device-width festgelegt, und die Seite nutzt die vollen 320 Pixel des iPhones. Wenn Sie eine bestimmte Breite definieren, die nicht mit dem Gerät übereinstimmt (rechts), wird alles entsprechend skaliert.

WIDTH

▶ **Hinweis**
Achten Sie auf die Anführungszeichen und die verschachtelten Gleichheitszeichen. `<meta name="viewport" width="device-width"/>` ist nicht korrekt. Sie müssen `content=""` schreiben.

Mit der Direktive `width` können Sie den Viewport auf eine bestimmte Breite oder die Breite des Geräts festlegen:

```
<meta name="viewport" content="width=device-width" />
```

`device-width` ist die beste Lösung. Auf diese Weise entspricht der Layout-Viewport des Bildschirms dem Bildschirm des Geräts – in Gerätepixeln.

Wenn Sie dagegen eine bestimmte Breite angeben, beispielsweise 240 px, skalieren die meisten Geräte mit einer anderen Bildschirmbreite als 240 px die Anzeige entsprechend. Hat ein Gerät also eine Bildschirmbreite von 320 px, wird bei dem Versuch, die Seite korrekt anzuzeigen, alles um den Faktor 1,33 (320/240) vergrößert (Abbildung 3.5).

Aus diesem Grund verwenden Sie die Direktive `width` fast nie mit einem absoluten Wert, sondern übergeben `device-width`.

HEIGHT

Mit dem Gegenstück zu `width`, der Direktive `height`, können Sie die Höhe bestimmen:

```
<meta name="viewport" content="height=468px" />
```

Dadurch wird die Höhe des Viewports auf 468 px festgelegt. Genau wie bei `width` besteht auch hier wieder die idiotensichere Variante darin, `height` auf `device-height` festzulegen:

```
<meta name="viewport" content="height=device-height" />
```

Dadurch wird der Layout-Viewport auf die Bildschirmhöhe festgelegt. In der Praxis werden Sie height wahrscheinlich nicht sehr häufig verwenden. Diese Einstellung ist nur dann sinnvoll, wenn Sie nicht möchten, dass die Seite vertikal gescrollt wird – was nicht allzu oft vorkommen dürfte.

USER-SCALABLE

Die Direktive user-scalable sagt dem Browser, ob der Benutzer die Seite vergrößern bzw. verkleinern darf:

```
<meta name="viewport" content="user-scalable=no" />
```

Häufig werden Sie auf Seiten stoßen, die user-scalable auf no festlegen – üblicherweise um die »pixelgenaue« Anzeige eines Designs sicherzustellen. Das ist wider die Natur des Webs und zum Nachteil jener Benutzer, die auf Barrierefreiheit angewiesen sind. Wenn Sie user-scalable nicht festlegen, ist der Wert standardmäßig yes. Insofern lassen Sie am besten die Finger von dieser Direktive.

Der Ausrichtungs-Bug unter iOS

Ein häufiger Grund dafür, dass Entwickler die Eigenschaften user-scalable oder maximum-scale verwenden, ist ein hartnäckiger Bug in iOS.

Wenn Sie für den Viewport einen Wert festlegen, bei dem der Benutzer die Seite skalieren kann, wird die Seite auf mehr als 100 % skaliert, wenn Sie das Gerät ins Querformat drehen.

Dadurch sind die Benutzer gezwungen, doppelt zu tippen, damit die Seite mit der korrekten Vergrößerung angezeigt und nicht abgeschnitten wird.

Wenn Sie die Skalierung deaktivieren – entweder mit maximum-scale oder mit user-scalable feature –, ist das Problem behoben. Der entscheidende Nachteil besteht dann aber darin, dass Ihre Seite dadurch weniger zugänglich ist.

Glücklicherweise wurde dieses Problem in iOS6 behoben. Für ältere iOS-Versionen hat Scott Jehl von der Filament Group einen Fix zusammengestellt. Dabei wird über das Gyroskop ermittelt, wenn sich die Ausrichtung ändert. In diesem Moment wird die Skalierung durch den Benutzer vorübergehend deaktiviert, bis der Ausrichtungswechsel abgeschlossen ist. Dann wird die Skalierung wieder aktiviert.

Diesen cleveren Fix erhalten Sie kostenlos unter *https://github.com/scottjehl/iOS-Orientationchange-Fix* bei GitHub.

Abbildung 3.6 Ein Gerät mit 320 px Breite zeigt die Seite normal an, wenn wir für initial-scale den Wert 1 festlegen (links). Mit initial-scale gleich .5 (rechts) wird die Seite verkleinert dargestellt.

INITIAL-SCALE

Mit einer Zahl zwischen 0.1 (10 %) und 10.0 (1000 %) legt die Direktive `initial-scale` den anfänglichen Zoom der Seite fest. Sehen Sie sich zum Beispiel die folgende Deklaration an:

```
<meta name="viewport" content="initial-scale=1, width=device-width />
```

Wenn das Gerät eine Breite von 320 px hat, wird die Seite mit 320 px angezeigt. Beträgt die Breite 200 px, wird die Seite mit 200 px angezeigt.

Sehen wir uns noch ein weiteres Beispiel an:

```
<meta name="viewport" content="initial-scale=.5, width=device-width" />
```

In diesem Beispiel legen wir das `width`-Attribut auf die Breite des Geräts fest, und `initial-scale` erhält den Wert `.5` (50 %). Das bedeutet, dass der Browser alles verkleinert anzeigt. Auf einem 320 px breiten Gerät wird die Seite mit 640 px angezeigt (Abbildung 3.6), auf einem 200 px breiten Gerät mit 400 px.

MAXIMUM-SCALE

`maximum-scale` gibt dem Browser vor, inwieweit Benutzer die Seite vergrößern können. In Mobile Safari ist der Standardwert 1.6 (160 %), aber Sie können eine beliebige Zahl zwischen 0.1 (10 %) und 10.0 (1000 %) angeben.

Wie auch mit `user-scalable` können Sie die Möglichkeit der Benutzer, die Seite zu vergrößern, deaktivieren, indem Sie für `maximum-scale` den Wert 1.0 festlegen – und begrenzen damit natürlich auch wieder die Barrierefreiheit Ihrer Website.

MINIMUM-SCALE

Die Direktive `minimum-scale` gibt dem Browser vor, wie weit die Benutzer eine Seite verkleinern können. In Mobile Safari ist der Standardwert 0.25 (25 %). Genau wie bei `maximum-scale` können Sie eine beliebige Zahl zwischen 0.1 (10 %) und 10.0 (1000 %) übergeben.

Wenn Sie für `minimum-scale` den Wert 1.0 (100 %) festlegen, deaktivieren Sie die Möglichkeit, die Seite zu verkleinern. Wie wir bereits festgestellt haben, schränkt das die Barrierefreiheit ein und sollte deshalb vermieden werden.

LÖSUNG FÜR DAS VIEWPORT-PROBLEM

Mit Ihrem jetzigen Wissen über das Viewport-Metatag und seine Direktiven können Sie nun die verkleinerte Darstellung Ihrer Seite verhindern und dafür sorgen, dass auf mobilen Geräten die Breite des jeweiligen Geräts als Grenze verwendet wird. Dazu legen Sie für `width` den Wert `device-width` fest:

```
<meta name="viewport" content="width=device-width" />
```

CSS-Unterstützung des Meta-viewport-Elements

Wie sich herausstellt, ist das Meta-viewport-Element in Wahrheit gar nicht normativ. Auf gut Deutsch gesagt: Es ist kein endgültiger Standard. Ein genauer Blick in die W3C-Dokumente zeigt, dass es nur deshalb noch Teil der Spezifikation ist, um den Browsern eine Roadmap für die Migration auf die neue Syntax mit `@viewport` zu bieten.

Mit der `@viewport`-Regel können Sie beliebige Deskriptoren aus dem Meta-viewport-Element (width, zoom, orientation, resolution usw.) direkt in CSS verwenden. Um beispielsweise die Gerätebreite als Viewport festzulegen, schreiben Sie das folgende CSS:

```
@viewport {
    width: device-width;
}
```

Die Unterstützung beschränkt sich derzeit auf Präfiximplementierungen in Opera und Internet Explorer 10. Angesichts der Bedeutung des Meta-viewport-Elements kann man allerdings vernünftigerweise erwarten, dass die Unterstützung in den Browsern ab einem gewissen Zeitpunkt gestrichen wird, wenn diese auf die Unterstützung der `@viewport`-Regel umschwenken.

Abbildung 3.7 Mit festgelegtem Viewport wird die Website genau wie auf dem Desktop angezeigt, nur eben kleiner.

Wenn wir nun die Seite auf einem mobilen Gerät laden, verhält sie sich genau so, wie sie sich verhält, wenn wir auf einem Desktop-Rechner die Größe des Browserfensters ändern. Das liegt daran, dass das Telefon nun seine eigene Breite als visuellen Viewport verwendet. Wir werden keine der anderen Deklarationen verwenden, weil sie für das, was wir tun, nicht nötig sind. Und wir wollen nicht in die Falle gehen, die Umgebung kontrollieren zu wollen und dabei die Barrierefreiheit zu riskieren.

Man braucht keine allzu scharfen Augen, um zu erkennen, dass wir durch die Definition des Viewports die Situation eher verschlimmert haben (Abbildung 3.7). Jetzt sieht unsere Website auf dem Telefon genauso wie auf dem Desktop so aus, als hätte jemand mit der Faust draufgeschlagen. Es wird Zeit, dass wir unsere Freundin, die Media Query, um Hilfe bitten.

Struktur von Media Queries

Mit Media Queries können Sie den Browser fragen, ob bestimmte Ausdrücke wahr ergeben. Wenn ja, können Sie einen bestimmten Block von Stilregeln für genau diese Situation laden und die Anzeige entsprechend anpassen.

Die allgemeine Form einer Media Query sieht folgendermaßen aus:

```
@media [not|only] Typ [and] (Ausdruck) {
    Regeln
}
```

Eine Media Query besteht aus vier grundlegenden Komponenten:

- Medientyp: der gewünschte Gerätetyp
- Medienausdruck: Test auf ein Feature, der entweder true oder false ergibt
- logische Schlüsselwörter: Schlüsselwörter (wie zum Beispiel and, or, not oder only), mit denen Sie komplexere Ausdrücke erstellen können
- Regeln: grundlegende Stilregeln, um die Anzeige anzupassen

Diese Komponenten sehen wir uns jetzt nacheinander genauer an.

Medientypen

Eine der wundervollen Eigenschaften des Webs ist seine Fähigkeit, Inhalte für eine Vielzahl von Medien bereitzustellen. Das Web geht weit über Bildschirme hinaus. Informationen können ausgedruckt, über Braille-Lesegeräte, Sprachsynthesizer, Projektoren, Fernsehgeräte und eine Reihe anderer Plattformen zugänglich gemacht werden.

Die Medientypen wurden entwickelt, um Ordnung in dieses Chaos zu bringen. Der einfachste Ansatz besteht darin, einen Medientyp allein zu verwenden, ohne eine vollständige Media Query zu schreiben. Falls Sie schon mal ein Print-Stylesheet entwickelt haben, kennen Sie bereits einen Medientyp.

Jeder Medientyp sagt dem User Agent (beispielsweise einem Browser), ob dieses Stylesheet für einen bestimmten Medientyp geladen werden soll oder nicht. Wenn Sie beispielsweise den Medientyp screen verwenden, wird der User Agent Ihre Stilregeln nur dann laden, wenn Sie gerade einen Computerbildschirm irgendeiner Art verwenden. Bei Verwendung des Medientyps print werden diese Stilregeln nur beim Druck oder in der Druckvorschau geladen.

CSS definiert zehn verschiedene Medientypen:

Tabelle 3.1 Medientypen

TYP	ZIELGERÄT
all	alle Geräte (Standard)
braille	Braille-Lesegeräte
embossed	seitenweise Braille-Drucker
handheld	Handheld-Geräte (typischerweise kleiner Bildschirm und möglicherweise monochrom)
print	Druck oder Druckvorschau
projection	projizierte Darstellung
screen	farbiger Computerbildschirm
speech	Sprachsynthesizer
tty	Medien mit einem Buchstabenraster mit fester Zeichenbreite (Terminals oder Fernschreiber)
tv	Fernsehgeräte

In einem Stylesheet sieht die Query folgendermaßen aus:

```
@media print {
}
```

Oder extern über das `media`-Attribut eines `link`-Elements:

```
<link rel="stylesheet" href="print.css" media="print" />
```

In beiden Fällen wird das entsprechende CSS nur angewendet, wenn die Seite gedruckt oder in der Druckvorschau angezeigt wird.

Jede Media Query muss einen Medientyp angeben. Wenn Sie keinen festlegen, sollte standardmäßig all gewählt sein, aber das tatsächliche Verhalten variiert von Browser zu Browser.

In der Praxis werden Sie fast ausschließlich `all`, `screen` und `print` verwenden. Unglücklicherweise gibt es eine lange Tradition von Entwicklern, die screen anstelle von handheld oder tv verwendet haben. Das hat dazu geführt, dass die meisten Geräte nicht ihren eigentlichen Medientyp, sondern stattdessen screen unterstützen. Dafür können diese Geräte aber nicht wirklich etwas: Hätten sie sich anders entschieden, wären die meisten Websites darauf überhaupt nicht darstellbar gewesen.

Mit dem Medientyp allein können Sie nur eine breite Palette an Geräten anvisieren. Um eine Seite detaillierter anzupassen, müssen Sie die Zielgeräte weiter eingrenzen. An dieser Stelle kommen die Medienausdrücke ins Spiel.

Medienausdrücke

Wirklich leistungsfähig werden Media Queries erst durch ihre Fähigkeit, auf bestimmte Features eines Geräts zu testen – mit Ausdrücken, die entweder true oder false ergeben. Hier ein einfaches Beispiel, in dem wir ermitteln, ob die Breite des Viewports größer als 320 px ist:

```
@media screen and (min-width: 320px) {
}
```

Dieser media-Block prüft zwei Dinge: Zuerst wird getestet, ob der Medientyp ein Bildschirm ist. Anschließend wird die Breite des Viewports getestet – das ist der Ausdruck. Genau genommen überprüft das min-Präfix, ob die Breite mindestens 320 px beträgt. Tabelle 3.2 zeigt die verschiedenen Features, auf die Sie testen können, und ob das jeweilige Feature mit dem Präfix min- oder max- kombiniert werden kann.

In erster Linie werden Sie sich an width, height, orientation, resolution und vielleicht aspect-ratio halten. Die Browserunterstützung für color, color-index und device-aspect-ratio ist suboptimal. monochrome, scan und grid sind momentan auf die meisten Geräte nicht anwendbar.

Logische Schlüsselwörter

Zusätzlich zu Medientypen und Medienausdrücken können Sie eine Reihe optionaler Schlüsselwörter nutzen, um Ihre Media Queries noch leistungsfähiger zu machen.

AND

Mit and können Sie mehr als einen Ausdruck testen:

```
@media screen and (color)
```

Dieses Beispiel prüft, ob das Gerät einen Farbbildschirm hat.

Tabelle 3.2 Media-Features

FEATURE	DEFINITION	WERT	MIN/MAX
width	Breite des Anzeigebereichs eines Geräts.	\<Integer\> (z. B. 320)	ja
height	Höhe des Anzeigebereichs eines Geräts.	\<Integer\> (z. B. 600)	ja
device-width	Breite der Rendering-Oberfläche des Geräts.	\<Integer\> (z. B. 320)	ja
device-height	Höhe der Rendering-Oberfläche des Geräts.	\<Integer\> (z. B. 600)	ja
orientation	Gibt an, ob das Gerät im Hochformat (Höhe größer als Breite, »portrait«) oder im Querformat (Breite größer als Höhe, »landscape«) arbeitet.	portrait|landscape	nein
aspect-ratio	Verhältnis von Breite (width) zu Höhe (height).	\<Verhältnis\> (z. B. 16/9)	ja
device-aspect-ratio	Verhältnis von device-width zu device-height.	\<Verhältnis\> (z. B. 16/9)	ja
color	Anzahl der Bits pro Farbkomponente des Geräts (liefert 0, falls das Gerät monochrom ist).	\<Integer\> (z. B. 1)	ja
color-index	Anzahl der Einträge in der Farbtabelle des Geräts.	\<Integer\> (z. B. 256)	ja
monochrome	Anzahl der Bits pro Pixel auf einem monochromen Gerät (liefert 0, falls das Gerät nicht monochrom ist).	\<Integer\> (z. B. 8)	ja
resolution	Auflösung (Pixeldichte) des Geräts (entweder in Pixel pro Zoll [dpi] oder Pixel pro Zentimeter [dpcm]).	\<Auflösung\> (z. B. 118 dpcm)	ja
scan	Scanmodus eines TV-Geräts.	progressive | interlace	nein
grid	Gibt an, ob das Gerät ein Raster- (1) oder Bitmap-Gerät ist (0).	\<Integer\> (z. B. 1)	nein

NOT

Das Schlüsselwort not negiert das Ergebnis des gesamten Ausdrucks, nicht nur einen Teil davon. Sehen Sie sich Folgendes an:

```
@media not screen and (color) {...}
// entspricht not (screen and (color))
```

Diese Media Query liefert für alle Geräte false, die einen Farbbildschirm haben. Es ist auch wichtig, darauf hinzuweisen, dass Sie mit dem Schlüsselwort not keine einzelnen Bedingungen negieren können – es muss immer vor der gesamten Query stehen.

> ## Media Queries Level 4
>
> Es ist einiges an Arbeit im Gange, um zusätzliche Features für Media Queries zu standardisieren. Als dieses Buch geschrieben wurde, sind drei Features hinzugekommen: script, pointer und hover.
>
> Mit dem Media Feature script können Sie abfragen, ob ECMAscript unterstützt wird und aktiviert ist (also nicht deaktiviert wurde). Der Wert von script kann entweder 1 (Scripting wird unterstützt) oder 0 sein (wird nicht unterstützt).
>
> Das Feature pointer wird die Genauigkeit des Zeigegeräts ermitteln (beispielsweise Maus oder Finger). Wenn es mehrere Eingabemethoden gibt, soll das Gerät das Ergebnis für den primären Eingabemechanismus zurückliefern.
>
> Der Wert von pointer soll entweder none (kein Zeigegerät), coarse (eingeschränkte Genauigkeit – beispielsweise Finger auf einem Touchscreen) oder fine sein (zum Beispiel Maus oder Stylus).
>
> Über das Feature hover sollen Sie abfragen können, ob das primäre Zeigegerät einen Hover-Modus kennt. Verfügt das Gerät über mehrere Zeigegeräte, soll es die Ergebnisse für die primäre Methode zurückliefern. Ein in erster Linie touchbasiertes Gerät soll mit einem Wert von 0 melden, dass Hover keine Option ist – selbst wenn eine Maus (die ja Hover-tauglich ist) angeschlossen ist und verwendet werden könnte.
>
> Nichts davon ist in Stein gemeißelt, die Spezifikation kann sich noch ändern. Trotzdem ist es interessant zu sehen, was sich am Horizont abzeichnet.

Ed Merritt

VERTIKALE MEDIA QUERIES

Ed Merritt ist Designer, Frontend-Entwickler, Amateurbäcker und ein echter Bierliebhaber, der seit 2001 mit Pixeln, Schriften und einem gelegentlichen div Oberflächen für das Web schnitzt. Ed arbeitet mit einigen wundervollen, talentierten Leuten bei Headscape.co.uk zusammen und ist Gründer von TenByTwenty.com, einem kleinen Studio, das Schriften, Icons und WordPress-Themes entwickelt. Ed lebt in Bournemouth am Strand an der Südküste Großbritanniens.

DAS PROJEKT

Mitte 2010, während ich eine neue Website für den »Environmental Defense Fund« gestaltete, las ich zufällig Ethan Marcottes Artikel »Responsive Web Design«. Mir gefiel der Gedanke, das Layout an die jeweilige Umgebung anzupassen. Die Idee war damals noch sehr neu und ich bereits mitten im Design (zu diesem Zeitpunkt hätte der Vorschlag eines vollständigen Responsive Design den Projektrahmen gesprengt). Aber ich wollte wenigstens einige Elemente dieses Ansatzes integrieren.

DAS PROBLEM

Der obere Teil der Homepage bestand aus einem zentrierten Karussell, der Rest der Seite befand sich darunter. Das hat sehr gut funktioniert. Aber wir mussten feststellen, dass bei einer Bildschirmauflösung von 1.024 px × 768 px (laut Statistik des Unternehmens die zweithäufigste Auflösung) mit dem typischen Setup (maximiertes Browserfenster, keine zusätzlichen Symbolleisten) der sichtbare Bereich genau nach dem Karussell endete. Bei Tests hat sich herausgestellt: Da die Benutzer keine abgeschnittenen Inhalte am unteren Rand des sichtbaren Bereichs sahen, gingen sie davon aus, dass dies das Ende der Seite ist. Entsprechend haben nur sehr wenige nach unten gescrollt.

Heutzutage gehören solche Bedenken größtenteils der Vergangenheit an, weil die Benutzer gerne scrollen. Aber unsere Tests haben gezeigt, dass das Layout einer Seite in manchen Fällen bei den Benutzern den falschen Eindruck erwecken kann, dass sie bereits am Ende der Seite angelangt sind. In ihren Browsern gab es einen endgültigen Punkt, an dem der sichtbare Bereich endete. Und wenn der Inhalt ebenfalls zu enden scheint, warum sollte man dann weiterscrollen? Wir mussten ihnen also zeigen, dass es noch mehr zu sehen gibt.

DIE LÖSUNG

Ich hatte mich bereits dafür entschieden, zwei feste Breiten für die Website zu entwickeln: ein »vollwertiges« Layout (für Viewports mit 1.024 px Breite und mehr) und ein »schmales« Layout (für Breiten von 800 px bis 1.024 px). Diese Lösung war keineswegs vollständig responsive, aber ein Schritt in die richtige Richtung für mein erstes Projekt, bei dem ich Media Queries eingesetzt habe.

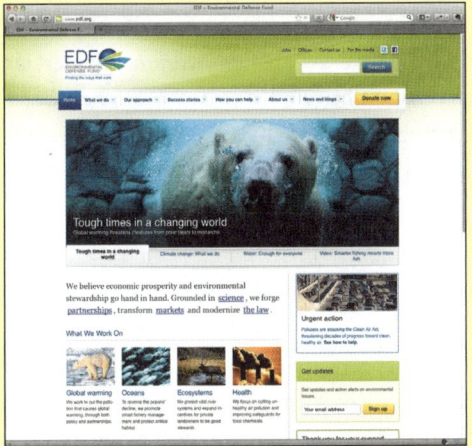 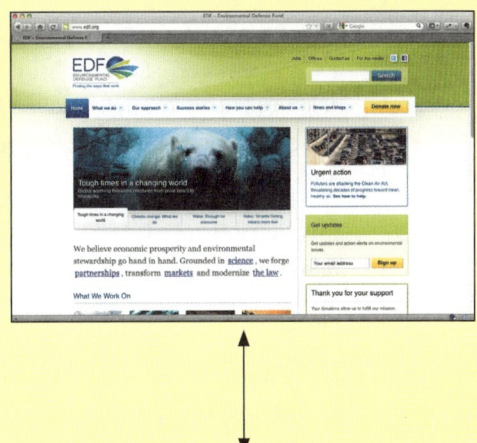

Dank der vertikalen Media Query wurde auf kürzeren Bildschirmen mehr Inhalt angezeigt, sodass die Benutzer besser erkennen konnten, dass es noch mehr zu sehen gibt.

Ich stellte fest, dass ich mit einer vertikalen Media Query das Layout für Geräte mit einer vertikalen Auflösung von unter 768 px anpassen konnte. Bei der schmalen Version war die Seitenbreite bereits auf drei Viertel der ursprünglichen Breite reduziert, die Höhe des Karussells wurde proportional ebenfalls reduziert. Ich musste also lediglich die schmale Version auch für kürzere Bildschirme verwenden (siehe Abbildung).

In Fenstern mit einem kurzen, aber trotzdem breiten sichtbaren Bereich wurde nun logischerweise eine Menge horizontaler Platz verschwendet. Glücklicherweise war die Seite unterhalb des Karussells in eine Hauptspalte mit drei Vierteln der Breite und eine rechte Spalte mit einem Viertel aufgeteilt. Indem ich die Karussellgröße in drei Viertel der Breite änderte, entstand genügend Platz daneben, in den die rechte Spalte rutschen konnte.

DAS ENDERGEBNIS

Dieser Ansatz hat den Kunden zufriedengestellt und die Benutzer darauf aufmerksam gemacht, dass es noch mehr Inhalt auf der Seite zu sehen gibt. Außerdem wurde der verfügbare Platz noch besser ausgenutzt – ein angenehmer Bonus. (Ich möchte ohnehin nur in den seltensten Fällen, dass ein Karussell den gesamten sichtbaren Bereich ausfüllt.) Und all das war einfach dadurch möglich, dass ich eine Media Query für breite Viewports mit geringer Höhe eingefügt habe.

Das war eine Lösung für ein spezielles Problem, aber das Prinzip konnte ich auch anderweitig anwenden. In den folgenden Projekten habe ich mich immer einen Augenblick zurückgelehnt und mich selbst gefragt: Gibt es irgendwelche Umstände (Höhen oder Breiten), unter denen der Viewport sich negativ auf die Darstellung dieser Inhalte auswirken könnte? Und falls ja, was kann ich dagegen tun?

OR

Es gibt kein »or«-Schlüsselwort für Media Queries, aber das Komma fungiert als solches. Damit können Sie eine Folge von Stilregeln laden, wenn ein beliebiger Ausdruck aus einer Reihe von Bedingungen true ergibt:

```
@media screen and (color), projection and (color)
```

Im obigen Beispiel ergibt die Query true, wenn das Gerät entweder einen Farbbildschirm hat oder farbig projizieren kann.

ONLY

Viele ältere Browser unterstützen Medientypen, aber keine Media Queries. Das führt manchmal dazu, dass der Browser versucht, Stilregeln herunterzuladen, von denen Sie gar nicht möchten, dass die Benutzer sie sehen. Mit dem Schlüsselwort only können Sie Media Queries vor älteren Browsern verstecken, da sie es nicht erkennen. Browser, die dagegen das Schlüsselwort only unterstützen, verarbeiten die Media Query, als wäre das Schlüsselwort only gar nicht vorhanden. Es ist daher immer eine gute Wahl.

```
@media only screen and (color)
```

Falls ein Gerät Media Queries nicht unterstützt, ignoriert es die obige Query vollständig. Unterstützt das Gerät Media Queries, wertet es diese Zeile genauso aus, als würden Sie schreiben:

```
@media screen and (color)
```

Regeln

Das letzte Steinchen im Puzzle der Media Queries sind die eigentlichen Stilregeln, die Sie anwenden möchten – die eigentlichen CSS-Regeln. Das einzig Besondere daran ist, dass sie innerhalb einer Media Query stehen:

```
@media only screen and (min-width: 320px) {
    a{
        color: blue;
    }
}
```

Eingebettet kontra extern

Media Queries können im Haupt-Stylesheet eingebettet oder im `media`-Attribut eines `link`-Elements platziert werden, um ein externes Stylesheet einzubinden.

In einem Stylesheet betten Sie Media Queries folgendermaßen ein:

```
a{
    text-decoration:none;
}
@media screen and (min-width: 1300px) {
    a{
        text-decoration: underline;
    }
}
```

In diesem Fall werden Links nur unterstrichen, wenn der Bildschirm mindestens 1.300 px breit ist.

Externe Media Queries werden direkt innerhalb des `link`-Elements platziert, das das benutzerdefinierte Stylesheet lädt. Im head-Element Ihres HTML würde stehen:

```
<link href="style.css" media="only screen and (min-width: 1300px)" />
```

Für welchen Weg Sie sich entscheiden, hängt in erster Linie vom jeweiligen Projekt ab. Beide Varianten haben ihre Vor- und Nachteile.

Bei Media Queries, die in ein einzelnes Stylesheet eingebettet sind, werden alle Stilregeln heruntergeladen, ob Sie sie brauchen oder nicht. Der Vorteil ist allerdings, dass Sie nur einen HTTP-Request machen müssen. Das ist eine weitere wichtige Überlegung für die Performance – insbesondere wenn das Gerät über ein Mobilfunknetz verbunden ist. Mobilfunknetze leiden unter einer hohen Latenz. Das ist die Zeit, die der Server braucht, um einen Request vom Browser zu empfangen und zu verarbeiten. Jeder HTTP-Request über ein Mobilfunknetz kann bis zu vier- oder fünfmal länger dauern als über eine typische kabelgebundene Internetverbindung. Der Nachteil besteht natürlich darin, dass diese eine CSS-Datei sehr groß werden kann. Dann haben Sie sich zwar ein paar Requests gespart, aber dafür ein Schwergewicht von einer Datei erstellt, das außerdem schwer zu pflegen ist.

Vielleicht sind Sie überrascht, wenn Sie erfahren, dass auch bei externen Media Queries trotzdem alle Stilregeln heruntergeladen werden, selbst wenn sie nicht zutreffen. Das wird damit begründet, dass, für den Fall, dass sich die Größe des

◆ **Tipp**
Als cleveren Workaround für das unnötige Laden von CSS sollten Sie sich unbedingt eCSSential von Scott Jehl unter *https://github.com/scottjehl/eCSSential* ansehen.

Browserfensters oder die Ausrichtung ändert, die entsprechenden Stilregeln schon bereitliegen. Unglücklicherweise führt dies zu mehreren HTTP-Requests anstatt nur einem. (Die Ausnahme zur Regel bilden Geräte, die Media Queries überhaupt nicht unterstützen. Wenn Sie Ihren Media Queries das Schlüsselwort only voranstellen, ignorieren diese Geräte ja die zusätzlichen Stilregeln.)

Der Vorteil externer Media Queries besteht darin, dass die Dateien kleiner und damit leichter zu pflegen sind. Außerdem können Sie dann ein schlankes, vereinfachtes Stylesheet für Geräte bereitstellen, die keine Media Queries unterstützen. Und dank only-Schlüsselwort müssen Sie sich keine Gedanken darüber machen, dass unnötige Stilregeln angewendet werden.

Natürlich hängt es vom jeweiligen Projekt ab, aber meistens empfehle ich eher ein einzelnes Stylesheet, das alle Media Queries enthält. Zusätzliche HTTP-Requests sind ein bombensicherer Weg, eine Website kriechen zu lassen. Und Performance ist einfach zu wichtig, um das zu ignorieren.

Reihenfolge von Media Queries

Als Nächstes müssen Sie bei der Strukturierung Ihres CSS berücksichtigen, wie Sie eine Responsive Website aufbauen: vom Desktop oder von den mobilen Geräten ausgehend.

Vom Desktop ausgehend

Responsive Design – wie es anfangs gelehrt wurde und meistens immer noch implementiert wird – baut man vom Desktop ausgehend auf. Das Standardlayout ist typischerweise das, was Sie in einem Browser auf einem Laptop oder einem Desktop-Computer sehen. Dann wird das Layout mit einer Reihe von Media Queries (meistens vom Typ max-width) vereinfacht und an kleinere Bildschirme angepasst. Ein auf diese Weise strukturiertes Stylesheet könnte wie das folgende aussehen:

▶ **Hinweis**
Im Beispielcode steht ... für die Stilregeln. Weitere Informationen über die Codekonventionen in diesem Buch finden Sie in der Einführung.

```
/* Grundlegende Stilregeln */
@media all and (max-width: 768px) {
    ...
}
@media all and (max-width: 320px) {
    ...
}
```

Leider schafft der Aufbau vom Desktop ausgehend einige schwerwiegenden Probleme. Die Unterstützung von Media Queries auf mobilen Geräten wird zwar immer besser, ist aber immer noch ein bisschen dürftig. BlackBerry (vor Version 6.0), Windows Phone 7 und NetFront (Kindle vor der dritten Generation) bieten allesamt keine Unterstützung für Media Queries.

Es ist zwar eine schöne Vorstellung, dass alle Benutzer die neueste und tollste Technologie auf dem neuesten und besten Gerät nutzen, aber das hat nichts mit der Realität zu tun. Aus dieses Buch geschrieben wurde, war Android 4 die neueste Version des Betriebssystems, aber immerhin 38,7 % der Android-Geräte wurden noch mit 2.3.x oder früher betrieben.[1]

Die Realität sieht nun mal so aus, dass nicht jeder mit der sich rapide entwickelnden Technologie Schritt halten möchte und sich manche das auch einfach nicht leisten können.

Von mobilen Geräten ausgehend

Wenn Sie den Aufbau umkehren, zunächst für mobile Geräte entwickeln und anschließend mit Media Queries das Layout an größere Bildschirmgrößen anpassen, können Sie das Problem mit der mangelnden Unterstützung größtenteils umgehen. So können Sie sichergehen, dass auch mobile Geräte, die keine Media Queries unterstützen, ein angemessenes Layout erhalten. Der einzige Desktop-Browser, mit dem Sie fertig werden müssen, ist der Internet Explorer. Vor Version 9 unterstützt dieser keine Media Queries. Aber wie Sie später in diesem Kapitel sehen werden, lässt sich das ziemlich einfach regeln.

Ein Stylesheet, das von mobilen Geräten ausgehend aufgebaut ist, könnte eine Struktur wie die folgende haben:

```
/* Grundlegende Stilregeln für kleine Bildschirme kommen hierhin */
@media all and (min-width: 320px) {
    ...
}
@media all and (min-width: 768px) {
    ...
}
```

Die bessere Unterstützung ist nicht der einzige Vorteil, wenn Sie von den mobilen Geräten ausgehend entwickeln. Indem Sie zunächst die User Experience

---

[1] »Platform Versions« unter *http://developer.android.com/resources/dashboard/platform-versions.html*

> **Hinweis**
> Das gehört zwar nicht direkt zum Layout, aber die Zeile, die die Breite der Werbung auf 100 % festlegt, wird ebenfalls entfernt. Je nach der Vereinbarung mit den Werbeanbietern kommt eine Größenänderung aber eventuell nicht infrage. Mehr zu diesem Thema erfahren Sie in Kapitel 4, »Responsive Media«.

für die mobilen Geräte gestalten, können Sie auch die Komplexität Ihres CSS reduzieren. Denken Sie nur an das `aside`-Element aus der Artikelseite von *Noch eine Sport-Website*: Auf einem großen Bildschirm haben wir dafür `display:table-cell` und eine Breite von 300 px festgelegt. Auf einem kleinen Bildschirm ist es wahrscheinlich sinnvoller, das `aside` linear anzuzeigen, also unter den Artikel selbst zu stellen. Wenn wir die Seite vom Desktop ausgehend aufbauen, würden die Stilregeln folgendermaßen aussehen:

```
aside{
    display:table-cell;
    width: 300px;
}
@media all and (max-width: 320px) {
    aside{
        display:block;
        width: 100%;
    }
}
```

Von den mobilen Geräten ausgehend würden die Stilregeln so aussehen:

```
@media all and (min-width: 320px) {
    aside{
        display:table-cell;
        width: 300px;
    }
}
```

Wenn wir zunächst das einfachere Layout festlegen, können wir auf den Browserstandards als Basis aufbauen. Im Ergebnis ist das erforderliche CSS daher einfacher und sauberer.

Die Grundfunktionalität entwickeln

Idealerweise sollte jedes Projekt mit einem grundlegenden Design beginnen, das einfach, optimiert und auf so vielen Geräten wie möglich benutzbar ist. Die Reichweite des Internets ist eine seiner größten Stärken – versuchen Sie sie zu maximieren, wo immer es geht.

Mit diesem Ziel vor Augen beginnen wir unser grundlegendes Design mit einem einfachen, einspaltigen Layout. Für den Moment verschieben wir das ganze layoutorientierte CSS im Stylesheet nach unten und kommentieren es aus.

Nachdem wir das Stylesheet nach layoutbezogenen Floats und sämtlichen display:table-Eigenschaften durchkämmt haben, könnte die Sammlung der auskommentierten Stilregeln im unteren Teil des CSS so aussehen:

```
1.  /*
2.  .main {
3.      display: table-cell;
4.      padding-right: 2.5316456%;
5.  }
6.  aside {
7.      display: table-cell;
8.      width: 300px;
9.  }
10. .slats li {
11.     float: left;
12.     margin-right: 2.5316456%;
13.     width: 31.6455696%;
14. }
15. .slats li:last-child {
16.     margin-right: 0;
17. }
18. nav[role="navigation"] li {
19.     float: left;
20. }
21. nav[role="navigation"] a {
22.     float: left;
23. }
24. footer[role="contentinfo"] .top {
25.     float: right;
26. }
37. */
```

Wenn dieser ganze Code auskommentiert ist, sieht die Seite wie die in Abbildung 3.8 aus.

In Sachen Komplexität ist hier nicht allzu viel geboten – und das ist gut so. Das bedeutet, dass der Kern unseres Designs für eine breite Palette an Geräten zugänglich ist. Die Navigationselemente könnten allerdings ein bisschen hervorgehoben werden – ein Rahmen wäre hilfreich (Abbildung 3.9):

```
nav[role="navigation"] li {
    padding: .625em 2em .625em 0;
    border-top: 1px solid #333;
}
```

Nachdem wir das Layout beseitigt und diese kleine Anpassung vorgenommen haben, ist das grundlegende Design fertig. Nun fügen wir Media Queries hinzu, um das Layout für größere Bildschirme anzupassen.

Abbildung 3.8 Mit den auskommentierten Stilregeln hat die Seite nun ein einfaches, barrierefreies, einspaltiges Layout.

Abbildung 3.9 Mit einem 1-px-Rahmen für die Navigationselemente sieht alles relativ klar aus.

Breakpoints bestimmen

Die konventionelle Methode, Breakpoints festzulegen, besteht darin, von gebräuchlichen Breiten auszugehen: 320 px (dort bewegen sich iPhone und zahlreiche andere mobile Geräte im Spektrum), 768 px (iPad) und 1.024 px. Allerdings gibt es ein Problem, wenn wir uns auf diese »standardmäßigen« Breakpoints verlassen.

Wenn Sie die Breakpoints ausschließlich anhand der Auflösungen verbreiteter Geräte definieren, riskieren Sie, dass Sie speziell für diese Breiten entwickeln und alles dazwischen ignorieren (wenn Sie beispielsweise das iPhone ins Querformat drehen, haben Sie plötzlich eine Breite von 480 px). Außerdem ist das auch kein allzu zukunftssicherer Ansatz. Was heute beliebt ist, kann vielleicht morgen schon nicht mehr gewollt sein. Wenn das nächste scharfe Gerät auf den Markt kommt, sind Sie gezwungen, einen weiteren Breakpoint hinzuzufügen, um mit der Entwicklung Schritt zu halten. Diese Schlacht können Sie nur verlieren.

Folgen Sie dem Inhalt

Ein besserer Ansatz besteht darin, den Inhalt bestimmen zu lassen, wo Ihre Breakpoints liegen und wie viele Sie brauchen. Beginnen Sie damit, die Größe des Browserfensters zu ändern, um auszumachen, wo es Raum für Verbesserungen gibt.

Indem Sie sich vom Inhalt leiten lassen, entkoppeln Sie Ihr Layout weiter von bestimmten Bildschirmauflösungen. Sie lassen den Fluss der Seite vorgeben, wann das Layout angepasst werden muss – eine schlaue und zukunftsfreundliche Entscheidung.

Um die Breakpoints zu ermitteln, können Sie das Browserfenster auf ungefähr 300 px verkleinern (vorausgesetzt, Ihr Browser lässt das zu) und vergrößern dann das Fenster, bis die Seite so aussieht, als könnte sie etwas Make-up vertragen.

Bei ungefähr 600 px beginnen die Bilder im Abschnitt »Mehr über Football«, ein bisschen hässlich zu werden. Eine Media Query, um diese Storys wie in Kapitel 2, »Fluid Layouts«, an die Seite zu floaten, ist hier wahrscheinlich sinnvoll (Abbildung 3.10):

```
1. @media all and (min-width: 600px) {
2.     .slats li {
3.         float: left;
4.         margin-right: 2.5316456%; /* 24px / 948px */
```

▶ **Hinweis**
Das mediaQuery bookmarklet (*http://seesparkbox.com/foundry/media_query_bookmarklet*) ist ein praktisches Tool, um zu sehen, wie breit Ihr Browserfenster gerade ist und welche Media Queries aktiv sind.

▶ **Hinweis**
Falls Sie mitarbeiten, sollten Sie immer noch mit der Datei *Kapitel3.2.html* aus den Codebeispielen beschäftigt sein.

```
5.            width: 31.6455696%; /* 300 / 948 */
6.        }
7.        .slats li:last-child {
8.            margin-right: 0;
9.        }
10.   }
```

 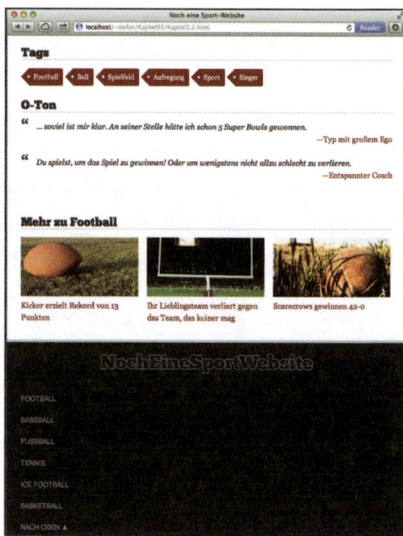

Abbildung 3.10
Bei ungefähr 600 px beginnen die Bilder, den Bildschirm zu dominieren (links). Daher ist es sinnvoll, hier einen Breakpoint hinzuzufügen und das Design anzupassen (rechts).

Ab ungefähr 860 px gerät der Inhalt des aside aus den Fugen. Das Fenster ist immer noch zu schmal, um das aside nach rechts zu legen. Also floaten wir die aside-Abschnitte so, dass sie sich in zwei Reihen ausrichten (Abbildung 3.11):

▶ **Hinweis**
Warum 860 px? Es gibt da keine feste Regel. Falls Sie der Meinung sind, dass sich das Layout verbessern lässt, wenn Sie früher einen Breakpoint hinzufügen, dann tun Sie das einfach. Bedenken Sie aber, dass das Layout mit jedem Breakpoint komplizierter wird. Versuchen Sie, ein gesundes Mittelmaß zu finden.

```
1.    @media all and (min-width: 860px) {
2.        aside{
3.            display: block;
4.            margin-bottom: 1em;
5.            padding: 0 1%;
6.            width: auto;
7.        }
8.        aside section{
9.            float: left;
10.           margin-right: 2%;
11.           width: 48%;
12.       }
```

```
13.     .article-tags{
14.         clear: both;
15.     }
16.     .ad{
17.         text-align: center;
18.         padding-top: 2.5em;
19.     }
16. }
```

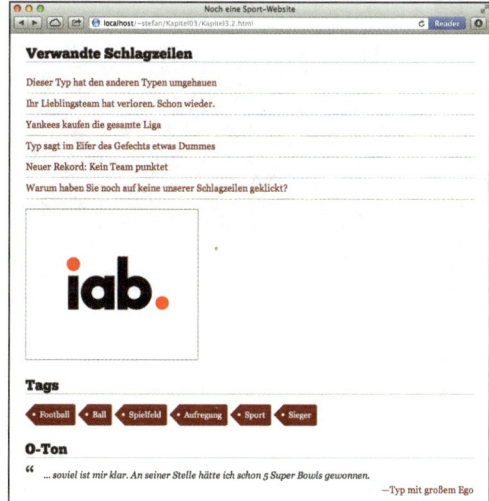

Abbildung 3.11 Durch einen Breakpoint, der die Abschnitte im aside nebeneinander floaten lässt, wirkt das Layout wesentlich aufgeräumter.

Mit diesem Breakpoint sieht es so aus, als könnten die Navigationselemente wieder gefloatet werden, anstatt sie übereinanderzustapeln (Abbildung 3.12). Diese Stilregeln sind im CSS auskommentiert, also schnappen wir sie uns und schreiben sie in eine Media Query. Außerdem entfernen wir den Rahmen von den Navigationselementen:

```
1.  @media all and (min-width: 860px) {
2.      ...
3.      nav[role="navigation"] li {
4.          float: left;
5.          border-top: 0;
6.      }
7.      nav[role="navigation"] a {
8.          float: left;
9.      }
```

```
10.     footer[role="contentinfo"] .top {
11.         float: right;
12.     }
13. }
```

Abbildung 3.12 Jetzt gibt es genug Platz, um die Navigation zu floaten und den Inhalt weiter nach oben zu holen.

Bei ungefähr 940 px sieht es so aus, als ob wir das `aside` wieder nach oben rechts holen könnten. Die Abschnitte im `aside` müssen auch nicht mehr floaten und können wieder die volle Breite einnehmen:

```
1.  @media all and (min-width: 940px) {
2.      .main {
3.          display: table-cell;
4.          padding-right: 2.5316456%; /* 24px / 948px */
5.      }
6.      aside {
7.          display: table-cell;
8.          width: 300px;
9.      }
10.     aside img {
11.         max-width: 100%;
12.     }
13.     aside section {
14.         float: none;
15.         width: 100%;
16.     }
17. }
```

Nun sieht das Layout ab 940 px ziemlich ähnlich aus wie das am Ende von Kapitel 2, »Fluid Layouts« (Abbildung 3.13).

Abbildung 3.13
Mit einem zusätzlichen Breakpoint sieht das Layout bei mindestens 940 px ganz ähnlich aus wie am Anfang.

Verbesserungen für große Bildschirme

Wenn wir das Browserfenster noch breiter machen, dauert es nicht lange, bis die Zeilenlänge für den Artikel schwer lesbar wird. Viele Websites implementieren an dieser Stelle eine max-width, um zu verhindern, dass das Browserfenster noch größer gemacht wird, oder pumpen die Schriftgröße auf, um die Zeilenlängen zu verbessern.

Anstatt die Seitenbreite zu begrenzen, nutzen wir ein mehrspaltiges CSS3-Layout.

Mit dem Multi-column Layout Module von CSS können Sie den Browser anweisen, den Inhalt bei Bedarf in mehreren Spalten darzustellen (Abbildung 3.14). Mit der Unterstützung sieht es gar nicht so schlecht aus: Opera, Firefox, und WebKit unterstützen das. Sorgen Sie nur dafür, dass Sie für Firefox, Internet Explorer 10 und WebKit die korrekten Präfixe verwenden. Für Opera und Internet Explorer ist kein Präfix vorhanden. Da dies ein schönes Feature ist, aber nicht essenziell für die Website, können wir die Darstellung für diese Browser progressiv verbessern:

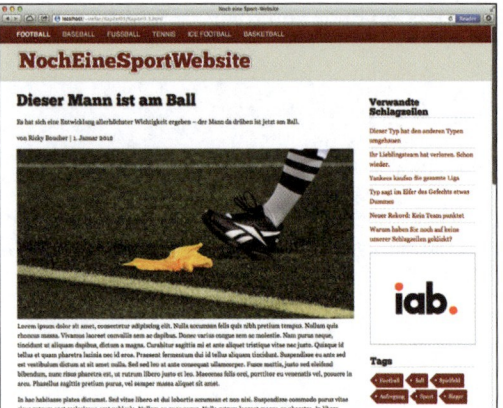

Abbildung 3.14
Auf breiteren Bildschirmen sorgt es für eine leserfreundliche Zeilenlänge, wenn wir den Artikel in zwei Spalten aufteilen.

```
@media all and (min-width: 1300px) {
    .main section {
        -moz-column-count: 2; /* Firefox */
        -webkit-column-count: 2; /* Safari, Chrome */
        column-count: 2;
        -moz-column-gap: 1.5em; /* Firefox */
        -webkit-column-gap: 1.5em; /* Safari, Chrome */
        column-gap: 1.5em;
        -moz-column-rule: 1px dotted #ccc; /* Firefox */
        -webkit-column-rule: 1px dotted #ccc; /* Safari, Chrome */
        column-rule: 1px dotted #ccc;
    }
}
```

Die Zeilen 3 bis 5 sagen dem Browser, wie viele Spalten für die Darstellung des Artikels verwendet werden soll. Und die Zeilen 6 und 7 weisen den Browser an, eine Lücke von 1.5 em (24 px) zwischen den Spalten zu lassen. Zu guter Letzt sagen wir dem Browser in den Zeilen 9 bis 11, dass er eine 1 px dicke, hellgrau gepunktete Linie zwischen den Spalten zeichnen soll, um diese visuell besser voneinander zu trennen (Abbildung 3.15).

Die Zeilenlänge ist nun schon viel besser, allerdings würde die Seite noch weiter gewinnen, indem wir den Artikel und die Autoreninformationen besser voneinander abheben. Das Bild könnte auch noch ein bisschen mehr Abstand vom Inhalt vertragen:

```
1.   @media all and (min-width: 1300px) {
2.       .main section img{
3.           margin-bottom: 1em;
4.           border: 3px solid #dbdbdb;
5.       }
6.       .main .articleInfo{
7.           border-bottom: 2px solid #dbdbdb;
8.       }
9.       ...
10.  }
```

Mit dem Rahmen um das Bild herum und oberhalb der section sowie mit etwas zusätzlichem Padding sieht das Design wieder mal ziemlich scharf aus.

Abbildung 3.15
Ein bisschen Abstand und ein Rahmen helfen, das Bild vom darauffolgenden Text zu trennen.

Flexiblere Media Queries mit em

Die Leute surfen im Web mit unterschiedlichen Zoomfaktoren im Browser. Menschen mit einer Sehschwäche haben wahrscheinlich Schwierigkeiten, die Schrift der meisten Websites zu entziffern, und eventuell in den Einstellungen standardmäßig einen größeren Zoomfaktor gewählt.

Wenn Besucher unterschiedliche Zoomfaktoren verwenden, erhöht (bzw. verringert) sich die Schriftgröße. In Firefox und Opera ist das kein Problem. Pixelbasierte Media Queries werden neu berechnet und dem Zoomfaktor entsprechend angewendet. Auf anderen Browsern lassen uns unsere perfekt platzierten Pixel-Breakpoints leider im Stich. Plötzlich beginnen Elemente auf merkwürdige Weise zu floaten, und unsere ideale Zeilenlänge landet gnadenlos auf dem Müll (Abbildung 3.16). Dasselbe Problem tritt auf, wenn – wie wir in Kapitel 2, »Fluid Layouts«, diskutiert haben – ein Gerät eine andere Standardschriftgröße verwendet. Zum Beispiel richten die 26 px großen Schriften auf dem Kindle in unseren pixelbasierten Media Queries Chaos und Verwüstung an. Wir können diesen Problemen aber den Kampf ansagen und unsere Webseiten noch flexibler machen, indem wir die Breakpoints in em umwandeln.

Abbildung 3.16 Mit pixelbasierten Breakpoints geht unser kunstvolles Layout aus dem Leim, wenn die Benutzer die Seite vergrößern.

Wie wir ebenfalls bereits in Kapitel 2 diskutiert haben, müssen wir für die Konvertierung von Pixelmaßen in em lediglich das Ziel (den Breakpoint) durch den Kontext (in diesem Fall 16 px, die Schriftgröße des Bodys) dividieren:

```
/* 600px/16px = 37.5em */
@media all and (min-width: 37.5em) {
...
}
```

```
5.   /* 860px/16px = 53.75em */
6.   @media all and (min-width: 53.75em) {
7.     ...
8.   }
9.   /* 940px/16px = 58.75em */
10.  @media all and (min-width: 58.75em) {
11.    ...
12.  }
13.  /* 1300px/16px = 81.25em */
14.  @media all and (min-width: 81.25em) {
15.    ...
16.  }
```

Nachdem in unseren Media Queries nun em zum Einsatz kommen, greifen die Queries selbst dann, wenn die Website um einige Stufen vergrößert ist, und gewährleisten so, dass unser Layout optimiert bleibt (Abbildung 3.17).

Media Queries mit em sind eine weitere Möglichkeit, die Flexibilität und Unvorhersehbarkeit des Webs mit offenen Armen zu begrüßen. Auf diese Weise haben die Benutzer die Kontrolle über ihr Weberlebnis und lassen den Inhalt das Layout vorgeben.

▶ **Hinweis**
Wenn Sie die Seite erst nach dem Laden vergrößert haben, müssen Sie sie unter Umständen aktualisieren, um den Unterschied zu sehen. Die meisten Menschen verwenden diese Funktion aber von Anfang an, sodass dieses Problem typischerweise nicht auftritt.

Abbildung 3.17
Indem Sie die Breakpoints in em festlegen, stellen Sie sicher, dass die Besucher unabhängig vom Zoomfaktor ein entsprechendes Layout erhalten.

Abbildung 3.18
Wenn Sie die Seite auf einem Telefon anzeigen, wird der Inhalt unter einer langen Liste von Navigationselementen begraben.

Navigation

Es gibt ein letztes Problem, um das wir uns kümmern müssen, bevor wir unsere Einführung in Media Queries abschließen können: die Navigation auf Websites. Selbst die großartigsten Inhalte dieser Welt können keine Besucher auf Ihrer Website halten, wenn sie nicht verstehen, wie sie sich auf Ihrer Website bewegen können. Die Navigation muss unabhängig von der Bildschirmgröße barrierefrei und einfach zu bedienen sein.

Die Navigation in unserem Beispiel ist momentan auf mobilen Geräten nicht gerade benutzerfreundlich. Wenn wir die Navigationselemente übereinanderstapeln, sieht zwar alles schön aufgeräumt aus, aber der Artikel – der eigentliche Grund, Ihre Seite zu besuchen – wird verdeckt (Abbildung 3.18).

Wir möchten, dass die Navigation folgende Kriterien erfüllt:

- Sie soll keinen kostbaren Platz auf dem Bildschirm belegen.
- Sie soll intuitiv sein, damit die Benutzer nicht desorientiert sind oder verwirrt werden.
- Sie soll auf einer Vielzahl von Geräten verwendbar sein (wobei die User Experience je nach den Möglichkeiten des jeweiligen Geräts variieren darf).

Sehen wir uns schnell einige Optionen an:

- **Überhaupt nichts ändern.** Im Wesentlichen erfüllt die Seite bereits diese Kriterien. Sie ist intuitiv, und die Lösung funktioniert auf einer Vielzahl von Geräten. Aber sie belegt eine Menge Platz auf dem Bildschirm.
- **Drop-Down-Menü.** Wir könnten die Navigation in ein Drop-Down-Menü umwandeln. Das spart Platz, funktioniert auf den meisten Geräten gut und bietet eine gute Ausweichlösung für jene Geräte, die das entsprechende JavaScript nicht verarbeiten können. Allerdings sind Drop-Down-Menüs den Benutzern als Teil von Formularen vertraut. Sie könnten deshalb etwas verwirrt sein, einem solchen Element in der Navigation zu begegnen. Außerdem können wir es nicht stylen, da die meisten Browser das nicht erlauben.
- **Menü ein- bzw. ausblenden.** Auf kleinen Bildschirmen könnten wir die Navigation anfangs mit JavaScript verstecken und den Benutzern eine Schaltfläche anbieten, über die sie die Navigation einblenden können. Diese Methode besteht alle drei Tests: Sie spart Platz auf dem Bildschirm, die Lösung ist intuitiv für die Benutzer, kann auf einer breiten Palette an Geräten implementiert werden und funktioniert auch wunderbar auf Geräten, die kein JavaScript unterstützen.

Da das ausklappbare Menü (Toggle-Menü) alle drei Tests besteht, verwenden wir diesen Ansatz für *Noch eine Sport-Website*.

> ▶ **Hinweis**
> Lesen Sie den Post von Brad Frost unter *http://bradfrostweb.com/blog/web/responsive-nav-patterns/*. Sie erhalten dort eine detaillierte Liste mit Navigationsansätzen im Responsive Design sowie die jeweiligen Vor- bzw. Nachteile.

Toggle-Menü

Einen einfachen Toggle-Effekt können wir mit nur wenigen Zeilen CSS und JavaScript implementieren.

Fügen Sie zunächst einen Link in Ihr HTML ein, über den die Navigation ein- bzw. ausgeblendet werden kann. Den Link können Sie direkt oberhalb der Navigationsliste platzieren.

```
<a href="#nav" class="nav-collapse" id="nav-collapse">Menu</a>
<ul class="nav" id="nav">
```

TOGGLE-CSS

Im CSS erstellen wir einige Regeln, um die Schaltfläche zum Ausblenden zu stylen, und machen sie zunächst unsichtbar.

> ▶ **Hinweis**
> Um die Lösung zu verbessern, erzeugen wir die Schaltfläche zum Ausblenden dynamisch mit JavaScript. Wir brauchen sie nicht, wenn das JavaScript nicht ausgeführt wird.

```css
1.  #nav-collapse{
2.      display: none;
3.      color: #fff;
4.      text-align: right;
5.      width: 100%;
6.      padding: .625em 0 .625em 0;
7.  }
8.  #nav-collapse.active {
9.      display: block;
10. }
```

Die Zeilen 1 bis 7 legen einige grundlegende Stilregeln für die Schaltfläche fest und verstecken sie zunächst. Denken Sie daran: Wenn der Browser JavaScript nicht unterstützt, wird die Navigation direkt angezeigt, und wir brauchen diese Schaltfläche gar nicht.

In den Zeilen 8 bis 10 zeigen wir die Schaltfläche an, wenn die Klasse active vorhanden ist. Diese Klasse weisen wir in JavaScript zu.

Ohne JavaScript ändern diese Stilregeln überhaupt nichts im Browser. Und das ist genau das, was wir möchten. Wenn ein Browser das erforderliche JavaScript nicht unterstützt, ist die Navigation trotzdem verwendbar. Ideal – nein. Verwendbar – ja.

TOGGLE-JAVASCRIPT

Das JavaScript ist ebenfalls einfach. Erstellen Sie eine Datei mit dem Namen *yass.js* und binden Sie das Skript in Ihr HTML ein, unmittelbar vor dem schließenden body-Tag.

```html
<script type="text/javascript" src="yass.js"></script>
```

Legen Sie nun das folgende JavaScript in *yass.js* ab:

```javascript
1.  window.onload = function() {
2.      var collapse = document.getElementById('nav-collapse');
3.      var nav = document.getElementById('nav');
4.      // Hilfsfunktion zum Hin- und Herschalten der Klasse
5.      function classToggle( element, tclass ) {
6.          var classes = element.className,
7.              pattern = new RegExp( tclass );
8.          var hasClass = pattern.test( classes );
9.          // Klasse umschalten
10.         classes = hasClass ? classes.replace( pattern, '' ) :
                classes + ' ' + tclass;
11.         element.className = classes.trim();
12.     };
```

```
13.         classToggle(nav, 'hide');
14.         classToggle(collapse, 'active');
15.         collapse.onclick = function() {
16.             classToggle(nav, 'hide');
17.             return false;
18.         }
19.     }
```

Wenn die Seite geladen wird (Zeile 1), läuft das obige JavaScript ab. Die Zeilen 2 und 3 schnappen sich das Navigationselement und die Schaltfläche zum Ausblenden, damit das Skript später darauf zugreifen kann.

In den Zeilen 5 bis 12 erstellen wir die einfache Funktion `toggleClass`. Diese Funktion erwartet ein Element und überprüft, ob dieses über die angegebene Klasse verfügt. Falls ja, wird die Klasse entfernt. Falls nein, fügt die Funktion die Klasse dem Element hinzu.

Die Zeilen 13 und 14 wenden die Klasse `hide` auf die Navigation und die Klasse `active` auf die Schaltfläche an.

Zum Schluss definieren wir in den Zeilen 15 bis 18 eine Funktion, die bei jedem Klick auf die Schaltfläche zum Ausblenden aufgerufen wird. Wenn wir die Funktion aufrufen, schaltet sie die Klasse `hide` der Navigation um. Und schon steuert die Schaltfläche die Anzeige der Navigation.

Im Moment wird dieser Code immer aufgerufen. Aus naheliegenden Gründen möchten wir das natürlich nicht. Der Code soll nur aufgerufen werden, wenn die Navigation als übereinandergestapelte Liste dargestellt wird. Wir könnten natürlich einfach die Bildschirmbreite überprüfen, aber das würde bedeuten, dass der Breakpoint an zwei Stellen hart codiert ist: im CSS und in JavaScript.

Wenn das Skript dagegen prüft, ob die Navigation gefloatet ist, kommt der Breakpoint nur an einer Stelle vor und lässt sich so künftig einfacher ändern. Während wir die entsprechenden Änderungen vornehmen, klammern wir auch die Funktion `classToggle` aus und legen sie in einem Hilfsobjekt ab, das wir später ausbauen können.

```
1.  var Utils = {
2.      classToggle : function(element, tclass) {
3.          ...
4,      }
5.  }
```

```
6.    window.onload = function() {
7.        var nav = document.getElementById('nav');
8.        var navItem = nav.getElementsByTagName('li');
9.
10.       // Ist es gefloated?
11.       var floated = navItem[0].currentStyle ? el.currentStyle['float'] :
                       document.defaultView.getComputedStyle(navItem[0],null).
                       getPropertyValue('float');
12.
13.       if (floated != 'left') {
14.           var collapse = document.getElementById('nav-collapse');
15.
16.           Utils.classToggle(nav, 'hide');
17.           Utils.classToggle(collapse, 'active');
18.
19.           collapse.onclick = function() {
20.               Utils.classToggle(nav, 'hide');
21.               return false;
22.           }
23.       }
24.   }
```

> **Hinweis**
> Das geht über den Rahmen dieses Buchs hinaus. Aber wenn Sie Ihre Java-Script-Fähigkeiten verbessern möchten, schnappen Sie sich ein Exemplar von *Professional JavaScript for Web Developers* von Nicholas C. Zakas (Wrox, 2009).

Sehen wir uns das noch mal genauer an.

In den Zeilen 8 bis 11 schnappen wir uns ein Navigationselement und überprüfen, ob es gefloatet ist. Zeile 11 mag vielleicht etwas furchteinflößend aussehen, aber in Wahrheit prüft diese Zeile lediglich, auf welche Weise sie die aktuellen Stilinformationen abfragen soll. Der Internet Explorer verhält sich nicht allzu kooperativ, deshalb müssen wir eine andere Eigenschaft überprüfen, falls dieser Browser verwendet wird.

Mit dem Wert der float-Eigenschaft bestückt, kann das restliche JavaScript nun ausschließlich dann ausgeführt werden, wenn die Navigationselemente gefloatet sind. Speichern wir die Änderungen und aktualisieren den Browser auf einem großen Bildschirm, passiert überhaupt nichts. Auf einem kleinen Display dagegen erscheint beim Laden der Seite die Schaltfläche zum Ausblenden, über die die Navigation umgeschaltet werden kann (Abbildung 3.19).

Abbildung 3.19 Mit der neuen Funktion zum Umschalten der Navigation verstellt sie den Benutzern nicht den Weg, bis sie sie brauchen.

Unterstützung für den Internet Explorer

Wir sind noch nicht ganz fertig. Jedermanns Lieblingsbrowser Internet Explorer bereitet uns weiter Kopfschmerzen.

Der Internet Explorer unterstützt erst ab Version 9 Media Queries. Das bedeutet: Wenn Sie zuerst für mobile Geräte entwickelt haben, erhalten Benutzer von früheren Versionen des Internet Explorer das Layout für kleine Bildschirme.

Das lässt sich jedoch schnell ändern, indem wir mit bedingten Kommentaren die entsprechenden Stilregeln für den Internet Explorer laden. Nachdem wir bereits das Stylesheet *ie.css* aus Kapitel 2, »Fluid Layouts«, haben, sollte das ganz einfach gehen.

Zunächst ändern wir den bedingten Kommentar so, dass er für alle Versionen vor Internet Explorer 9 gilt. Das bedeutet, dass Version 9, die `display:table` unterstützt, stattdessen Floats verwendet. Aber dieser kleine Kompromiss ist es wert, dass wir der Einfachheit halber auf ein zusätzliches Internet Explorer-spezifisches Stylesheet verzichten können:

```
<!--[if (lt IE 9) & (!IEMobile)]>
<link rel="stylesheet" href=""/css/ie.css" media="all">
<![endif]-->
```

Nun fügen wir die Stilregeln, die innerhalb der Media Queries standen, in unser Internet Explorer-Stylesheet ein:

```
1.  .main {
2.      float: left;
3.      width: 65.8227848%; /* 624 / 948 */
4.  }
5.  .slats li {
6.      float: left;
7.      margin-right: 2.5316456%; /* 24px / 948px */
8.      width: 31.6455696%; /* 300 / 948 */
9.  }
10. .slats li:last-child {
11.     margin-right: 0;
12. }
13. aside{
14.     display: block;
15.     margin-bottom: 1em;
16.     padding: 0 1%;
17.     float: right;
18.     width: 31.6455696%; /* 300 / 948 */
19. }
20. nav[role="navigation"] li {
21.     float: left;
22.     border-top: 0;
23. }
24. nav[role="navigation"] a {
25.     float: left;
26. }
27. footer[role="contentinfo"] .top {
28.     float: right;
29. }
30. aside img {
31.     max-width: 100%;
32. }
```

Der Internet Explorer sollte jetzt ebenfalls funktionieren. Das ist zwar nicht responsive, liefert aber wenigstens ein Fluid Layout, das auf den meisten Bildschirmgrößen gut dargestellt wird.

Zusammenfassung

Fluid Layouts sind ein Anfang, helfen uns aber auch nur ein Stück weiter. Ab einem gewissen Punkt müssen wir das Layout anpassen – manchmal sogar grundlegend –, um angemessen auf die verschiedenen Geräte einzugehen.

Smartphones versuchen, uns ein vollwertiges Surferlebnis zu bescheren. Wenn Sie das Meta-viewport-Element verwenden, zeigen die meisten Smartphones eine verkleinerte Version der Website.

Mit Media Queries können wir bestimmte Eigenschaften wie beispielsweise Breite und Höhe prüfen und das CSS für unser Design entsprechend anpassen. Media Queries können extern und intern verwendet werden. Beide Methoden haben gewisse Vorteile und Grenzen. Daher ist es wichtig, dass Sie jeweils den Ansatz wählen, der den Projektanforderungen am besten gerecht wird.

Es ist zwar gebräuchlich, bestimmte Gerätebreiten für Breakpoints heranzuziehen, der bessere Ansatz besteht aber darin, die Inhalte darüber entscheiden zu lassen, wo Sie eine Media Query einsetzen.

Responsive Websites können sogar noch flexibler und barrierefreier entwickelt werden, wenn Sie für Media Queries em statt Pixel verwenden.

Testen Sie unbedingt auf echten Geräten. Nur so werden Sie auf Dinge wie die Navigation aufmerksam, die unter Umständen für die verschiedenen Displays angepasst werden müssen.

Im nächsten Kapitel sehen wir uns die verschiedenen Ansätze dazu an, wie Sie Bilder in der jeweils passenden Größe bereithalten und dadurch die Performance Ihrer Website erheblich verbessern können.

›

Kapitel 4
Responsive Media

Also: Wir haben die Berechnungen auf 17 unterschiedliche Arten durchgeführt, und jedes Mal, wenn wir gerechnet haben, war es wieder nicht gut. Egal, wie wir gerechnet haben, es gab immer jemanden, dem es nicht gefallen hat, wie wir gerechnet haben.

— BUDDY HACKETT ALS BENJY BENJAMIN IN EINE TOTAL, TOTAL VERRÜCKTE WELT

Wir hegen eine echte Hassliebe zu medienlastigen Onlineinhalten. Einerseits helfen schöne Bilder und interessante Videos, ein tief gehendes und angenehmes Nutzererlebnis zu bescheren. Andererseits führen viele Bilder und Videos auf einer Seite zu langen Ladezeiten, was sehr frustrierend sein kann. Es bedarf hier einer sorgfältigen Planung, damit wir unseren Benutzern das Beste aus zwei Welten bieten können: eine schöne Erfahrung, die außerdem so schnell wie möglich geladen wird.

Mit den in den ersten drei Kapiteln vorgestellten Methoden haben wir uns eine Responsive Website aufgebaut. Sie sieht auf Desktops, Tablets und Smartphones gut aus. Die Benutzer können die Größe des Browserfensters nach Herzenslust ändern, und das Layout passt sich entsprechend an. Wäre Responsive Design so einfach, dann wäre dieses Buch tatsächlich eher kurz ausgefallen. Es gibt aber noch eine Menge aufzuräumen. Insbesondere die Bilder sind ein Thema.

In diesem Kapitel diskutieren wir:

- warum es auf die Performance ankommt
- wie wir Bilder bedingt laden können
- welche Lösungen für Responsive Images es gibt und welche Grenzen diese haben
- wie wir Hintergrundbilder austauschen können, ohne mehrere Bilder laden zu müssen
- wie wir Webfonts bedingt laden können
- wie es mit Responsive Images weitergeht
- wie wir eingebettete Videos skalieren und dabei das Seitenverhältnis beibehalten können
- wie wir mit Responsive Advertising umgehen

Was ist das Problem?

Wenn wir den finalen Breakpoint (1.300 px) erreichen, sehen die Bilder für den Abschnitt »Mehr zu Football« relativ mitgenommen aus. Ansonsten sehen sie scharf und knackig aus.

Wir könnten wahrscheinlich das Bild in der Einführung für kleinere Bildschirme verbessern. Wenn die kleine Version des Bilds enger freigestellt wäre, würde es seine Wirkung nicht einbüßen, selbst wenn es auf kleine Bildschirme herunterskaliert wird. Im Moment gehen der gelbe Gegenstand und der Fuß bei kleinen Displays ziemlich verloren (Abbildung 4.1).

Abbildung 4.1 Auf kleinen Bildschirmen verlieren der gelbe Gegenstand und der Fuß ihre Wirkung.

Entscheidend ist dabei gar nicht so sehr, wie die Bilder aussehen, sondern wie viel *Gewicht* sie haben, wie viel Performance sie kosten. Momentan werden unabhängig vom verwendeten Gerät dieselben Bilder geladen. Das bedeutet, dass beispielsweise das 624 px breite Artikelbild selbst auf Geräten heruntergeladen wird, auf denen eine Bildbreite von 350 px ausreichen würde. Darunter leidet die Performance der Seite, und das ist ein großes Problem für die Besucher der Website.

Performance

Leider wird die Performance bei vielen Projekten erst im Nachhinein bedacht. Ein schneller Blick auf die Daten zeigt aber, dass es genau so nicht sein sollte.

Die meisten von uns, die mit dem Web arbeiten, haben schnellere Verbindungen als die durchschnittlichen Internetbenutzer. Entsprechend erleben wir das Web anders. Unseren Benutzern dagegen ist durchaus bewusst, wie schmerzhaft es sein kann, eine Website mit schlechter Performance zu besuchen.

Im Jahr 2009 hat die bekannte Preissuchmaschine Shopzilla ihre Ladezeit von ursprünglich 4 bis 6 Sekunden auf 1,5 Sekunden verbessert. Das Ergebnis war überwältigend: Die Konversionsrate der Website erhöhte sich von 7 auf 12 %, und die Seitenaufrufe stiegen um kolossale 25 % an.[1]

Mozilla erzielte ähnliche Ergebnisse, als die Ladezeit der Seite um 2,2 Sekunden verkürzt wurde: Die Downloadkonversionen stiegen um 15,4 % an, was geschätzt zu 10,28 Millionen zusätzlichen Downloads von Firefox pro Jahr führte![2]

Bei Mobiltelefonen sieht die Realität deutlich drastischer aus. Die Netzverbindungen sind langsamer, die Hardware weniger leistungsfähig, und Sie müssen sich mit der chaotischen Welt von Datenlimits und Transcoding-Methoden herumärgern. Trotz allem ändert das natürlich nichts an den Erwartungen der Benutzer. 71 % der mobilen Anwender gehen davon aus, dass Websites auf ihren Telefonen genauso schnell oder schneller als auf ihren Computern zu Hause geladen werden.[3]

Das sind schlechte Nachrichten für unsere derzeitige Website. Sowohl das Logo als auch das Bild für den Artikel sind sehr groß. Das Artikelbild ist 624 px breit und hat ungefähr 50 KByte. Das Layout für kleine Bildschirme würde auch mit einem wesentlich kleineren Bild auskommen (ungefähr 300 px). Aber wir übergeben weiterhin das große Bild für Desktop-Geräte. Eine Reduktion der Datenmenge, die über die Leitung geschickt wird, ist ein wichtiger Punkt, den wir nicht ignorieren dürfen.

Eine schnelle Überprüfung der Seite zeigt, dass folgende Bilder optimiert werden könnten:

- **Die Bilder im Abschnitt »Mehr zu Football«.** Alle diese Bilder haben nur 300 px, sind aber auf kleinen Bildschirmen nicht wirklich erforderlich. Sie nehmen eine Menge Platz auf dem Bildschirm ein und stehen in keinem Verhältnis zum Inhalt (Abbildung 4.2). Auf kleinen Bildschirmen bieten wir unseren Benutzern eine bessere User Experience, wenn nur die Schlagzeilen angezeigt werden – nicht die Bilder.

- **Das Artikelbild.** Dieses Bild ist riesige 624 px breit und 50 KByte groß. Auf kleinen Bildschirmen würde ein halb so großes Bild genauso gut funktionieren. Und wenn diese Version auch noch enger freigestellt wäre, würde die Fahne einen stärkeren visuellen Fokus erhalten.

---

[1] »Shopzilla Site Redesign–We get what we measure« unter www.scribd.com/doc/16877317/Shopzillas-Site-Redo-You-Get-What-You-Measure

[2] »Firefox & Page Load Speed–Part II« unter http://blog.mozilla.org/metrics/2010/04/05/firefox-page-load-speed---part-ii/

[3] »What Users Want from Mobile« unter http://e-commercefacts.com/research/2011/07/what-usrs-want-from-mobil/19986_WhatMobileUsersWant_Wp.pdf

- **Das Logo.** Das Logo hat unter 10 KByte, ist also wesentlich schlanker als der Leitartikel. Trotzdem ist es ungefähr doppelt so groß wie nötig.

Abbildung 4.2 Die Bilder im Abschnitt »Mehr zu Football« nehmen auf Geräten mit kleinen Bildschirmen eine Menge kostbaren Platz in Anspruch.

Bilder für mobile Geräte

Beginnen wir damit, dass wir die Bilder im Abschnitt »Mehr zu Football« aus dem grundlegenden Design entfernen. Es mag verführerisch klingen, einfach `display:none` zu verwenden und uns damit zufriedenzugeben. Aber das löst das Problem nicht, sondern verdeckt es nur. Ein Bild mit `display:none` wird trotzdem vom Browser angefragt und heruntergeladen. Es wird zwar nicht angezeigt, aber der zusätzliche Request und die entsprechende Ladezeit sind damit nicht aus der Welt. Wie üblich besteht der korrekte Ansatz also darin, von den mobilen Geräten auszugehen und dann die User Experience progressiv zu verbessern.

Wir beginnen damit, die Bilder komplett aus dem HTML zu entfernen:

```
1.  <ul class="slats">
2.      <li class="group">
3.          <a href="#">
4.              <h3>Kicker erzielt Rekord von 13 Punkten</h3>
5.          </a>
6.      </li>
```

```
7.      <li class="group">
8.          <a href="#">
9.              <h3>Ihr Lieblingsteam verliert gegen das Team, das keiner mag</h3>
10.         </a>
11.     </li>
12.     <li class="group">
13.         <a href="#">
14.             <h3>Scarecrows gewinnen 42-0</h3>
15.         </a>
16.     </li>
17. </ul>
```

○ **Benutzerdefinierte Datenattribute**
Diese Attribute mit dem Präfix data- speichern benutzerdefinierte Daten, die nur in der jeweiligen Seite zugänglich sind und meistens für Scripting genutzt werden.

Selbstverständlich werden die Bilder mit diesem HTML nicht geladen. Und auf Geräten mit kleinem Display soll das auch so bleiben. Auf größeren Bildschirmen wird ein kleines JavaScript die Bilder zurückholen. Mit den HTML5-Attributen data-* als Hooks ist es einfach, JavaScript mitzuteilen, welche Bilder es laden soll:

```
1.  <ul class="slats">
2.      <li data-src="images/ball.jpg" class="group">
3.          <a href="#">
4.              <h3>Kicker erzielt Rekord von 13 Toren</h3>
5.          </a>
6.      </li>
7.      <li data-src="images/goal_post.jpg" class="group">
8.          <a href="#">
9.              <h3>Ihr Lieblingsteam verliert gegen das Team, das keiner mag</h3>
10.         </a>
11.     </li>
12.     <li data-src="images/ball_field.jpg" class="group">
13.         <a href="#">
14.             <h3>Scarecrows gewinnen 42-0</h3>
15.         </a>
16.     </li>
17. </ul>
```

JavaScript

Als Erstes fügen wir eine Hilfsfunktion für die Auswahl von Elementen ein. Das ist zwar nicht notwendig, aber definitiv praktisch:

```
1.  q : function(query) {
2.      if (document.querySelectorAll) {
3.          var res = document.querySelectorAll(query);
```

```
4.       } else {
5.           var d = document,
6.           a = d.styleSheets[0] || d.createStyleSheet();
7.           a.addRule(query,'f:b');
8.           for(var l=d.all,b=0,c=[],f=l.length;b<f;b++) {
9.               l[b].currentStyle.f && c.push(l[b]);
10.              a.removeRule(0);
11.              var res = c;
12.          }
13.          return res;
14.      }
15.  }
```

Sollten Sie mit nativem JavaScript nicht vertraut sein, wirkt das vielleicht verwirrend auf Sie. Das ist okay. Die Funktion nimmt lediglich einen Selektor entgegen und liefert die Elemente zurück, die diesem entsprechen. Wenn Sie den Code verstehen, ist das toll. Und falls nicht, reicht es für unsere Zwecke aus, wenn Sie verstehen, was der Code macht.

Mit dieser Funktion ist der Teil, der die Bilder tatsächlich lädt, relativ simpel:

```
1.   // Bilder laden
2.   var lazy = Utils.q('[data-src]');
3.   for (var i = 0; i < lazy.length; i++) {
4.       var source = lazy[i].getAttribute('data-src');
5.       // Bild erstellen
6.       var img = new Image();
7.       img.src = source;
8.       // Innerhalb des Links einfügen
9.       lazy[i].insertBefore(img, lazy[i].firstChild);
10.  };
```

Zeile 2 schnappt sich alle Elemente, die das Attribut data-src haben. In Zeile 3 durchläuft das Skript diese Elemente in einer Schleife. In den Zeilen 4 bis 7 erstellt das Skript für jedes der Elemente ein neues Bild mit dem Wert des Attributs data-src. Anschließend wird das neue Bild als erstes Element innerhalb des Links eingesetzt (Zeile 9).

Mithilfe dieses JavaScripts werden die Bilder nicht sofort angefordert. Stattdessen werden sie nachträglich geladen, also nachdem die Seite fertig heruntergeladen wurde. Das ist genau das, was wir möchten. Jetzt müssen wir dem Skript lediglich sagen, dass es für kleine Bildschirme keine Bilder laden soll.

Guy Podjarny

PERFORMANCEASPEKTE VON RESPONSIVE DESIGN

Guy Podjarny, kurz Guypo, ist Webperformance-Forscher und Evangelist, und er ist besessen von dem flüchtigen Web. Er konzentriert sich vor allem auf die Webperformance mobiler Geräte und stochert regelmäßig in den Eingeweiden mobiler Browser herum. Außerdem ist er Autor von Mobitest, einem kostenlosen Messtool, und er ist an verschiedenen Open Source-Tools beteiligt. Guypo war früher Mitgründer und CTO von Blaze.io, das später von Akamai übernommen wurde, wo er jetzt als Chief Product Architect arbeitet.

Responsive Webdesign (RWD) befasst sich mit einer Vielzahl von Problemen. Sehr schnell ist es passiert, sich in Fragen darüber zu verlieren, wie gut zu warten, zukunftsfreundlich oder cool Ihre Responsive Website sein wird. Ganz zu schweigen davon, dass Sie nicht aus den Augen verlieren dürfen, wie *schnell* sie sein wird. Performance ist ein wesentlicher Bestandteil der Benutzererfahrung. Viele Fallstudien zeigen, wie sich die Performance auf die Zufriedenheit Ihrer Benutzer und deren Fazit auswirkt.

Heutzutage werden die Browser auf Smartphones häufig auf separate mobile Webseiten weitergeleitet, sogenannte mdot-Websites, die tendenziell wesentlich schlankere Inhalte und visuelle Elemente bieten als ihre Desktop-Pendants. Das bedeutet: weniger Bilder, Skripten und Stylesheets, die heruntergeladen werden müssen. Dadurch werden diese Websites schneller. Die Gleichung ist simpel: Weniger Bytes zum Herunterladen mit weniger Requests bedeutet mehr Geschwindigkeit.

Responsive Websites folgen jedoch nicht diesem Muster. Ich habe kürzlich einen Performancetest mit 347 Responsive Websites gemacht (Sie finden alle Websites unter *http://mediaqueri.es*). Ich habe die jeweilige Homepage in vier verschiedenen Größen in ein Google Chrome-Fenster geladen – von 320 x 480 bis 1.600 x 1.200. Jede Seite wurde mehrfach mit *www.webpagetest.org* geladen, einem Webperformance-Messtool.

Die Ergebnisse waren niederschmetternd. Zwar änderte sich das Aussehen der Websites bei den verschiedenen Fenstergrößen, der Umfang und die Ladezeiten aber kaum. 86 % der Websites hatten beim Laden im kleinsten Fenster ungefähr dasselbe Downloadvolumen wie im größten. Anders ausgedrückt: Diese Websites *sehen* auf einem kleinen Bildschirm zwar wie mdot-Websites aus, laden aber trotzdem den vollständigen Inhalt herunter und sind deshalb nervtötend langsam.

Natürlich ist jede Website anders. Aber drei Gründe für diesen Downloadballast wiederholen sich praktisch auf allen Websites:

- Herunterladen und Verstecken
- Herunterladen und Verkleinern
- Kompliziertes DOM

Herunterladen und Verstecken ist mit Abstand der Hauptgrund für diesen Ballast. Responsive Websites liefern für gewöhnlich immer dasselbe HTML an jeden Client. Selbst auf »Mobile First«-Websites enthält oder referenziert dieses HTML auch all das, was für die umfangreichste User Experience auf dem größten Display erforderlich ist. Auf kleinen Bildschirmen werden nicht angezeigte Abschnitte einfach mit der Stilregel `display:none` versteckt.

Leider hilft `display:none` in Sachen Performance rein gar nichts. Und die Ressourcen, auf die in den versteckten Teilen der Seite referenziert wird, werden ganz normal heruntergeladen. Skripten innerhalb der versteckten Abschnitte werden weiterhin ausgeführt, DOM-Elemente weiterhin erzeugt. Selbst wenn Sie also den Großteil Ihrer Seiteninhalte verstecken, wertet der Browser weiterhin die Seite aus und lädt alle Ressourcen herunter, die er finden kann.

Herunterladen und Verkleinern ist vom Konzept her ein ähnliches Problem. RWD verwendet Fluid Images, um besser auf die verschiedenen Bildschirmgrößen eingehen zu können. Das ist zwar optisch ansprechend, bedeutet aber, dass die Desktop-Variante des Bilds jedes Mal heruntergeladen wird – selbst auf Geräten mit wesentlich kleineren Bildschirmen. Diese Benutzer können auf dem kleinen Bildschirm mit einem qualitativ hochwertigen Bild gar nichts anfangen, die unnötigen Bytes sind entsprechend eine einzige Verschwendung.

Kompliziertes DOM ist die dritte Episode derselben Geschichte. RWD-Websites liefern an alle Clients dasselbe HTML aus. Die Browser parsen und verarbeiten auch die versteckten Bereiche des DOM. Entsprechend führt das Laden einer Responsive Website auf kleinen Bildschirmen zu einem DOM, das wesentlich komplizierter ist als das, was für die User Experience erforderlich wäre. Ein komplizierteres DOM führt zu einem höheren Speicherverbrauch und performancefeindlichen Reflows in einer insgesamt langsameren Website.

Diese Probleme sind nicht einfach zu lösen, da sie das Ergebnis dessen sind, wie RWD und Browser heutzutage funktionieren. Es gibt allerdings einige Praktiken, die Ihnen dabei helfen können, die Performance in den Griff zu bekommen:

- Responsive Images
- Mobile First-Entwicklung
- Messungen

Responsive Images werden in diesem Buch ausführlich diskutiert und helfen, das »Herunterladen und Verkleinern« in den Griff zu bekommen. Da Bilder den Löwenanteil der Bytes jeder Seite ausmachen, ist das die einfachste Möglichkeit, Ihre Seite abzuspecken. Beachten Sie, dass auch CSS-Bilder responsive sein sollten und durch Media Queries ersetzt werden können.

Mobile First bedeutet, noch einen Schritt weiter zu gehen, als nur eine Mobile First-Website zu entwickeln und eine eigene Website für die geringste Auflösung zu programmieren, die Sie unterstützen möchten. Sobald diese implementiert ist, sollte die Performance der Website mindestens so gut wie die anderer mdot-Sites und relativ schlank sein. Von diesem Punkt an verbessern Sie die Seite nur mit JavaScript oder CSS und vermeiden jegliche unnötigen Downloads. Clients ohne JavaScript-Unterstützung erhalten die Grundfunktionalität, die für diese Einzelfälle ausreichen sollte. Beachten Sie, dass Progressive Enhancement mit JavaScript bei gleichzeitiger Beibehaltung der Performance nicht einfach ist. Und bewährte Praktiken haben sich dafür noch nicht ganz etabliert – womit wir zum nächsten Punkt kommen.

Messen. Behandeln Sie Performance als wesentliches Qualitätsmerkmal Ihrer Website. Gehen Sie nicht live, ohne die Performance zu kennen und damit zufrieden zu sein. Wenn Sie wissen, dass Ihre mobile Website mehr als 1 MByte hat, sollten Sie den Launch besser verschieben, bis Sie etwas dagegen unternommen haben. Es gibt unterschiedliche Tools zum Messen, aber ich würde Ihnen für den Test auf realen Geräten Mobitest empfehlen (*http://akamai.com/mobitest*) and WebPageTest für Tests mit Desktop-Browsern (*www.webpagetest.org*) – wobei Sie die Fenstergröße mit dem Befehl setviewportsize ändern können.

Unterm Strich ist Responsive Webdesign eine leistungsfähige und fortschrittliche Technik, bringt aber auch entscheidende Performanceprobleme mit sich. Sie müssen diese Herausforderung unbedingt verstehen und entsprechend annehmen, damit die Benutzer Ihre Website nicht wieder verlassen, bevor sie Ihre großartigen Visuals und Inhalte gesehen haben.

Gestatten, matchMedia

In Kapitel 3, »Media Queries«, haben wir ein Skript geschrieben, um die Navigation auf kleinen Bildschirmen ein- bzw. auszublenden. Dazu überprüfen wir, ob die Listenelemente in der Navigation gefloatet sind. Wenn ja, erzeugen wir die Funktionalität zum Ausblenden. Diesmal verwenden wir dazu die praktische Methode matchMedia().

matchMedia() ist eine native JavaScript-Methode, der Sie eine CSS-Media Query übergeben können und Informationen darüber erhalten, ob es Treffer für diese Media Query gibt.

Genauer gesagt, liefert die Funktion ein MediaQueryList-Objekt zurück. Dieses Objekt hat zwei Eigenschaften: matches und media. Die Eigenschaft matches hat entweder den Wert true (wenn die Media Query zutrifft) oder false (wenn nicht). Die Eigenschaft media liefert die von Ihnen übergebene Media Query zurück. So würde beispielsweise die media-Eigenschaft für window.matchMedia("(min-width: 200px)") den Wert "(min-width: 200px)" zurückliefern.

matchMedia() wird nativ unterstützt in Chrome, Safari 5.1+, Firefox 9+, Android 3+ und iOS5+. Paul Irish hat einen praktischen Polyfill für Browser entwickelt, die diese Methode nicht unterstützen.

> ▶ **Hinweis**
> Den Polyfill von Irish finden Sie auf GitHub unter *https://github.com/paulirish/matchMedia.js* oder in den Beispieldateien zu diesem Buch.
>
> ● **Polyfill**
> Ein Code-Snippet, das Unterstützung für eine Funktion bietet, die der Browser selbst noch nicht nativ unterstützt.

Mit dem matchMedia-Polyfill müssen wir den Code lediglich in einem matchMedia-Block verpacken, um den Browser anzuweisen, dass er nur oberhalb des ersten Breakpoints die Bilder einfügen soll:

```
if (window.matchMedia("(min-width: 37.5em)").matches) {
    // Bilder laden
    var lazy = Utils.q('[data-src]');
    for (var i = 0; i < lazy.length; i++) {
        var source = lazy[i].getAttribute('data-src');
        // Bild erstellen
        var img = new Image();
        img.src = source;
        // Innerhalb des Links einfügen
        lazy[i].insertBefore(img, lazy[i].firstChild);
    };
}
```

Laden Sie nun die Seite auf einem Telefon oder auf einem kleinen Bildschirm, werden die Bilder nicht mehr angezeigt (Abbildung 4.3). Das bedeutet einen großen Performancegewinn auf kleinen Bildschirmen. Es gibt nun weniger

HTTP-Requests, und die Größe der Seite wurde um ungefähr 60 KByte reduziert (die Größe der drei Bilder zusammen). Das Beste daran: Die Überschriften sind immer noch da, und die Links funktionieren wunderbar. Die User Experience leidet überhaupt nicht darunter.

Abbildung 4.3 Auf kleinen Bildschirmen werden die Bilder im Abschnitt »Mehr zu Football« nicht mehr heruntergeladen, wodurch sich die Performance der Seite erheblich verbessert.

Nachdem wir uns um diese Bilder gekümmert haben, können wir uns jetzt auf das Artikelbild und das Logo konzentrieren. Diese Bilder, insbesondere das Logo, sollen immer angezeigt werden, ganz unabhängig von der Auflösung. Statt die Bilder also bedingt zu laden, werden wir sie jedes Mal laden – aber in der entsprechenden Größe. Und an genau dieser Stelle wird es haarig.

Strategien für Responsive Images

Man sagt, dass es auf der ganzen Welt nur sieben Geschichten gibt, die lediglich jeweils auf unterschiedliche Weise erzählt werden. Analog dazu gibt es derzeit auch nur drei Strategien im Umgang mit Responsive Images: Kampf dem Browser, Resignation und eine serverseitige Lösung.

Kampf dem Browser

Die meisten Frontend-Lösungen stellen sich dem Kampf mit dem Browser. Sie versuchen, bestmöglich festzulegen, welches Bild geladen werden soll, bevor der Browser das falsche lädt.

Das ist eine zunehmend schwierige Aufgabe. Browser möchten Seiten möglichst schnell laden und greifen daher zur extremen Maßnahmen, um die Bilder herunterzuladen. Das ist natürlich an sich eine gute Sache – Sie möchten ja, dass Ihre Seite so schnell wie möglich geladen wird. Es ist nur wirklich nervig, wenn Sie dazu mit dem Browser in den Ring steigen müssen.

Resignation

Einige Strategien akzeptieren einfach die Niederlage gegen den Browser. Typischerweise wird zunächst das Bild für kleine Bildschirme geladen. Bei Bedarf wird dann noch das größere Bild für große Bildschirme zusätzlich geladen.

Ganz offensichtlich ist das nicht ideal. Geräte mit einem größeren Bildschirm müssen zwei Requests machen, wo nur einer erforderlich ist. Das sollte möglichst vermieden werden. Auch auf Geräten mit großen Bildschirmen ist die Performance wichtig.

Serverseitige Lösung

Zu guter Letzt gibt es einige serverseitigen Methoden, bei denen auf irgendeine Art ermittelt wird, welches Bild geladen werden soll. Bei diesen Methoden müssen Sie sich mit dem Browser kein Rennen liefern, weil die gesamte Logik ausgeführt wird, bevor der Browser das HTML überhaupt zu Gesicht bekommt.

Allerdings ist der Weg über den Server auch nicht besonders zukunftsfreundlich. Mit der zunehmenden Vermehrung der unterschiedlichen Geräte (dank der sinkenden Produktionskosten) wird es immer schwieriger, Informationen über die Geräte zu pflegen, die möglicherweise auf Ihre Inhalte zugreifen. Außerdem werden die Geräteinformationen auch immer weniger zuverlässig, da mehr und mehr Geräte die Möglichkeit bieten, Inhalte auf verschiedene Arten darzustellen: Projektion, eingebettete Webansicht oder externer anderer Bildschirm.

Optionen für Responsive Images

Momentan haben alle Ansätze für Responsive Images gewisse Grenzen. Um das zu verdeutlichen, sehen wir uns zwei verschiedenen Techniken an und entscheiden, ob sie das Richtige sind für *Noch eine Sport-Website*.

Sencha.io Src

Sencha.io Src ist das, was einer Plug-and-Play-Lösung für Responsive Images am nächsten kommt. Der Service – ursprünglich von James Pearce entwickelt – erwartet, dass Sie ihm ein Bild übergeben, das er anschließend in einer anderen Größe zurückliefert. Dazu stellen Sie der Quelle Ihres Bilds einfach die Adresse von Sencha.io Src voran:

    http://src.sencha.io/http://mysite.com/images/football.jpg

Sencha.io Src ermittelt anhand des User Agent-Strings des Geräts die Bildschirmgröße und ändert die Größe Ihres Bilds entsprechend. Standardmäßig werden die Bilder auf 100 % der Bildschirmbreite skaliert (sie werden allerdings nie vergrößert).

Dabei sind eine große Menge an Anpassungen möglich. Wenn Sie beispielsweise ein Bild auf eine bestimmte Breite skalieren möchten, können Sie diese als zusätzlichen Parameter übergeben. Mit der folgenden Zeile wird das Bild auf eine Breite von 320 px skaliert:

    http://src.sencha.io/320/http://mysite.com/images/football.jpg

▶ **Hinweis**
Eine detaillierte Dokumentation für Sencha.io Src finden Sie unter *http://docs.sencha.io/current/index.html#!/guide/src*.

Sencha.io Src ist außerdem clever genug, die Requests zu cachen, damit das Bild nichts jedes Mal generiert werden muss, wenn die Seite geladen wird.

Leider ist das nicht die beste Lösung für *Noch eine Sport-Website*. Wenn die Bilder auf 100 % der Bildschirmgröße skaliert werden, hilft das nur auf kleinen Bildschirmen. Auf einem großen Bildschirm, wenn sich der Artikel über zwei Spalten erstreckt, wird für das Bild die ursprüngliche Größe beibehalten, weil Sencha.io Src nur die Bildschirmgröße untersucht, nicht die Breite des Containerelements. Sie können zwar Sencha.io Src auch anweisen, diese Breite zu verwenden, dazu wird aber die experimentelle Funktion des Service zur clientseitigen Messung mit ein bisschen JavaScript-Hackerei eingesetzt.

Mit der aktuellen Version der Seite gibt das zwar keine Probleme, aber die Möglichkeiten von Sencha.io Src sind begrenzt, wenn Sie ein Bild nicht nur skalieren, sondern beispielsweise auch neu freistellen möchten. Vielleicht werden die Bilder für »Mehr zu Football« irgendwann zu quadratischen Thumbnails. Eine einfache Größenänderung würde dann nicht mehr ausreichen. Dafür ist eine bestimmte Form von gestalterischem Eingreifen erforderlich, und Sencha.io Src bietet die Funktionalität nicht.

Außerdem fühlen Sie sich vielleicht nicht ganz wohl damit, dafür eine externe Lösung zu verwenden. Wenn das Unternehmen seine Richtlinien ändert oder pleitegeht, bleiben Sie im Regen stehen und müssen eine völlig neue Lösung finden.

Adaptive Images

▶ **Hinweis**
Den Code für Adaptive Images finden Sie unter *http://adaptive-images.com*.

Eine weitere Lösung, die dem Plug-and-Play-Prinzip nahekommt, ist Adaptive Images von Matt Wilcox. Dabei wird die Bildschirmgröße ermittelt, anschließend wird eine skalierte Version Ihres Bilds generiert und im Cache abgelegt.

Adaptive Images ist eine ausgezeichnete Lösung für eine existierende Website, wenn Sie nicht die Zeit haben, das Markup oder den Code neu zu strukturieren. Das Ganze ist in drei einfachen Schritten eingerichtet:

1. Legen Sie die Dateien *.htaccess* und *adaptive-images.php* aus dem Download in Ihr Wurzelverzeichnis.
2. Erstellen Sie einen Ordner *ai-cache* und vergeben Sie Schreibrechte dafür.
3. Fügen Sie das folgende JavaScript in den Head Ihres Dokuments ein:

```
<script>document.cookie='resolution='+Math.max(screen.width,
screen.height)+'; path=/';</script>
```

Diese Zeile liest die Auflösung des Bildschirms aus und speichert sie für die zukünftige Verwendung in einem Cookie ab.

Es gibt zwar viele Konfigurationsmöglichkeiten in *adaptive-images.php*, meistens wird es aber ausreichen, wenn Sie in der Variablen $resolutions Ihre Breakpoints definieren:

```
$resolutions = array(860, 600, 320);
// Breakpoints (Bildschirmbreite in Pixeln)
```

Wenn Sie ganz genau aufgepasst haben, wird Ihnen auffallen, dass die Breakpoints sich leicht von denen im CSS von *Noch eine Sport-Website* unterscheiden. Im CSS gibt es keinen 320-px-Breakpoint, und die beiden größten Breakpoints – 1.300 px und 940 px – kommen auch nicht im Array $resolutions vor. Das liegt daran, wie das Skript arbeitet.

Gestalterisch eingreifen bei Responsive Images

Ein Großteil der Diskussion über Responsive Images dreht sich um die Dateigröße. Das ist zwar ein wichtiger Punkt, aber nicht der einzige. Manchmal verlieren Bilder ihre Aussagekraft, wenn man sie für kleinere Bildschirme verkleinert.

Nehmen wir zum Beispiel dieses Foto eines Football-Helms:

Das Foto sieht in der ursprünglichen Größe hübsch ausgewogen aus. Wenn wir das Bild verkleinern, ist der Helm plötzlich so klein, dass man ihn kaum mehr erkennt.

In solchen Fällen ist ein gestalterischer Eingriff erforderlich. Wenn das Bild nur verkleinert wird, verliert es an Ausdruck und Wiedererkennungswert. Indem wir das Bild enger anschneiden, bleibt der Fokus trotz der kleinen Bildgröße auf dem Helm.

Der kleinste Breakpoint, in diesem Fall 320 px, ist die Breite, mit der das Bild für alle Bildschirme erzeugt wird, die diese Breite nicht überschreiten. Ein 300-px-Bildschirm erhält also ein 320 px breites Bild, weil das die kleinste im Array $resolutions definierte Größe ist. Ein Bildschirm mit 321 px, der den im Array definierten Wert von 320 px überschreitet, erhält die nächste Größe – in diesem Fall 600 px. Wenn wir unseren ersten Breakpoint bei 600 px gelassen hätten, würde jedes Gerät mit einer Bildschirmgröße unter 600 px ein 600-px-Bild erhalten.

Die beiden höchsten Breakpoints brauchen wir nicht – das Skript wird wie gesagt versuchen, jedes Bild auf die Größe des Breakpoints zu bringen, das Bild aber nie vergrößern. Insofern kommt es auf alles über 624 px (die physikalischen Maße des Bilds) nicht wirklich an – das Skript wird die Bildgröße nicht ändern.

Nachdem die Bilder erzeugt wurden, werden sie im Ordner *ai-cache* (Sie können den Namen auch ändern) abgelegt, damit sie nicht erneut generiert werden müssen. Es gibt auch eine Konfigurationseinstellung dafür, wie lange der Browser das Bild cachen soll.

Die Installation ist einfach. Und wie gesagt – Adaptive Images ist eine tolle Lösung für existierende Webseiten, hat aber auch ihre Schwächen. Leider gibt es keine Möglichkeit, gestalterisch einzugreifen, weil die Bilder dynamisch skaliert werden. Das Skript hilft Ihnen auch nicht weiter, wenn das Bild bei hohen Auflösungen tatsächlich kleiner ist. Bei *Noch eine Sport-Website* ist das ein Problem. Wenn der Bildschirm breiter als 1.300 px ist, wird der Artikel zweispaltig dargestellt, und das Bild rutscht in eine der Spalten, wobei die Größe verringert wird. Mit Adaptive Images wird aber nach wie vor die größte Version des Bilds heruntergeladen.

● **Content Delivery Network**
Eine Sammlung von Servern, die an mehreren Standorten stehen, um Inhalte effizienter für Benutzer bereitzustellen.

Ein weiteres Problem bei diesem Ansatz ist, dass die URL unabhängig von der Größe des angeforderten Bilds dieselbe ist. Das könnte zu Schwierigkeiten mit *Content Delivery Networks* (CDNs) führen. Wenn die URL zum ersten Mal angefordert wird, kann es sein, dass das CDN diese im Cache ablegt, um die Geschwindigkeit beim nächsten Zugriff auf dieselbe Ressource zu verbessern. Greifen mehrere Requests auf dieselbe URL über dasselbe CDN zu, kann es passieren, dass das CDN ein Bild mit der falschen Größe aus dem Cache liefert.

---

4 Lesen Sie mehr über den eigentlichen Konflikt zwischen `<picture>` und `@srcset` unter *http://blog.cloud-four.com/the-real-conflict-behind-picture-and-srcset/*.

Wie geht es weiter mit Responsive Images?

Nur um es noch mal klar zu sagen: Sich auf eine Kombination aus serverseitiger Prüfung und JavaScript-Cookies zu verlassen, ist ein absolutes Provisorium. Wenn es etwas Endgültiges gäbe, würde ich dafür Werbung machen. Aber leider sind alle heutigen Methoden für Responsive Images lediglich Hacks oder Übergangslösungen, die das Problem nur vertuschen.

Langfristigere Lösungen, wie etwa ein neues Element, Attribut oder Bildformat, wurden bereits diskutiert. Wenn Sie darauf Lust haben – es gibt einen voll funktionsfähigen Polyfill für ein solches noch nicht existentes Element bei GitHub unter *https://github.com/scottjehl/picturefill*. Leider ist das Problem noch weit von seiner Lösung entfernt, weil die Antwort nicht einfach lautet: »Für Entwickler ist das leicht zu verwenden.«

In einem Blogbeitrag über einen Meinungskonflikt zweier bekannter Lösungsvorschläge trifft Jason Grigsby den Nagel auf den Kopf.[4] Um die Performance zu verbessern, möchten die Browser Bilder so früh wie möglich herunterladen, bevor das Layout der Seite überhaupt bekannt ist. Die Entwickler auf der anderen Seite verlassen sich auf ihre Kenntnis des Layouts, um zu bestimmen, welches Bild geladen werden soll. Diese Nuss ist schwer zu knacken.

Ich habe vollstes Vertrauen, dass sich im Laufe der Zeit eine geeignete Lösung finden wird. Bis dahin hängt der jeweils beste Ansatz wie immer vom konkreten Projekt ab.

Moment, was war noch mal die Antwort?

Unterm Strich gibt es momentan keine definitive Lösung für Responsive Images. Jede Methode hat Vor- und Nachteile. Der Ansatz, für den Sie sich entscheiden werden, hängt vom jeweiligen Projekt ab.

Von den beiden vorgestellten Ansätzen ist die Entscheidung für Adaptive Images wahrscheinlich die beste, weil Sie sich dafür auf keine externe Quelle verlassen müssen.

Hintergrundbilder

Die Leute von *Noch eine Sport-Website* sind ziemlich glücklich mit der Website, möchten aber ein visuelles Kennzeichen im Header, an dem die Besucher erkennen können, in welchem Teil der Website sie sich befinden.

Nach 30 Sekunden anstrengender Photoshop-Arbeit präsentieren wir die Silhouetten zweier Football-Bälle, die Sie in Abbildung 4.4. sehen.

Auf einem großen Bildschirm gefällt uns das sehr gut. Aber auf allen Displays, die kleiner als der Breakpoint bei 53.75 em sind, überlappt das Logo. Dann sollte das Hintergrundbild verschwinden.

Das ist ein weiterer Bereich, für den es sich lohnt, von den mobilen Geräten ausgehend zu entwickeln. Lassen Sie uns kurz überlegen, was passieren würde, wenn wir die Website von den Desktop-Geräten ausgehend mit Media Queries aufbauen würden.

Das Hintergrundbild würden Sie in den grundlegenden Stilregeln festlegen. Entsprechend müssten Sie es in einer späteren Media Query wieder überschreiben, und das würde wahrscheinlich folgendermaßen aussehen:

```
/* Grundlegende Stilregeln */
header[role="banner"] .inner{
    background: url('../images/football_bg.png') bottom right no-repeat;
}
....
@media all and (max-width: 53.75em) {
    header[role="banner"] .inner {
        background-image: none;
    }
}
```

Abbildung 4.4
Der Header mit dem schicken neuen Hintergrundbild.

Auf dem Papier sieht das gut aus. Aber in der Realität führt es bei den meisten Browsern dazu, dass das Bild auch auf Geräten mit einem kleinen Bildschirm heruntergeladen wird, wo es gar nicht nötig ist. An dieser Stelle sei insbesondere auf den Standardbrowser unter Android 2.x hingewiesen. Denken Sie daran: Zwar ist Version 4 die aktuelle, aber immerhin ist auf 38,7 % der Android-Geräte eine frühere Version im Einsatz. Das bedeutet, dass dieser Anteil des Android-Traffics auf mobilen Geräten das Bild unnötigerweise herunterlädt.

Besser ist es daher, das Hintergrundbild folgendermaßen mit einer Media Query festzulegen:

```
/* Grundlegende Stilregeln */
@media all and (min-width: 53.75em) {
    header[role="banner"] .inner{
        background: url('../images/football_bg.png') bottom right
no-repeat;
    }
}
....
@media all and (max-width: 53.75em) {
    header[role="banner"] .inner {
        background-image: none;
    }
}
```

Das würde schon ausreichen, damit Android mitspielt.

Wenn wir die Seite im Sinne von Mobile First aufbauen, ist der ganze Vorgang wesentlich einfacher. Die Version mit der Grundfunktionalität kommt ohne Hintergrundbild aus, deshalb können wir es später mit einer Media Query integrieren:

```
/* Grundlegende Stilregeln */
@media all and (min-width: 53.75em) {
    header[role=banner] .inner{
        background: url('../images/football_bg.png') bottom right
no-repeat;
    }
}
```

Dieser Ansatz bedeutet, dass nur jene Browser das Hintergrundbild anfordern, die es anzeigen müssen – Performanceproblem gelöst!

Wenn wir von mobilen Geräten ausgehend entwickeln, bedeutet das natürlich wiederum, dass Internet Explorer 8 und darunter dieses Hintergrundbild standardmäßig nicht anzeigen. Allerdings haben wir dank bedingter Kommentare ja schon ein IE-spezifisches Stylesheet integriert. Wir fügen die entsprechende Deklaration einfach dort ein und sind damit fertig.

▶ **Hinweis**
Wenn Sie alle pikanten Details über eine ganze Reihe von Methoden zum Ersetzen und Verstecken von Hintergrundbildern erfahren möchten, werfen Sie einen Blick auf die Ergebnistabellen der Tests, die ich durchgeführt habe: *http://timkadlec.com/2012/04/media-query-asset-downloading-results/.*

Da wir schon dabei sind

Im Moment verwenden wir Webfonts, um die Schrift ChunkFive für die Header-Elemente zu laden. Die Stildeklaration dafür sieht folgendermaßen aus:

```
@font-face {
    font-family: 'ChunkFiveRegular';
    src: url('Chunkfive-webfont.eot');
    src: url('Chunkfive-webfont.eot?#iefix') format
('embedded-opentype'),
        url('Chunkfive-webfont.woff') format('woff'),
        url('Chunkfive-webfont.ttf') format('truetype'),
        url('Chunkfive-webfont.svg#ChunkFiveRegular') format('svg');
    font-weight: normal;
    font-style: normal;
}
```

▶ **Hinweis**
Wozu die verschiedenen Schriftdateien? Dafür können Sie sich bei den Browsern bedanken. Die Unterstützung in den Browsern ist zwar ziemlich gut, aber anscheinend können sie sich auf kein Format einigen.

Diese Deklaration funktioniert wunderbar. Der Browser schnappt sich die Datei, die er braucht, und zeichnet die Schrift. Die Dateigrößen sind gar nicht mal so schlimm. Es gibt aber einen Nachteil: Im Moment zeigen WebKit-basierte Browser mit einem Webfont gestylten Text erst an, wenn diese Schrift heruntergeladen wurde. Hat also ein Android-, BlackBerry- oder iPhone-Benutzer eine langsame Verbindung (oder verwendet einen Laptop via Tethering), wird es einige Zeit dauern, bis die Header-Elemente tatsächlich angezeigt werden. Das verwirrt die Benutzer und sollte daher verhindert werden.

Wir können die Bandbreite nicht ermitteln (noch nicht – siehe Kapitel 9, »Responsive User Experiences«, für eine Vorschau dessen, was noch kommt). Aber wir wissen, dass die Wahrscheinlichkeit einer langsamen Netzverbindung bei einem mobilen Gerät am höchsten ist. Es wäre daher sinnvoll, den Benutzern diesen Ärger zu ersparen und die Schriften nur für größere Bildschirme zu laden.

Unser Ansatz für das bedingte Laden von Hintergrundbildern funktioniert auch mit Webfonts. Also verschieben wir unsere @font-face-Deklaration in eine Media Query. So bleibt sichergestellt, dass Geräte unterhalb dieses Breakpoints erst gar nicht versuchen, die Schriften herunterzuladen:

```
@media all and (min-width: 37.5em) {
    ...
    @font-face {
        font-family: 'ChunkFiveRegular';
        src: url('Chunkfive-webfont.eot');
        src: url('Chunkfive-webfont.eot?#iefix')
        format('embedded-opentype'),
```

```
7.              url('Chunkfive-webfont.woff') format('woff'),
8.              url('Chunkfive-webfont.ttf') format('truetype'),
9.              url('Chunkfive-webfont.svg#ChunkFiveRegular')
    format('svg');
10.         font-weight: normal;
11.         font-style: normal;
12.     }
13. }
```

Mit diesem kleinen Tweak wird der Webfont nur auf Bildschirmen geladen, die größer als 37.5 em (~600 px) sind. Zwar können Benutzer mit einer langsamen Verbindung durch den Bug mit der Ladeverzögerung von WebKit immer noch hängen bleiben, aber indem wir die Fonts für kleine Bildschirme weglassen, bewahren wir die wahrscheinlichsten Opfer davor: Menschen mit mobilen Geräten (Abbildung 4.5).

Abbildung 4.5
Webfonts werden auf Geräten mit kleinen Bildschirmen nicht mehr geladen, um die Performance zu verbessern.

Hochauflösende Displays

Nur falls Sie geglaubt haben, es sei nicht kompliziert genug, die Bilder je nach Bildschirmgröße auszutauschen – es gibt noch mindestens eine weitere Situation, für die andere Bilder erforderlich sind: hochauflösende Displays. Das Problem begann mit dem Retina-Display auf dem iPhone 4, wurde aber durch das iPad 3 und die neuesten Versionen des MacBook Pro mit Retina-Display verschlimmert.

Das Retina-Display hat eine beeindruckende *Pixeldichte* von 326 ppi (pixels per inch, Pixel pro Zoll). Das iPhone 3 hatte im Vergleich dazu lediglich 163 ppi. Diese hohe Dichte bedeutet, dass Bilder unglaublich detailreich und scharf dargestellt werden können – wenn sie für dieses Display optimiert sind. Wenn nicht, sehen sie körnig und unscharf aus.

> ● **Pixeldichte**
> Anzahl der Pixel innerhalb einer bestimmten Fläche. 326 ppi bedeutet beispielsweise, dass ein Zoll eines Displays 326 Pixel beinhaltet.

Für hochauflösende Displays müssen Sie größere Bilder erstellen – was wiederum größere Dateien bedeutet. Und genau da liegt der Hund begraben. Sie möchten diese größeren Bilder nicht an Bildschirme liefern, die nichts damit anfangen können. Momentan gibt es keine gute Möglichkeit, das mit Bildelementen zu lösen: Da stellt sich ein ähnliches Problem wie beim Laden geeigneter Bilder für unterschiedliche Bildschirmbreiten.

Für CSS-Bilder können Sie in allen Browsern außer WebKit die Media Query `min-resolution` verwenden. Für WebKit-basierte Browser müssen Sie `-webkit-min-device-pixel-ratio` nehmen.

Die Media Query `-webkit-min-device-pixel-ratio` erwartet einen Dezimalwert, der das Pixelverhältnis abbildet. Für die Retina-Displays auf iPhone, iPad oder dem neuen MacBook Pro brauchen Sie mindestens einen Wert von 2.

Die Media Query `min-resolution` erwartet einen von zwei Werten. Der erste ist die Bildschirmauflösung entweder in Pixel pro Zoll oder Pixel pro Zentimeter. Dafür ist ein bisschen Mathematik erforderlich, und einige der früheren Implementierungen waren ungenau. Deshalb empfehle ich Ihnen, die neue Einheit »dots per pixel« (dppx) zu verwenden. Dadurch entfällt nicht nur die Notwendigkeit jeglicher Mathematik (Sie können denselben Dezimalwert verwenden, den die Media Query `-webkit-min-device-pixel-ratio` verarbeitet), sie vermeiden auch die älteren und falschen Implementierungen. Die Unterstützung für die Einheit dppx ist noch etwas lückenhaft. Aber da die Darstellung von Retina-tauglichen Bildern eher eine schöne Verbesserung als eine essenzielle Funktion ist, können wir diese Funktion guten Gewissens verwenden.

```
1.  header[role="banner"] .inner {
2.      background: url('../images/football_bg_lowres.png') bottom right
        no-repeat;
3.  }
4.  @media only screen and (-webkit-min-device-pixel-ratio: 2),
5.      only screen and (min-resolution: 2dppx) {
```

```
6.          header[role="banner"] .inner {
7.              background: url('../images/football_bg_highres.png')
                bottom right no-repeat;
8.          }
9.      }
```

Diese Media Query zielt auf alle Geräte mit einem Pixelverhältnis von mindestens 2 ab. In den Zeilen 1 bis 3 wird das Hintergrundbild für geringere Auflösungen festgelegt. Die Zeilen 4 und 5 zielen auf Geräte mit einem Pixelverhältnis von mindestens 2 ab. Wenn das Pixelverhältnis mindestens 2 beträgt, definieren die Zeilen 8 bis 10 ein hochauflösendes Hintergrundbild.

SVG

Eine Lösung sowohl für hochauflösende Displays als auch für Bilder, die sich über alle Bildschirmgrößen hinweg skalieren lassen, sind Scalable Vector Graphics (SVG). SVG-Bilder sind Vektorbilder, deren Verhalten in XML definiert wird. Das bedeutet, diese Bilder lassen sich gut skalieren, ohne dass die Dateigröße zunimmt. Außerdem lassen sie sich programmgesteuert verändern und anpassen.

Ein großartiges Beispiel dafür, wie SVG das Nutzererlebnis aufwerten kann, ist die Arbeit, die Yiibu (ein mobiles Unternehmen in Edinburgh) für das Royal Observatory in Greenwich gemacht hat. Das Unternehmen hat an einem Projekt gearbeitet, zu dem auch eine Responsive Website mit Bildern von Sternkonstellationen gehört, die herunterskaliert werden mussten. Bei der Skalierung herkömmlicher Bilder gingen auf kleinen Bildschirmen zu viele Details verloren. Mit SVG und cleverer Skalierung war Yiibu aber in der Lage, die Bilder für kleine Bildschirme so anzupassen, dass die Details erhalten blieben (Abbildung 4.6).

Es gibt zwei Dinge, die SVG im Weg stehen: Browserunterstützung und der Mangel an Tools. Wie gewohnt, spielen Internet Explorer 8 und darunter nicht mit – und leider auch nicht der Standardbrowser von Android 2.x. Die Browserunterstützung für SVG-Bilder variiert in Grad und Qualität.

Die beliebtesten Tools für die Erstellung und Bearbeitung von Bildern, wie beispielsweise Photoshop, wurden nicht im Hinblick auf Vektorformate wie SVG entwickelt. Wenn Sie SVG-Bilder erstellen möchten, müssen Sie dafür ein anderes Programm finden.

Sobald Tools und Browser aufgeholt haben, könnten SVG-Bilder unter Umständen ein beliebter Teil der Werkzeugkiste von Webentwicklern werden.

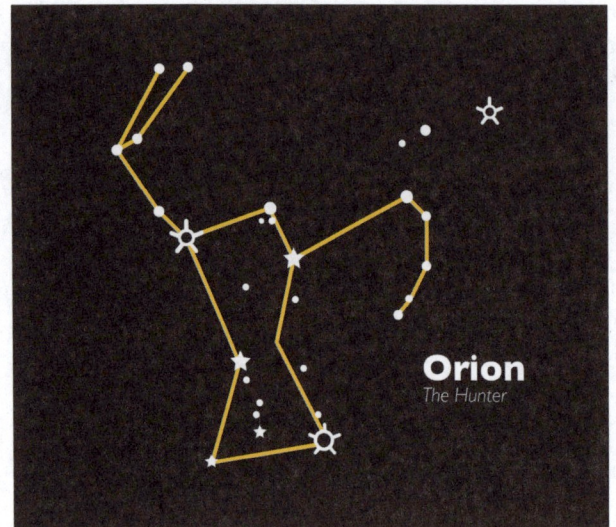
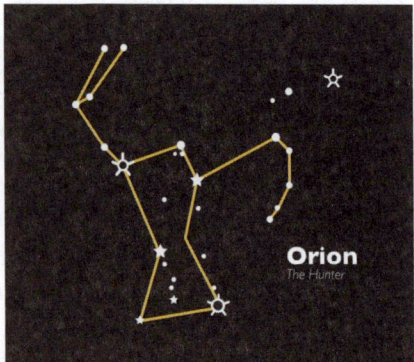

Abbildung 4.6 Mit der reinen Größenänderung gingen viele Details verloren (oben rechts). Durch die Verwendung von SVG und cleverer Skalierung konnten die Anpassungen aber so vorgenommen werden, dass der Detaillierungsgrad erhalten und insbesondere der Text lesbar blieb (unten rechts).

Andere Ressourcen mit fester Breite

Bilder sind nicht die einzigen Ressourcen, die auf Responsive Websites Probleme bereiten können. Sehen wir uns zwei davon genauer an: Video und Werbung.

Video

Die Einbettung von Videos in eine Responsive Website ist – vielleicht überraschenderweise – ein bisschen komplizierter, als es zunächst den Anschein hat. Wenn Sie HTML5-Videos verwenden, ist es einfach. Dann können Sie dieselbe Technik mit `max-width` anwenden, die wir für Fluid Images genommen haben:

```
1.  video {
2.      max-width: 100%;
3.      height: auto;
4.  }
```

Die meisten Websites beziehen ihre Videos allerdings von einem anderen Service (beispielsweise YouTube oder Vimeo) über einen iFrame. Wenn Sie hier denselben Trick anwenden, wird die Breite zwar skaliert, die Höhe behält aber ihren ursprünglichen Wert, wodurch sich das Seitenverhältnis ändert (Abbildung 4.7).

Abbildung 4.7
Leider wird durch die Anwendung von max-width: 100% und height: auto auf eingebettete Videos das Seitenverhältnis ruiniert.

Dafür gibt es einen Trick, den Thierry Koblentz als »intrinsic ratios« (intrinsische Verhältnisse)[5] nennt. Die grundlegende Idee: Die Box, die das Video enthält, muss das korrekte Seitenverhältnis für das Video haben (4:3, 16:9 usw.). Anschließend muss das Video in die Abmessungen dieser Box eingepasst werden. Wenn nun die Breite der Box verändert wird, behält diese das Seitenverhältnis bei und zwingt das Video, sich entsprechend anzupassen.

Als Erstes erstellen wir ein Wrapper-Element:

```
1.  <div class="vid-wrapper">
2.      <iframe></iframe>
3.  </div>
```

▶ Hinweis
Falls Ihnen das lieber ist – es gibt ein nützliches jQuery-Plug-in mit dem Namen FitVids, das den Vorgang automatisiert, Videos responsive zu machen. Sie können es bei GitHub unter *https://github.com/davatron5000/FitVids.js* herunterladen.

---

5 »Creating Intrinsic Ratios for Video« unter *www.alistapart.com/articles/creating-intrinsic-ratios-for-video/*

Der Wrapper dient als Containerbox, die das richtige Seitenverhältnis beibehalten muss. In diesem Fall ist das Seitenverhältnis 16:9. Das Video selbst wird absolut positioniert, daher braucht der Wrapper eine adäquate Menge Padding, um das Seitenverhältnis beizubehalten. Für das Seitenverhältnis 16:9 dividieren wir 9 durch 16 und erhalten 56,25 %.

```
1.  .vid-wrapper{
2.      width: 100%;
3.      position: relative;
4.      padding-bottom: 56.25%';
5.      height: 0;
6.  }
7.  .vid-wrapper iframe{
8.      position: absolute;
9.      top: 0;
10.     left: 0;
11.     width: 100%;
12.     height: 100%;
13. }
```

Diese Stilregeln positionieren auch den iFrame absolut innerhalb des Wrappers und legen Höhe und Breite auf jeweils 100 % fest, sodass dieser den Container ausfüllt (Zeilen 11, 12). Der Wrapper selbst wird auf 100 % der Breite des Artikels gesetzt (Zeile 2), sodass er sich an die Bildschirmgröße anpasst.

Dank dieser Stilregeln reagiert das Video auf verschiedene Bildschirmgrößen und behält das ursprüngliche Seitenverhältnis bei.

DIE USER EXPERIENCE VERBESSERN

Wie immer lohnt es sich, einen Schritt zurück zu treten und zu überlegen, wie man die User Experience noch verbessern kann. Im Moment wird das Video auf allen Geräten heruntergeladen. Das ist für die Grundfunktionalität unter Umständen nicht der richtige Ansatz. Um diese grundlegende User Experience zu beschleunigen, wäre es gut, nur einen Link auf das Video anzuzeigen. Anschließend könnten wir dann für größere Bildschirme das Video einbetten.

Dazu beginnen wir mit einem einfachen Link:

```
<a id="video" href="http://www.youtube.com/watch?v=HwbE3bPvzr4">
Video-Highlights</a>
```

Außerdem können Sie ein paar einfache Stilregeln hinzufügen, damit der Link nicht deplatziert aussieht:

```css
1.  #video {
2.      display: block;
3.      padding: .3em;
4.      margin-bottom: 1em;
5.      background: url(../images/video.png) 5px center no-repeat #e3e0d9;
6.      padding-left: 35px;
7.      border: 1px solid rgb(175,175,175);
8.      color: #333;
9.  }
```

Hier passiert nichts sonderlich Abgehobenes. Der Link bekommt ein bisschen Padding und einen Rand, um ihn vom restlichen Inhalt abzuheben, sowie einen Hintergrund mit einem Videosymbol (Abbildung 4.8).

Nun konvertieren wir mit JavaScript den Link in den entsprechenden Code für das Video.

> **Video-Highlights**

Abbildung 4.8 Dank der Stilregeln passt der Videolink wunderbar zum Rest der Seite.

Fügen Sie die folgende Funktion in das `Utils`-Objekt in *yass.js* ein:

```javascript
1.  getEmbed : function(url){
2.      var output = '';
3.      var youtubeUrl = url.match(/watch\?v=([a-zA-Z0-9\-_]+)/);
4.      var vimeoUrl = url.match(/^http:\/\/(www\.)?vimeo\.com\/(clip\:)?(\d+).*$/);
5.      if(youtubeUrl){
6.          output = '<div class="vid-wrapper"><iframe src="http://www.youtube.com/embed/'+youtubeUrl[1]+'?rel=0" frameborder="0" allowfullscreen></iframe></div>';
7.          return output;
8.      } else if(vimeoUrl){
9.          output = '<div class="vid-wrapper"><iframe src="http://player.vimeo.com/video/'+vimeoUrl[3]+'" frameborder="0"></iframe></div>';
10.         return output;
11.     }
12. }
```

Gehen wir diese Funktion nun schrittweise durch.

Die Funktion erwartet die URL eines Videos als einzigen Parameter. Anschließend stellt die Funktion mithilfe von regulären Ausdrücken (Zeilen 4, 5) fest, ob es sich bei der URL um ein YouTube- oder ein Vimeo-Video handelt. Je nach

URL-Typ wird das entsprechende Markup für das Embedding einschließlich des Containerelements generiert und zurückgeliefert (Zeilen 5 bis 11).

Mit der neuen Funktion getEmbed ist es nun einfach, den Videolink in ein Embed umzuwandeln. Fügen Sie das folgende JavaScript in den Block matchMedia("(min-width: 37.5em)") ein:

```
// Video-Embed laden
var videoLink = document.getElementById('video');
if (videoLink) {
    var linkHref = videoLink.getAttribute('href');
    var result = Utils.getEmbed(linkHref);
    var parent = videoLink.parentNode;
    parent.innerHTML = result + videoLink.parentNode.innerHTML;
    parent.removeChild(document.getElementById('video'));
}
```

Abbildung 4.9 Auf großen Bildschirmen (links) ist das Video eingebettet. Auf kleinen Bildschirmen wird dagegen nur ein Link auf das Video angezeigt.

In den ersten beiden Zeilen schnappen wir uns den Link auf das Video und das href des Links. In Zeile 5 wird der Link an die von uns erstellte Funktion getEmbed übergeben. Sobald wir das Ergebnis haben, wird es in den Zeilen 6 bis 8 in den Artikel eingefügt, und der Textlink wird ersetzt (Abbildung 4.9).

Nun erfolgt die Einbettung des Videos responsive – und auch nur dann, wenn der Bildschirm größer als 37.5 em ist. Dadurch bleibt gewährleistet, dass die grundlegende User Experience nicht die ressourcenintensiven HTTP-Requests machen muss, um das Video einzubetten.

Werbung

Werbung ist ein weiterer Ressourcentyp mit fester Breite, der uns Schwierigkeiten bereiten kann.

Ob Ihnen das nun gefällt oder nicht – Werbung ist ein entscheidender Teil der Umsätze vieler Unternehmen. Wir werden hier nicht werbungsbasierte Einnahmen kontra Pay-for-Content-Modell abwägen. Diese Diskussion wird schnell hässlich. Die Realität sieht aber nun mal so aus, dass Werbeeinnahmen für viele Unternehmen essenziell sind.

Rein technisch gesehen, ist Werbung in einem Responsive Layout nicht sonderlich schwer zu implementieren. Sie können JavaScript verwenden, um eine Werbeanzeige in Abhängigkeit von der Bildschirmgröße zu laden. Rob Flaherty, Entwickler aus New York City, hat eine einfache Methode gezeigt:[6]

```
1.  // Konfiguration von Werbeformaten
2.  var ads = {
3.      leaderboard: {
4.          width: 728,
5.          height: 90,
6.          breakpoint: false,
7.          url: '728x90.png'
8.      },
9.      rectangle: {
10.         width: 300,
11.         height: 250,
12.         breakpoint: 728,
13.         url: '300x250.png'
14.     },
```

---

6 »Responsive Ad Demos« unter *www.ravelrumba.com/blog/responsive-ad-demos/*

```
15.        mobile: {
16.            width: 300,
17.            height: 50,
18.            breakpoint: 500 ,
19.            url: '300x50.png'
20.        }
21.    };
```

Diese Konfiguration richtet drei verschiedene Werbeformate ein (`leaderboard`, `rectangle` und `mobile`). Jede Werbung hat eine Breite (Zeilen 4, 10 und 16), eine Höhe (Zeilen 5, 11 und 17), eine URL (Zeilen 7, 13 und 19) und einen Breakpoint, ab dem die Werbung geladen werden soll (Zeilen 6, 12 und 18). Mithilfe der Funktion `matchMedia` können Sie entscheiden, welche Werbung auf Grundlage des Breakpoints geladen werden soll.

Noch besser wäre es, wenn die Werbung selbst responsive ist. Sie könnte aus HTML und CSS bestehen, das sich an verschiedene Bildschirmgrößen anpasst. Durch diesen Ansatz würde die Abhängigkeit von JavaScript entfallen, und die Werbung hätte dank ihrer interaktiven Natur das Potenzial, ein paar richtig coole Dinge zu tun.

Technisch gesehen, ist keine dieser Optionen sonderlich kompliziert. Das Problem besteht darin, dass beim Erstellen und Anzeigen einer Werbung eine Menge beweglicher Teile zum Einsatz kommen.

Die meisten Werbeanzeigen werden von Netzwerken Dritter bereitgestellt. Oder der kreative Teil wird extern entwickelt und dann der Spezifikation der Website entsprechend übertragen. Momentan bietet keines der großen Werbenetzwerke unterschiedliche Formate für die jeweiligen Bildschirmgrößen an.

Die Verwendung einer internen Werbeplattform ist ein bisschen flexibler. Aber wenn der kreative Teil außerhalb Ihres Unternehmens entwickelt wird, müssen Sie gewillt sein, ein bisschen Entwicklungsarbeit zu leisten. Diejenigen, die die Werbematerialien erstellen, sind vielleicht nicht ganz auf dem Laufenden.

Außerdem wird Werbung derzeit mehr oder weniger genau so wie in Printmedien verkauft: Sie bezahlen nach Größe und Platzierung der Werbung. Wie soll das aber funktionieren, wenn Größe und Platzierung variieren?

Eine Lösung könnte darin bestehen, Anzeigengruppen statt einzelner Anzeigen zu verkaufen. Anstelle einer Skyscraperanzeige bieten Sie eine Premiumgruppenanzeige an (oder wie Sie das auch immer nennen möchten). Die Premiumgruppe kann dann aus einem Skyscraper für Bildschirme mit mehr als 900 px Breite, einer

Boombox für Bildschirme mit 600 bis 900 px Breite und einem kleinen Banner für kleinere Bildschirmgrößen bestehen.

Ganz offensichtlich wird es da keinen glatten Übergang geben. Den Kreativteams, Entscheidungsträgern sowie dem gesamten Vertrieb muss klargemacht werden, warum dieser Ansatz sinnvoller ist als der Kauf einer vordefinierten Werbefläche. Das ist nicht leicht zu verkaufen, sollte aber mit der Zeit einfacher werden.

Als weiteren Punkt müssen Sie dabei berücksichtigen, dass manche Unternehmen eventuell nur auf einen bestimmten Formfaktor abzielen. Vielleicht richtet sich der jeweilige Service speziell an mobile Geräte, und entsprechend sollen die Anzeigen nur auf kleinen Bildschirmen bereitgestellt werden. Das passt nicht ganz zum Ansatz mit den Anzeigengruppen, weil dadurch alles ein bisschen fragmentiert wird.

Schlussendlich würde es mir gefallen, wenn die Diskussion um Responsive Advertising zu weniger Anzeigen und höheren Kosten pro Anzeige führen würde. Websites, deren Umsätze werbebasiert sind, neigen häufig dazu, ihre Seiten mit einem Überangebot an Werbung zu überladen. Das erschwert die User Experience auf kleinen Bildschirmen. Möchten Sie dann lieber alle Anzeigen verstecken und dadurch die Seitenaufrufe für Ihre Werbekunden einschränken? Oder packen Sie alle Anzeigen auf Ihre Seite und ruinieren damit das Erlebnis für die Besucher?

Anstatt Seiten mit immer mehr Anzeigen vollzupacken, sollten Sie lieber die Menge der Anzeigen pro Seite reduzieren. Bieten Sie statt zehn Werbeslots für 1.000 Euro pro Monat lieber drei für 4.000 Euro pro Monat an. Machen Sie Ihre Werbeflächen begehrenswerter. Davon profitieren die Werbekunden, weil insgesamt weniger Anzeigen um die Aufmerksamkeit der Besucher konkurrieren. Und die Benutzer profitieren davon, weil Sie ihnen ein wesentlich angenehmeres Weberlebnis bescheren.

Leider gibt es an dieser Stelle ein Henne-Ei-Problem: Die Werberaten gehen in den Keller. Ads kämpfen um gute Click-Through-Rates, also könnte Ihr Wettbewerbsvorteil auch darin bestehen, die Einstiegskosten so weit wie möglich zu senken. Irgendjemand muss den Mut haben, diesen ersten Schritt zu tun.

Zusammengefasst

Performance ist ein wichtiger Aspekt für alle Websites. Das Laden von unnötigen Bildern oder unnötig großen Bildern kann erhebliche Auswirkungen auf die Ladezeiten einer Seite haben.

Die CSS-Lösung mit `display:none` ist nicht brauchbar. Die Bilder werden zwar versteckt, aber trotzdem angefordert und heruntergeladen. Wenn Sie Bilder erst ab einem bestimmten Breakpoint anzeigen möchten, laden Sie die Grafiken besser nach dem Laden der Seite den jeweiligen Bedingungen entsprechend nach.

Responsive Images sind ein bisher ungelöstes Problem. Es gibt zwar viele Lösungsversuche, aber jeder hat bestimmte Nachteile. Am besten nehmen Sie sich vor jedem Projekt Zeit, um herauszufinden, welcher Ansatz für die jeweilige Website am besten funktioniert.

Möchten Sie Hintergrundbilder verstecken, ohne sie herunterzuladen, sollten Sie die Grafiken in Media Queries platzieren. Wenn Sie die Hintergrundgrafiken in den grundlegenden Stilregeln definieren und anschließend zu verstecken versuchen, werden die Bilder in den meisten Fällen dennoch heruntergeladen.

Hochauflösende Displays, wie etwa das Retina-Display der neuen Modelle von iPhone, iPad und MacBook Pro, stellen eine weitere Herausforderung dar. Für CSS-basierte Bilder gibt es eine Lösung über die Media Query `min-resolution`.

Video und Werbung stellen ein weiteres Problem dar. Für Videos kann Ihnen die Methode mit dem intrinsischen Seitenverhältnis dabei helfen, das Video auf allen Bildschirmgrößen entsprechend zu skalieren. Achten Sie dabei wie immer auf die Performance. Es kann für Ihre Besucher angenehmer sein, wenn Sie das Video auf kleinen Bildschirmen einfach nur verlinken und auf größeren Bildschirmen einbetten.

Bei Werbung sind die technischen Herausforderungen nicht ganz so schwer zu lösen. Wenn Sie die Werbung von Ihrem eigenen System laden, können JavaScript oder ein bisschen Responsive HTML und CSS dabei helfen, die Anzeigen an die verschiedenen Auflösungen anzupassen. Problematischer wird es, Vertriebsteams und Werbenetzwerke Dritter ins Boot zu holen.

Kapitel 5

Planung

Vor allem anderen ist Vorbereitung
der Schlüssel zum Erfolg.
— ALEXANDER GRAHAM BELL

Nachdem wir nun die grundlegenden Zutaten Fluid Layouts, Media Queries und Responsive Media kennengelernt haben, treten wir wieder einen Schritt zurück und schauen uns an, wie sich Responsive Design auf den übrigen Prozess auswirkt – beginnend mit der Planung. Eine gute Vorbereitung ist der Schlüssel zum Erfolg – ganz gleich, ob Sie in die Schlacht ziehen, einen Marathon laufen oder eine Responsive Website entwickeln. Responsive Design bedeutet, auf die Diversität des Geräteökosystems einzugehen. Ohne eine entsprechende Vorbereitung müssen Sie viel zu viel improvisieren, worunter die Qualität Ihrer Website entscheidend leiden wird. Sie brauchen einen Plan.

Das bedeutet nicht, dass Sie von Anfang bis Ende an Ihrem Plan kleben müssen. In einer Umgebung, die sich so schnell verändert wie das Web, werden Sie zwangsläufig unterwegs auf Schlaglöcher stoßen. Neue Plattformen und Geräte erscheinen, Deadlines verschieben und Prioritäten verändern sich. Daher ist es zunächst mal wichtig, einen Prozess zu installieren. Andererseits ist es genauso wichtig, flexibel zu sein und sich anzupassen. Planen Sie so, dass Sie die Dinge so nehmen können, wie sie kommen.

Responsive Design ist eine Entscheidung

Im Jahr 1997, mitten in der ersten Dot-Com-Blase, strahlte IBM eine Werbung aus, in der zwei Geschäftsleute an einem Konferenztisch sitzen. Der eine Mann liest Zeitung, während der andere auf einem Computer tippt. Der Mann, der die Zeitung liest, meint: »Hier steht, dass das Internet die Zukunft des Geschäfts ist. Wir müssen ins Internet.«

Der andere Mann schaut von seinem Computer auf und fragt: »Warum?«

Nach einer kurzen Pause meint der erste: »Steht da nicht.«

Das ist ein witziger Spot, der aber einen sehr realen Aspekt vieler Webprojekte zeigt: Technologie wird vor Strategie gestellt. Unternehmen springen auf das neueste Modewort auf, den letzten Social Media-Schrei, die neueste angesagte Plattform – und achten dabei selten darauf, ob das überhaupt sinnvoll ist.

Bei jedem Responsive Webdesign-Projekt sollten Sie in einem ersten Schritt zunächst feststellen, ob es überhaupt sinnvoll ist, in das Projekt einzusteigen. Tun Sie das nur, weil es hip und cool ist? Oder tun Sie es, weil es in Ihrer bestimmten Situation wirklich sinnvoll ist?

Überlegungen

Ist also eine Responsive Website die richtige Wahl? Die kurze und langweilige Antwort lautet: Es kommt darauf an. Bevor Sie sich entscheiden, sollten Sie mehrere Faktoren berücksichtigen:

- Performance
- Kontext
- Content Negotiation
- Investierte Zeit
- Unterstützung
- Werbung

Wenn irgendeiner dieser Faktoren ein ernsthaftes Hindernis darstellt, entscheiden Sie sich besser gegen ein Responsive Design – für den Moment zumindest. Sehen wir uns jeden dieser Punkte etwas näher an.

▶ **Hinweis**
Responsive Design und separate Websites schließen sich gegenseitig nicht aus. Sie können (und sollten) auch innerhalb einer rein mobilen Website die Flexibilität nutzen, die Ihnen Media Queries bieten. Lesen Sie dazu den Gastbeitrag von Tom Maslen weiter unten.

Performance

Performance ist ein wesentlicher Bestandteil der User Experience. Was auf einem Gerät oder für einen bestimmten Netzwerktyp sinnvoll erscheint, kann für ein anderes Gerät die falsche Entscheidung sein.

Denken Sie beispielsweise an die Optimierung der Performance für mobile Netzwerke. Bei einer kabelgebundenen Internetverbindung ist es sinnvoll, externe Stilregeln und Skripte einzubinden. Auf diese Weise können diese gecacht werden, sodass die Benutzer sie nicht erneut herunterladen müssen. Auf Geräten, die über mobile Netzwerke verbunden sind, können externe Stilregeln und Skripte dagegen die Performance Ihrer Website ernsthaft behindern. Mobile Netzwerke leiden im Vergleich zu kabelgebundenen Verbindungen unter einer dramatisch erhöhten Latenz sowie einer reduzierten Bandbreite. Unterm Strich kann es hinsichtlich der Performance Ihre Website über eine mobile Verbindung häufig sinnvoller sein, Inline-Stilregeln und -Skripte zu verwenden, um die Anzahl der Requests zu reduzieren.

Je nachdem, wie Sie die Bilder auf einer Seite austauschen, zwingen Sie unter Umständen die Benutzer dazu, mehrere Versionen herunterzuladen – obwohl sie nur eine brauchen. Falls Sie sich dafür entscheiden, Inhalte auf kleineren

Bildschirmen auszublenden, werden das entsprechende Markup und das CSS trotzdem heruntergeladen. Und wenn Sie beim Aufbau Ihrer Website nicht sorgfältig vorgehen, kann diese unglaublich aufgeblasen und langsam werden. Mit sorgfältiger Überlegung ist es allerdings möglich, auf diese Aspekte einzugehen. Möglich, aber nicht einfach – deshalb tun es die meisten Leute nicht.

Kontext

Das Benutzererlebnis auf Ihrer Website wird je nach Kontext variieren. Unterschiedliche Geräte können für verschiedene Aufgaben in unterschiedlichen Umgebungen benutzt werden. Mobile Geräte kommen beispielsweise vollkommen anders zum Einsatz als ein Desktop-Computer.

Ein Geolocation-Service wie etwa Foursquare kann je nach verwendetem Gerät sehr unterschiedlich interagieren. Eine Nachrichten-Website wird dagegen auf den unterschiedlichsten Geräten ziemlich konsistent funktionieren, weil das Erlebnis des Benutzers nicht so sehr vom Kontext abhängig ist.

Für eine Event-Website kann wiederum der Standort des Benutzers von Bedeutung sein: Wenn Sie ermitteln können, dass der Benutzer sein Gerät am Tag eines Konzerts verwendet und sich innerhalb eines bestimmten Radius um den Veranstaltungsort herum bewegt, ist es sinnvoll, das Erlebnis an seinen Kontext anzupassen – anders als bei einem, der lediglich überlegt, ob er zu dem Event gehen soll oder nicht.

Content Negotiation

Möglicherweise entscheiden Sie sich, die Inhalte Ihrer Website neu zu organisieren oder zu strukturieren. Angenommen, eine Seite hat eine große Hauptspalte und eine Seitenspalte. Wenn Sie daraus ein einspaltiges Layout machen, wird die Seitenleiste unter alle Inhalte der Hauptspalte gedrückt. Das ist nicht immer wünschenswert. In vielen Fällen kann der Inhalt der Seitenleiste wesentlich wichtiger sein als der Inhalt im unteren Teil der Hauptspalte. Wenn Sie die Inhalte nicht neu anordnen, geht diese Hierarchie verloren (Abbildung 5.1).

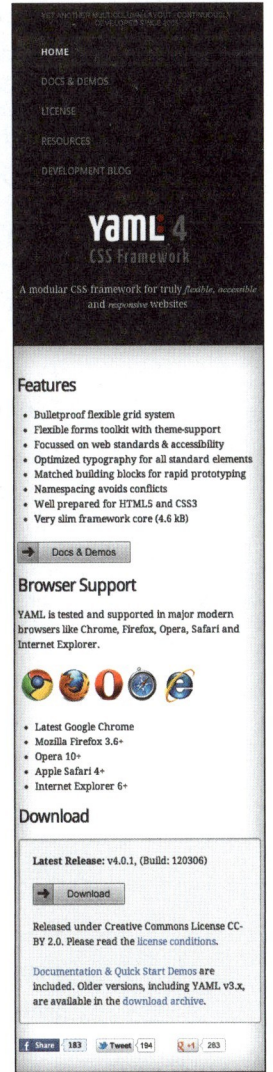

Abbildung 5.1 Auf großen Bildschirmen wird die Schaltfläche zum Herunterladen des YAML-Frameworks gut sichtbar im rechten Teil des Bildschirms angezeigt. Auf kleineren Bildschirmen verschwindet sie dagegen außer Sichtweite.

Investierte Zeit

Für ein Responsive Webdesign ist typischerweise (wenn auch nicht überraschenderweise) im Vorfeld mehr Zeit erforderlich als für andere Projekte. Sie müssen eine Vielzahl von Geräten mit unterschiedlichen Leistungsmerkmalen berücksichtigen, und das erfordert Zeit. Sie müssen eine Bestandsaufnahme machen, in der Sie erfassen, welche Geräte es gibt, welche Geräte Sie unterstützen möchten und wie jemand mit einem bestimmten Gerät mit Ihren Inhalten interagiert. Es gibt eine Menge Variablen in diesem Spiel.

Diese Zeit ist aber nicht vergeudet. Vieles davon wird sich langfristig bezahlt machen, wenn Sie statt mehrerer Websites nur eine pflegen müssen. Was Sie beim anfänglichen Design des Projekts an Zeit mehr investieren, werden Sie höchstwahrscheinlich an Wartungskosten einsparen.

Trotzdem: Wenn der Launch nächsten Monat ansteht, ist ein Responsive Design wahrscheinlich nicht realistisch. Haben Sie aber die Zeit, eine wirklich qualitativ hochwertige Website zu entwickeln, sollten Sie über Responsive Design nachdenken.

Browserunterstützung

Die Entwicklung einer Responsive Website vom Desktop ausgehend – wie das immer in den meisten Fällen geschieht – stellt für viele mobile Geräte ein Problem dar. Moderne WebKit-Browser bieten zwar eine gute Unterstützung für Media Queries, viele andere beliebte mobile Browser dagegen nicht. Wenn Sie vom Desktop ausgehen, werden diese Geräte mit der Desktop-Version begrüßt – in der Annahme, dass sie damit klarkommen.

Wenn Sie dagegen diesen bisherigen Ansatz auf den Kopf stellen und dafür eine Seite aus den Spielregeln für das Progressive Enhancement nehmen (wie in Kapitel 3, »Media Queries«), können Sie dieses Problem umgehen. Schreiben Sie den Code für den am wenigsten leistungsfähigen Browser zuerst. Verbessern Sie dann die User Experience progressiv mit Media Queries, indem Sie vom kleinsten Bildschirm ausgehen und dann immer weiter aufstocken.

Wenn Sie dem Trend Rechnung tragen möchten, dass mehr und mehr Nutzer mobil aufs Web zugreifen, besteht die einzig vernünftige Option darin, bei der Entwicklung vom am wenigsten leistungsfähigen Browser auszugehen. Es gibt keine Garantie, dass neuere beliebte Geräte leistungsfähiger sind als die aktuellen.

Werbung

Das Problem der Werbung auf Responsive Websites ist bei Weitem kein rein technisches. Es besteht eine fundamentale Kluft zwischen der heutigen Struktur der Branche und dem Punkt, an dem sie schon morgen stehen muss. Netzwerke, Kunden, Agenturen – sie alle müssen dahin gehend erzogen werden, Werbung zu produzieren, die auf unterschiedlichen Geräten in unterschiedlichen Größen dargestellt wird.

Technisch gesehen, kann es nicht nur darum gehen, verschiedene Anzeigen für unterschiedliche Geräte bereitzustellen, sondern auch den Werbekunden die Möglichkeit zu bieten, ihre Werbung bei bestimmten Auflösungen *nicht* anzuzeigen. Beispielsweise kann ein Werbekunde der Meinung sein, dass seinem Produkt mit einer Werbung für mobile Geräte am besten gedient ist – und nur mit einer solchen Werbung. Wie Jason Grigsby[1] in einer Unterhaltung zu diesem Thema mir gegenüber meinte: »Segmentierung gehört zur Werbung.«

Die Lösung dieser Probleme bei Verkauf und Produktion von Werbung für Responsive Websites ist ein entscheidender Schritt. Denn die Werbekunden können wesentlich davon profitieren, passende Werbung auf einer sorgfältig entwickelten Responsive Website zu platzieren. Große Banner gehen auf einer herkömmlich entwickelten Website auf kleinen Bildschirmen verloren. Ein Responsive Design kann dagegen sicherstellen, dass für jede Auflösung die passende Werbung bereitgestellt wird.

Schlussfolgerung

Ignorieren Sie trotz der Beschränkungen unserer momentanen Tools und Denkweisen nicht das Potenzial von Responsive Webdesign. Bei sorgfältiger Verwendung und in Verbindung mit den richtigen Techniken kann ein solcher Ansatz für die meisten Websites der richtige Ausgangspunkt sein. Denken Sie aber daran, dass Responsive Design selbst nicht das Ziel ist. Diese Strategie ist ein großer Teil des Puzzles, aber unterm Strich eben nur ein Teil.

Sobald Sie festgestellt haben, dass Responsive Design Ihr Projekt unterstützt, müssen Sie sich für eine Implementierung entscheiden. Responsive Webdesign ist nichts, was Sie am Ende einfach über Ihre Website streuen. Sie müssen es während des gesamten Entwicklungsprozesses mit berücksichtigen.

Achten Sie auf Ihre Analyse-Tools

Mit 35 Milliarden internettauglichen Geräten wird Ihnen die Optimierung für jedes einzelne wahrscheinlich nicht gelingen. Zuerst müssen Sie die Gerätetypen ermitteln, die für den Kontext Ihres Projekts am wichtigsten sind. Dann zielen Sie bei der Entwicklung zwar auf diese Geräte ab, berücksichtigen aber trotzdem so viele andere Geräte wie möglich.

Einer der Vorzüge von Responsive Webdesign besteht darin, dass Ihr Layout beinahe geräteunabhängig sein kann. Das bedeutet aber nicht, dass Sie die Geräte ignorieren sollen – ganz im Gegenteil. Jedes Gerät hat unterschiedliche Leistungsmerkmale, Beschränkungen und potenzielle Verwendungszwecke. Die Unterstützung variiert

---

1 *www.cloudfour.com*

von Plattform zu Plattform. Die Geräte werden unter Umständen auf verschiedenen Arten von Netzwerken genutzt, was sich auf die Performance auswirkt. Je nach Formfaktor eines Geräts müssen Sie möglicherweise die Benutzeroberfläche anpassen, um die User Experience zu verbessern (Abbildung 5.2).

Abbildung 5.2 Es gibt Geräte in allen Formen und Größen. Das hat Einfluss darauf, wie Sie Ihre Website gestalten sollten.

Um zu verstehen, für welche Geräte und Formfaktoren Sie optimieren müssen, sollten Sie wissen, mit welchen Geräten Ihre Website angezeigt wird und wie leistungsfähig diese sind. So können Sie gut informiert entscheiden, auf welchen Geräten Sie testen möchten und welche Features für verschiedene Plattformen verbessert werden sollen.

Gehen Sie Ihre Analysen sorgfältig durch und finden Sie heraus, welche Geräte die Leute verwenden. Ermitteln Sie das Verhalten Ihrer Besucher. Gibt es Geräte, die zwar häufig, aber in kürzeren Sitzungen verwendet werden? Vielleicht muss die User Experience für diese Geräte verbessert werden.

Untermauern Sie diese Informationen anschließend mit Daten zu den Marktanteilen. Wenn Sie etwa feststellen, dass der Traffic für ein bestimmtes Gerät mit einem ziemlich hohen Marktanteil sehr gering ist, könnte das ein Hinweis darauf sein, dass das Nutzererlebnis zu wünschen übrig lässt.

Eine kleine Warnung: Berücksichtigen Sie äußerst sorgfältig alle Faktoren, wenn Sie aus den Analysen Ihrer Website Schlussfolgerungen ziehen. Die Geräte unterscheiden sich dramatisch in der Art und Weise, wie sie bei der Datenerfassung mit dem Analyseprogramm Ihrer Wahl kommunizieren. Das kann zur Statistiken führen, die in der einen oder anderen Richtung verzerrt sind.

Verzerrte Analysen

Beispielsweise verwenden viele Analysedienste, darunter auch das beliebte Google Analytics, ein JavaScript-Snippet als standardmäßige Tracking-Methode. Dieses Code-Snippet übergibt dem Analyseprovider Informationen über die Besucher und deren Geräte. Das Problem an dem JavaScript-gestützten Ansatz besteht aber darin, dass Sie unter Umständen ein signifikantes Segment Ihrer Besucher auslassen.

Viele mobile Geräte bieten gar keine Unterstützung für JavaScript. Die meisten Übeltäter sind zwar Feature Phones, jedoch sind auch diverse leistungsfähigere Smartphones von diesem Problem betroffen. Beispielsweise ist auf vielen BlackBerry-Geräten die JavaScript-Unterstützung standardmäßig deaktiviert. Da eine große Anzahl von Benutzern diese auch nie aktivieren wird, können sie Ihre Website besuchen, ohne dass dies jemals registriert wird.

Ein wesentlich größeres Problem ist die Tatsache, dass die jeweiligen Geräte einen unterschiedlichen Grad der Unterstützung für JavaScript bieten. Eine partielle Unterstützung bedeutet dabei nicht nur, dass Sie nicht sicher sein können, dass Ihre Analysen komplett sind, es ist ebenfalls nicht gewährleistet, dass Sie korrekte Ergebnisse erhalten.

Eine Alternative besteht in der Verwendung von Image Beacons anstelle von JavaScript. Google Analytics verwendet diese Methode als alternatives »mobiles« Snippet. Dieses mobile Snippet ist ein Block serverseitigen Codes, der ein `img`-Element auf Ihrer Seite erstellt. Das `src`-Attribut des `img` sendet Benutzer- und Geräteinformation für das Tracking an Google.

Es gibt allerdings einige potenziell wichtigen Nachteile bei der Verwendung von serverseitigem Code. Solange Sie keine Anpassungen am Standard-Snippet vornehmen, verlieren Sie zusätzliche Informationen wie beispielsweise die installierte Flash-Version, die Bildschirmauflösung und den Grad der JavaScript-Unterstützung. Sie verlieren sogar die Möglichkeit für Event-Tracking und das Tracking von externen Links, weil das Snippet nicht so angepasst werden kann, dass es das von Haus aus unterstützt.

Tom Maslen

KLEINES SMARTPHONE, GROSSE ERWARTUNGEN

Tom Maslen ist Senior Web Developer im Web Development Team von BBC News und leitet die clientseitige Entwicklung für m.bbc.co.uk/news. Nach dem Relaunch der mobilen Version von BBC News, einer modernen Responsive Experience für alle Typen von mobilen Geräten und Tablets, arbeitet sein Team nun an der Desktop-Version von BBC News auf Grundlage der Responsive Codebase. Maslen ist JavaScript-Spezialist mit einem starken Fokus auf Browserperformance und Barrierefreiheit in standardkompatiblen Webseiten. Außerhalb der Arbeit hält er Meerschweinchen, ist Skyrims tödlichster Bogenschütze und ein seit langem leidender Fan des Tottenham Hotspur Soccerball Club.

KLEINES SMARTPHONE, GROSSE ERWARTUNGEN

Mobile Geräte sind mittlerweile fester Bestandteil unseres Alltagslebens. Und die rapide wachsende Zahl der Smartphone-Besitzer ändert die Art und Weise, wie Benutzer auf BBC News online zugreifen. Bis vor Kurzem hatten wir eine Low-End-Website für mobile Low-End-Geräte und eine Desktop-Website für High-End-Browser. Aber wir haben festgestellt, dass immer mehr Benutzer unsere Desktop-Website mit ihren Smartphones besuchen. Diese Benutzer wollen offensichtlich ein besseres Erlebnis genießen können, als die mobile Website bietet.

Es wurde ebenfalls deutlich, dass mobile Benutzer mehr Informationen auf dem kleinen Bildschirm anzeigen und verarbeiten wollen, als wir glaubten. Und dass, obwohl die Desktop-Website eine Menge Fingerarbeit erforderte, um mit einem Touchscreen-Gerät darauf zu navigieren.

Ein Ansatz, um auf die Bedürfnisse unserer Benutzer einzugehen, wäre die Entwicklung einer eigenen Web-App für sämtliche Kombinationen von Bildschirm, Interaktionstyp, Verbindungsgeschwindigkeit und Prozessorleistung gewesen. Jakob Nielsen hatte recht damit, dass Benutzer unterschiedlicher Geräte auch unterschiedliche Bedürfnisse haben.[2] Aber in der Praxis wäre die Implementierung dieser Strategie ausgesprochen teuer geworden. Selbst Google hat zugegeben, dass sie sich das nicht leisten können.[3]

Wir haben aber Nielsens Standpunkt nicht akzeptiert, dass mobile Geräte und Desktop-Reducer separate Designs erfordern. Wir wussten, dass wir mit Responsive Webdesign eine Lösung entwickeln konnten, die die Grundfunktionalität für weniger leistungsfähige Browser bietet sowie zusätzliche Schichten mit mehr Raffinesse für modernere Browser – je nach Leistungsfähigkeit und Bildschirmgröße.

Jedes Benutzererlebnis sollte qualitativ mindestens mit dem vergleichbar sein, was die Benutzer von der nativen BBC News-App auf ihren Telefonen gewohnt waren. Die Seiten sollten schnell laden sowie auf moderne Weise Gesten und Animationen integrieren. Um diese Idee zu testen, haben wir im Frühjahr 2011 mit dem Prototyping für ein Responsive Design begonnen.

Zusätzlich zu einem modernen Nutzererlebnis für Smartphones war es uns ein Anliegen, Benutzer von Low-End-Telefonen nicht abzuschrecken. Obwohl Smartphones im Westen eine sehr hohe Marktdurchdringung haben, gibt es doch viele Märkte weltweit, in denen Low-End-Telefone nach wie vor dominieren.

---

2 Jakob Nielsen, »Mobile Site vs. Full Site«, unter *www.nngroup.com/articles/mobile-site-vs-full-site/*

3 Vic Gundotra, VP of Engineering bei Google, Slide 35 aus *www.slideshare.net/commuterjoy/responsive-design-bbccouk-8687366*

Mit dem Prototyp haben wir unter Beweis gestellt, dass ein Responsive Design das Bedürfnis von Low-End-Geräten nach einfachen Inhalten, die sehr effizient bereitgestellt werden, bedienen kann – während diese Grundfunktionalität gleichzeitig für Smartphones verbessert werden kann. Der Prototyp hat durch intensive Feature-Tests die Möglichkeiten der Clientgeräte ermittelt und das Basiserlebnis entsprechend verbessert oder nicht.

REIN MOBILE RESPONSIVE WEBSITE

Im März 2012 haben wir unser mobiles Produkt neu gelauncht. Anfangs hatten wir nur Mobiltelefone als Zielgruppe. Wir haben die neue Website allerdings nach den Prinzipien des Responsive Design entwickelt – mit dem Hintergedanken, mit dieser Codebasis irgendwann allen Benutzern von mobilen Geräten, Tablets und Desktop-Computern unsere News zu liefern.[4]

Zwei Codebases – eine für Desktop-Geräte und eine weitere für alles andere – klingt nicht sehr responsive. Ist es auch nicht. Unglücklicherweise funktionieren viele Inhalte der BBC News-Website nicht auf kleinen Bildschirmen. Das Entwicklungsteam von BBC News verwendet das nächste Jahr darauf, den Workflow für die Produktion dieser verschiedenen Inhalte in ein Format zu ändern, das mit Responsive Webdesign funktioniert.

Die Arbeiten des BBC News Specials-Teams sind beispielsweise sehr grafikorientiert. Interaktive Designer arbeiten mit Journalisten zusammen, um wirklich tolle Inhalte wie »Can you build a human body?«[5] zu produzieren. Im Moment funktioniert diese Seite allerdings nicht auf kleinen Bildschirmen.

Wir arbeiten aktiv daran, diese Probleme zu lösen. Bis es so weit ist, wird es allerdings weiterhin eine Nachfrage nach dem bisherigen Desktop-Produkt geben.

---

4 BBC News Mobile Website unter *http://m.bbc.co.uk/news*
5 »Can you build a human body« unter *www.bbc.co.uk/news/health-17235058*

AUF FEEDBACK REAGIEREN

Das Feedback unseres Publikums beim Relaunch der Website war wie erwartet gemischt. Smartphone-Benutzer waren im Großen und Ganzen vom neuen Design überzeugt. Einige Benutzer älterer Handsets mochten dagegen das neue Layout nicht.

Die unmittelbaren Auswirkungen auf die Analysen unseres Publikums waren ebenfalls interessant. Die Anzahl der Benutzer war stabil, aber die Anzahl der angezeigten Seiten ging runter. Die Benutzer zeigten also weniger Seiten pro Besuch an. In einem gewissen Maß haben wir das auch erwartet. Unsere neue Homepage bietet mehr Informationen als die alte. Der Traffic für die Homepage hat sich nur geringfügig verändert, die Besucherzahlen für die anderen Bereiche der Website gingen dagegen runter. Wir haben darauf reagiert, indem wir einige Verbesserungen der Navigation priorisiert und innerhalb eines Monats veröffentlicht haben. Der Traffic für Abschnitte wie beispielsweise »Technology and Business« hat nun zugenommen.

Benutzer von Geräten mit einem Display im Querformat haben darauf hingewiesen, dass das Seitendesign – mit einem großen Bild über die gesamte Seitenbreite im oberen Teil des Bildschirms – zu groß ist. Wir arbeiten in 14-tägigen Zyklen, und nach dem Launch haben wir einen zusätzlichen Breakpoint in das Design eingefügt. Für Geräte mit einer Breite zwischen 480 px und 640 px wurde eine Media Query für das Querformat eingefügt, die das Bild auf 50 % der Breite festlegt und nach links floatet. Der Titeltext wird daneben umbrochen.

Da mehr Inhalte auf Grundlage der Responsive Codebase veröffentlicht werden, gehen wir davon aus, dass diese der Nutzung der Desktop-Website Konkurrenz machen wird. Wenn immer mehr Leute das Internet mit immer mehr Gerätetypen nutzen, wird der Unterschied zwischen dem »mobilen Internet« und dem »Internet« verschwinden und Responsive Webdesign zum Branchenstandard.

Der Vorteil des Ansatzes mit dem Image Beacon besteht allerdings darin, dass Sie ein umfassenderes Bild der Geräte und Browser erhalten, die auf Ihre Website zugreifen. Die wichtigsten Geräte und Browser unterscheiden sich vielleicht nur geringfügig von den JavaScript-basierten Ergebnissen. Aber der Long Tail der kleineren Zahlen wird sich üblicherweise erweitern – oft in signifikantem Maße. Unter Umständen werden Sie überrascht sein, mit wie vielen unterschiedlichen Geräten die Zugriffe auf Ihre Website erfolgen.

Und seien Sie vorsichtig mit selbst erfüllenden Prophezeiungen: Wenn Sie Ihre Website nicht für verschiedene Plattformen und Browser optimiert haben, dürfen Sie nicht überrascht sein, wenn der Traffic für diesen Bereich sehr niedrig ist. Wenn Sie Ihre Pflanzen nicht gießen, gehen sie ein.

Auf welche Statistiken es ankommt

Neben den vorhandenen Website-Analysen müssen Sie auch unbedingt die allgemeinen Statistiktrends für den Markt insgesamt studieren. Sollte eine Plattform oder ein Browser im Vergleich zur breiten Masse signifikant unterrepräsentiert sein, kann es sich lohnen, ein bisschen tiefer zu graben und kritisch darüber nachzudenken, woran das liegen mag. Vielleicht haben Sie die Besucher vergrault, weil Sie sie bei der User Experience Ihrer Website nicht berücksichtigt haben.

Die Entscheidung darüber, auf welche Geräte Sie abzielen, erfordert einen umfassenden Blick auf eine Vielzahl unterschiedlicher Messwerte: Es gibt nicht die eine Statistik, »sie alle zu knechten und ewig zu binden«.

Jason Grigsbys Blogbeitrag »A ›Comprehensive‹ Guide to Mobile Statistics«[6] ist eine ausgezeichnete Ressource für alle, die herausfinden möchten, auf welche Statistiken sie achten müssen. Der Beitrag beschäftigt sich zwar mit Statistiken für mobile Geräte, die Ratschläge lassen sich aber auch wunderbar auf die Planung eines Projekts mit Responsive Design anwenden. Webentwicklern empfiehlt Grigsby, insbesondere auf drei Messwerte zu achten:

- **Metriken für das mobile Web**

    Metriken für das mobile Web zeigen Ihnen, welche Geräte und Browser für den Zugriff auf das Internet verwendet werden. Das ist eine unglaublich wichtige Information. Wenn 5 Millionen Menschen dasselbe Gerät besitzen,

---

6 »A ›Comprehensive‹ Guide to Mobile Statistics« unter *www.cloudfour.com/a-comprehensive-guide-to-mobile-statistics/*

aber keiner damit im Internet surft, sollten Sie sich fragen, ob es Sinn ergibt, für dieses Gerät zu optimieren – trotz aller Beliebtheit.

- **Demografische Studien**

    Demografische Studien helfen Ihnen, zu ermitteln, wie Menschen die verschiedenen Geräte benutzen. Menschen unterschiedlichen Alters mit unterschiedlichem Hintergrund und Einkommen nutzen Geräte unter Umständen auf sehr unterschiedliche Weise. Indem Sie ihr Verhalten verstehen, können Sie gewährleisten, dass Ihre Website nicht nur auf einem bestimmten Gerät funktioniert, sondern auch zu den Bedürfnissen Ihres Zielpublikums passt.

- **Marktanteile der installierten Basis**

    Statistiken über die Marktanteile der installierten Basis befassen sich damit, wie viele Geräte verwendet werden – nicht nur mit Verkaufszahlen. Es ist wichtig, diese Informationen mit denen aus den Metriken für das mobile Web und den demografischen Studien zu kombinieren. Versuchen Sie, genau den Punkt zu finden, an dem die installierte Basis innerhalb Ihres Zielmarkts am höchsten ist.

Da sich Responsive Webdesign nicht darauf beschränkt, die Bedürfnisse mobiler Benutzer zu befriedigen, müssen Sie auch anderen Gerätetypen mit einem Browser dieselbe Aufmerksamkeit schenken. Solche Daten erhalten Sie über eine Reihe von Drittanbietern.

Verzerrte Marktanteile

Statistiken über Marktanteile können aus einer Vielzahl von Gründen verzerrt sein. Der Hauptgrund liegt in der Genauigkeit der Datenerfassungsmethoden. Aber auch das Verhalten einer bestimmten Plattform kann zu Problemen führen. Denken Sie nur an die BlackBerrys. Webtraffic von BlackBerry-Geräten wird durch die Proxyserver von RIM geleitet, die nun mal in Kanada stehen. Die IP-Adresse erweckt also den Eindruck, dass diese Besucher alle aus Kanada stammen. Daher wird zum Beispiel der Marktanteil von BlackBerry-Traffic in den USA häufig zu niedrig angegeben.

Setzen Sie sich mit Ihren Inhalten auseinander

An diesem Punkt standen wir alle schon mal: Sie sollen eine Website gestalten, oder, noch schlimmer, Sie sollen das Markup und das CSS schreiben, ohne die Inhalte zu kennen. Für die Mehrheit der Websites im Internet ist der Inhalt das Gerüst. Der Inhalt ist das, was Menschen auf die Website bringt. Ist es nicht seltsam, dass ausgerechnet die Inhalte bei den meisten Projekten so lange Zeit immer eine Nebenrolle gespielt haben?

Vom Standpunkt eines Designers aus gesehen: Wie sollen Sie gestalten, ohne die Inhalte zu kennen? Beim Design geht es nicht darum, hübsche Farben und runde Ecken auszusuchen. Design transportiert eine zusätzliche Bedeutung. Es hilft dabei, eine Geschichte zu erzählen, die der Inhalt vermitteln soll. Und es ist nun mal furchtbar schwierig, eine Geschichte zu erzählen, die Sie nicht kennen.

Natürlich können Sie nicht auf die endgültigen Inhalte warten, bis Sie mit dem Layout und ähnlichen Aufgaben beginnen. Sonst ist Ihr Scheitern vorprogrammiert. Inhalte sind ein kontinuierlicher Prozess, den Sie während der gesamten Lebensspanne eines Projekts aufmerksam im Auge behalten müssen. Anstatt mit dem Projektstart zu warten, bis Ihnen der gesamte Inhalt vorliegt, sollten Sie sich darauf konzentrieren, zu verstehen, welche unterschiedlichen Inhaltstypen Sie unterstützen sollen und wohin die jeweiligen Inhalte gehören.

Designer und Entwickler sollten die ganze Zeit über informiert sein. Sonst müssen Sie an irgendeinem Punkt das Markup neu strukturieren oder das Design neu anordnen, nur um einen Inhaltsblock unterzubringen, von dem Sie vorher gar nichts wussten. Und wenn Sie immer schon der Meinung waren, dass das in der Desktop-Welt schon lästig war, sollten Sie unbedingt weiterlesen.

Das Verständnis für Struktur und Hierarchie der Inhalte ist für eine Responsive Website unglaublich wichtig. Beim Anpassen des Designs an verschiedene Auflösungen reicht es nicht aus, auf kleineren Bildschirmen einfach die Anzahl der Spalten zu reduzieren. Oft müssen Sie auch entscheiden, ob Sie nicht die Darstellung des Inhalts insgesamt ändern.

Auf einem großen Bildschirm kann es beispielsweise für eine Nachrichten-Website sinnvoll sein, Titel, Beschreibung und Bilder der zehn neuesten Artikel anzuzeigen. Auf einem kleineren Bildschirm ist es vielleicht stimmiger, nur die neuesten fünf anzuzeigen. Und auf dem kleinsten Display könnte es dem Design am meisten dienen, wenn diese fünf Artikel stattdessen als ungeordnete Liste angezeigt würden.

Ein solides Verständnis für die unterschiedlichen Typen und die Struktur der Inhalte, die auf einer Seite dargestellt werden sollen, erleichtert solche Entscheidungen. Während Sie das Design anpassen, wird Ihnen dieses Wissen bei der Entscheidung helfen, welcher Inhalt angezeigt, welcher ausgeblendet und welcher priorisiert werden soll.

An diesem Punkt das Prozesses sollten Sie Antworten auf Fragen wie die folgenden parat haben:

- Wer ist das gewünschte Publikum?
- Welche Inhalte sind bereits verfügbar?
- Wie können vorhandene Inhalte vereinfacht und komprimiert werden?
- Was ist die Kernaussage?
- Gibt es Inhalte, die diese Kernaussage nicht stützen?
- Was ist die Hierarchie der Inhalte?

Insbesondere zwei Instrumente können Ihnen bei der Beantwortung dieser Fragen helfen: die Inhaltsanalyse und Seitentabellen.

Inhaltsanalyse

Sie sollten zumindest wissen, welche Inhalte aktuell vorhanden sind. Eine Inhaltsanalyse zeigt Ihnen genau das. Die Inhaltsanalyse ist eine Einschätzung und Bestandsaufnahme aller vorhandenen Inhalte einer Website. Die Analyse erfüllt dabei mehrere Aufgaben. Zum einem erhalten Sie Informationen über Struktur, Position und Pflege jeder Seite. Außerdem können Sie dabei Lücken in den Inhalten aufdecken: Alles was fehlt, sollte im Projektverlauf nachgereicht werden. Außerdem ist die Inhaltsanalyse eine ausgezeichnete Hilfe bei der Migration von Inhalten. Sie bietet eine Roadmap von der alten Website zur neuen und macht eine Menge jener Spekulationen überflüssig, die häufig bei der Migration einer Website zu einem neuen Design oder einem anderen CMS auftauchen.

Für die Durchführung einer solchen Analyse gehen Sie die Website Seite für Seite durch und notieren sich Informationen über alle Inhalte in einer Tabelle. Diese Tabelle ist eine Ressource, die Sie immer zurate ziehen können, wenn Sie sich erinnern müssen, wer eine bestimmte Seite pflegt oder wo bestimmte Inhalte hingehören.

Henny Swan

RESPONSIVE DESIGN UND BARRIEREFREIHEIT

Henny Swan lebt in Großbritannien und ist Spezialistin für Barrierefreiheit mit Schwerpunkt auf Video-on-Demand und mobilen Geräten. Im Moment arbeitet sie für die BBC an iPlayer und schreibt Standards und Richtlinien zur Barrierefreiheit auf mobilen Geräten. Sie finden sie auf Twitter als @iheni und in ihrem Blog unter www.iheni.com.

Die Entwicklung einer Responsive Website ist wahrscheinlich die effizienteste Möglichkeit, Inhalte unterschiedlichen Benutzern zugänglich zu machen. Mit einer einzigen Codebase mit guter Struktur, Alternativen, Labels und Leitartikeln – unter Berücksichtigung der Prinzipien des Progressive Enhancement – kommen Sie einer geräteunabhängigen Barrierefreiheit ziemlich nah. Aber auch das ist keine Wunderwaffe. Was auf einem Desktop gut funktioniert, kann bei der Anzeige auf einem Tablet oder einem mobilen Gerät Probleme bereiten. Daher ist es wichtig, zu verstehen, wo die Breakpoints sind, d. h., ab welchem Punkt die Barrierefreiheit auf dem jeweiligen Gerät verloren geht.

Ein essenzieller Bestandteil barrierefreier Websites ist die Struktur. Dazu gehören der korrekte Einsatz von Überschriften und WAI-ARIA-Landmarks (Web Accessibility Initiative-Accessible Rich Internet Applications) genauso wie Absätze mit Text und Listen, die zusammengehörige Informationen so gruppieren, dass sie von Hilfstechnologien verstanden werden können – wie zum Beispiel Bildschirmlesegeräten oder Spracheingabeprogrammen. Inhalte, die auf einem Desktop als fünf H2s mit Textabsätzen darunter dargestellt werden, können auf einem mobilen Gerät beispielsweise auf eine Liste mit fünf Links reduziert werden. Diese Reduktion für mobile Geräte macht den Code für die fünf Überschriften als H2s redundant, da sie nun eine Liste sind. Die mobilen Geräte haben sich außerdem dahin gehend entwickelt, dass sie nicht mehr von einer navigation-Landmark abhängig sind. Die H2s und Landmarks können für Benutzer von Bildschirmlesegeräten sogar zu einem unerwünschten Wortschwall und Durcheinander führen.

Wir beschäftigen uns zwar oft damit, wie gut WAI-ARIA oder HTML5 auf den unterschiedlichen Geräten unterstützt wird. Aber es gibt auch Breakpoints für HTML 4. Programmiertechniken, auf die wir auf Desktop-Geräten zurückgreifen, werden unter Umständen auf mobilen Geräten gar nicht unterstützt. tabindex="-1" funktioniert für wiederholte Links zwar gut auf Desktops, wird aber auf mobilen Geräten nicht unterstützt. Hover-Zustände, title, abbr und span sind davon ebenfalls betroffen.

Trotz der Breakpoints bleibt Responsive Webdesign die effizienteste Möglichkeit, unterschiedliche Benutzer zu erreichen. Der clevere Einsatz von Media Queries sollte dabei helfen, den Inhalt so fließen zu lassen, dass er verständlich ist – unabhängig von den Fähigkeiten der Benutzer, wie auf die Inhalte zugegriffen wird, oder vom verwendeten Gerät.

	A	B	C	D	E	F	G	H
1	ID der Seite	Name der Seite	Link	Dokumenttyp	Themen, Schlüsselwörter	Eigentümer/Bearbeiter	RVT?	Notizen
2	2.0.0	Über Noch eine Sport-Website	/info	default_page.php	Alle Seiten dieses Abschnitts nutzen Standard-Meta-Tags.	Sepp Lenz		
3	2.1.0	Redaktionsteam	/info/team	default_page.php		Sepp Lenz		
4	2.1.1.0	Erik Pfennig	info/team/erik-pfennig	bio.php		Sepp Lenz		
5	2.1.2.0	Derek Lehman	info/team/derek-lehman	bio.php		Sepp Lenz		
6	2.1.3.0	Michael Weidemann	info/team/michael-weidemann	bio.php		Sepp Lenz		Bild fehlt
7								
8								

Es gibt viele Vorlagen, mit denen Sie anfangen können. Mein Favorit wurde zuerst in einem Artikel von Jeffrey Veen aus dem Jahr 2002 erwähnt.[7] Die Vorlage (Abbildung 5.3) ist sehr einfach, hier halten Sie sich nicht mit unnötigem Schnickschnack auf. Die Vorlage enthält Spalten für:

Abbildung 5.3 Eine Inhaltsanalyse zeigt detailliert Struktur, Platzierung sowie Wartungsaspekte der Inhalte für die gesamte Website. Je nach Projekt brauchen Sie vielleicht mehr oder weniger Spalten.

- **ID der Seite:** eindeutige Kennung für die Seite.
- **Name der Seite:** Titel der Seite.
- **Link:** URL der Seite.
- **Dokumenttyp:** Vorlage für die Seite.
- **Themen, Schlüsselwörter:** Thema der Seite und die zu verwendenden Schlüsselwörter.
- **Eigentümer/Bearbeiter:** der für die Inhalte der Seite Verantwortliche.
- **RVT?:** Redundant, veraltet oder trivial? Gibt an, ob die Seite für die neue Website entfernt werden soll.
- **Notizen:** Beliebige Kommentare über die Seite. Das können fehlende Bilder, HTML-Probleme oder einfach Erinnerungen sein.

Indem Sie die Inhalte mit einem feinen Kamm durchforsten, wird Ihnen auch die Qualität der Inhalte auf der Website bewusst. Das kann Ihnen dabei helfen, Prioritäten zu verteilen und in manchen Fällen zu entscheiden, ob eine Seite gekürzt oder vollständig entfernt werden soll. Wenn der jeweilige Inhalt nicht zur primären Botschaft beiträgt und keinen Wert für die Besucher bietet, was hat er dann auf der Website verloren?

Bei Projekten mit Responsive Webdesign kann eine Inhaltsanalyse dabei helfen, die Ähnlichkeiten zwischen unterschiedlichen Seiten herauszuarbeiten. So können Sie die verschiedenen Inhaltstypen ermitteln und Regeln bestimmen, wie diese Inhaltstypen an unterschiedliche Auflösungen angepasst werden sollen.

---

[7] »Doing a Content Inventory (Or, A Mind-Numbingly Detailed Odyssey Through Your Web Site)« unter www.adaptivepath.com/ideas/doing-content-inventory

Seitentabellen

Sobald Sie wissen, welche Inhalte Sie haben, ist es an der Zeit, dass Sie Seite für Seite entscheiden, wie die Inhalte strukturiert werden.

Wireframes sind bis zu einem gewissen Grad hilfreich, zeigen aber typischerweise nur eine kleine Auswahl von Seiten innerhalb einer Website. Außerdem bieten sie keinerlei Informationen darüber, wie die Inhalte gepflegt werden oder was die Schlüsselbotschaft für die jeweilige Seite ist. Um diese Lücke zu füllen, müssen wir ein weiteres Hilfsmittel einführen: die Seitentabelle.

Seitentabellen, manchmal auch Inhaltsvorlagen genannt, stellen eine detaillierte Analyse der Inhalte einer Seite dar. Eine Seitentabelle enthält Informationen darüber, welche Inhalte eine Seite umfasst, was die Schlüsselbotschaft ist und wie die Inhalte gepflegt werden. Abbildung 5.4 zeigt ein Beispiel für eine solche Tabelle.

Info über Noch eine Sport-Website
Zielsetzung: Informationen darüber, was Noch eine Sport-Website ist und wer dahintersteckt
Inhaltsquelle:
Relevanz: relevant

Titel	Info über Noch eine Sport-Website
Hauptinhalt	**Botschaft:** Wir sind die Anlaufstelle Nummer eins für Sportnachrichten.
	Bietet allgemeine Informationen darüber, welche Informationen auf Noch eine Sport-Website angeboten werden und über welche Sportarten berichtet wird.
	Liste der Sportarten: • Football • Baseball • Fußball • Tennis • Ice Soccer • Basketball
Sekundärer Inhalt	Links auf Biografien der Redaktionsmitglieder
	Informationen zu Werbemöglichkeiten auf Noch eine Sport-Website
Weitere Inhalte	Footer und Standardlinks

Erstellung der Inhalte: Der Inhalt ist nicht webtauglich. Die Printversion muss überarbeitet und entsprechend angepasst werden.
Pflege: Sollte alle sechs Monate überprüft werden, um sicherzustellen, dass die Informationen aktuell sind.
Technologie/Veröffentlichung/Richtlinien: Keine
Abhängigkeiten von Dritten: Keine
Offene Fragen: Keine

Abbildung 5.4 Seitentabellen zeigen die Struktur sowie die wichtigsten Ziele der jeweiligen Seite und helfen so beim Layout der Inhalte für unterschiedliche Auflösungen.

Beachten Sie, dass die Seitentabelle nur wenige Details zeigt. Und das soll auch so sein. Dann entsteht keine Unsicherheit über die Dauer ihrer Gültigkeit. Außerdem können Sie solche Seitentabellen sehr schnell erstellen und anpassen.

Seitentabellen haben den zusätzlichen Vorteil, dass es damit einfacher ist, die erforderlichen Inhalte von Projektbeteiligten und Kunden zu bekommen. So wissen diese exakt, welche Inhalte Sie brauchen und was sie kommunizieren sollen. Wenn Sie die Inhalte auf diese Weise abbilden, stehen alle Beteiligten auf derselben Seite. Außerdem ist es so einfacher, die Verantwortlichkeiten und Rollen im Prozess klar nachzuvollziehen.

Es ist von entscheidender Bedeutung, dass Sie Informationen über die Hierarchie der Inhalte auf einer Seite sammeln – insbesondere für ein Responsive Design. Berücksichtigen Sie diese Hierarchie, wenn Sie das Layout Ihrer Website von einem Gerät zum nächsten anpassen.

Es gibt noch weitere Schritte, mit denen Sie gewährleisten können, dass die Inhalte auf einem soliden Fundament stehen. Darauf kommen wir in Kapitel 7, »Responsive Content«, zurück. Für detaillierte Informationen über Inhalte können Sie sich *Content Strategy for the Web* von Kristina Halvorson und *The Elements of Content Strategy* von Erin Kissane zu Gemüte führen.

Setzen Sie Schwerpunkte bei der Optimierung

Mit dem Wissen über Ihre Zielgruppe und die Inhalte können Sie nun überlegen, wo Sie die Inhalte präsentieren möchten. Es ist zwar sinnvoll, Ihre Website für so viele Geräte wie möglich zugänglich zu machen, Sie müssen aber eine Entscheidung darüber treffen, für welche Plattformen, Geräte und Leistungsmerkmale Sie sie optimieren möchten. Dafür sind Website-Analysen unbezahlbar.

Es geht nicht darum, den kleinsten gemeinsamen Nenner anzubieten oder nur die leistungsfähigsten Geräte zu bedienen. Es geht darum, eine Website zu entwickeln, die auf einem breiten Spektrum von Geräten so erlebt werden kann, wie es den Leistungsmerkmalen und Formfaktoren der jeweiligen Geräte am besten entspricht.

Optimiert für manche, zugänglich für viele

Es ist wichtig, die beliebtesten Geräte und Plattformen zu ermitteln, die auf Ihre Website zugreifen. Es ist aber genauso wichtig, nicht zu vergessen, dass Sie nicht alle im Voraus bedenken können. Unter Umständen sind Sie nicht in der Lage, für alle Geräte Optimierungen vorzunehmen. Sie sollten aber trotzdem versuchen, möglichst alle Geräte zu unterstützen, indem Sie Ihre Inhalte barrierefrei machen.

Brad Frost, Entwickler bei R/GA in New York, hat diesen Unterschied in seinem Blogbeitrag »Support vs. Optimization« diskutiert:[8]

> Es geht lediglich darum, aufmerksam zu sein und den Menschen, die mit Ihrer Website interagieren möchten, ein funktionales Erlebnis zu bieten. Dafür ist es erforderlich, bequeme Annahmen über Unterstützung aufzugeben und unterschiedliche Anwendungsfälle zu berücksichtigen. Es gibt immer Möglichkeiten, weniger Plattformen zu unterstützen und immer nur für die Besten der Besten zu optimieren.

Dafür müssen Sie Ihren gesamten Web Stack sehr sorgsam einsetzen und dabei das Progressive Enhancement immer im Hinterkopf behalten. Das Ziel besteht nicht darin, dass alle Browser und alle Geräte dasselbe Layout und dieselbe User Experience bieten. Das ist einfach nicht realistisch. Wenn es auf einem älteren Gerät ein paar Abstriche gibt, ist das in Ordnung. Sorgen Sie aber dafür, dass Sie immer ein funktionierendes Erlebnis bieten. Das ist der Unterschied zwischen Optimierung für ein Gerät und Unterstützung eines Geräts.

Sorgen Sie für eine geräteübergreifende User Experience

Wie viele unterschiedliche Geräte verwenden Sie an einem beliebigen Tag? Wenn Sie so gestrickt sind wie die meisten Leute, sind es mehrere – oft für dieselbe Aufgabe. Laut einer Studie von Yahoo! besuchen 59 % der Menschen manchmal eine Website auf einem mobilen Gerät und anschließend auf ihrem Desktop. 34 % der Menschen machen das Gegenteil: Sie starten auf dem PC und machen dann auf dem mobilen Gerät weiter.[9] Wenn Sie auch noch die anderen internetfähigen Geräte mit ins Spiel bringen, die die Menschen so besitzen, wird der Wechsel zwischen den Geräten eine immer schwerer zu ignorierende Realität.

---

8 »Support vs. Optimization« unter *http://bradfrostweb.com/blog/mobile/support-vs-optimization/*

9 »Mobile Shopping Framework: The role of mobile devices in the shopping process« unter *http://advertising.yahoo.com/article/the-role-of-mobile-devices-in-shopping-process.html*

Auf die Frage, welche Benutzererlebnisse ihm gefallen, sagte Madhava Enros von Mozilla, dass es bei der mobilen Nutzung um eine Konstellation von Geräten geht (Abbildung 5.5):[10]

> Was ich außerdem noch wirklich mag, ist der Kindle. Ich liebe die Hardware selbst, aber außerdem hat Amazon anscheinend wirklich verstanden, dass es bei der mobilen Nutzung um eine Konstellation von Geräten geht. Es geht nicht nur um das eine Telefon, das Sie haben. Es geht um die Möglichkeit, zu Hause auf Ihrem E-Reader zu lesen, dann aber im Zug auf Ihrem Android-Telefon weiterzulesen oder woanders Ihr iPad zu verwenden. Diese Art der Konsistenz, über eine ganze Reihe unterschiedlicher Geräte an Ihre Inhalte zu kommen, ist eine wirklich großartige Einsicht.

Wir können das auch anders formulieren: Bei der Nutzung des Internets geht es um ein geräteübergreifendes Nutzererlebnis. Jedes einzelne Erlebnis, das ein Benutzer auf Ihrer Website macht, sollte für sich allein stehen können. Allerdings müssen diese Erlebnisse auch zusammenpassen, um eine geräteübergreifende, einheitliche User Experience zu bieten.

Daraus ergeben sich viele Konsequenzen, aber die wichtigste ist die der Kohärenz: Das Erlebnis auf einem Gerät sollte jemandem, der davor auf einem anderen Gerät mit Ihrer Website interagiert hat, vertraut vorkommen. Die Navigationspfade sollten bekannt sein, und die Benutzer sollten niemals das Gefühl haben, dass irgendein wichtiger Inhalt fehlt.

Behalten Sie das geräteübergreifende Erlebnis von Anfang an im Hinterkopf. Berücksichtigen Sie, inwiefern sich das Erlebnis in Abhängigkeit von Formfaktor und Leistungsmerkmalen ändern muss und was Sie dafür tun können, dass es von Gerät zu Gerät einheitlich bleibt.

Es geht darum, zu verstehen, dass wir das Web nicht mehr in ein mobiles Web, ein Desktop-Web usw. einteilen können. Wir müssen die Tatsache akzeptieren, dass das Web einfach nur das Web ist. Die Geräte, mit denen wir darauf zugreifen, mögen variieren, genauso wie der Kontext. Schlussendlich dürfen das Design und sogar manche der Inhalte ebenfalls variieren. Unterm Strich ist es aber immer noch dasselbe Internet, und die Benutzer erwarten, dass sie damit auch entsprechend interagieren können – unabhängig vom gerade verwendeten Gerät.

---

10 »On a small screen, user experience is everything« unter *http://radar.oreilly.com/2011/03/mobile-design-user-experience.html*

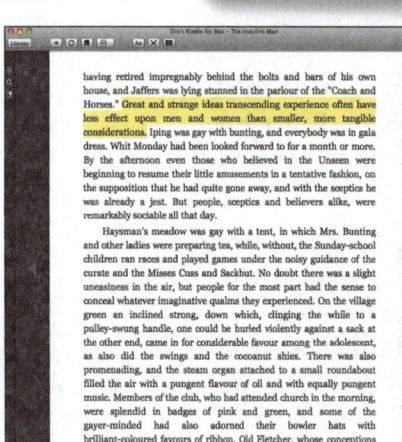
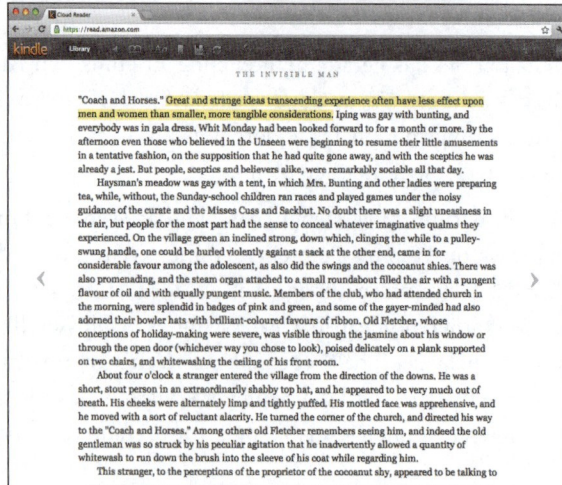

Abbildung 5.5
Der Kindle synchronisiert Ihre Notizen und Markierungen sowie den Lesefortschritt. So können Sie auf einer Reihe unterschiedlicher Geräte immer an der Stelle weitermachen, an der Sie aufgehört haben.

Vorbereitung der Testumgebung

Natürlich müssen Sie das Ergebnis Ihrer harten Arbeit auch testen – schon von Anfang an in gemeinsamen Design-Briefs (siehe nächstes Kapitel). Das ist der Moment, in dem alle ins Schwitzen kommen. Wie um alles in der Welt sollen wir für so viele Browser und Geräte testen, ohne eine zweite Hypothek aufzunehmen?

Erinnern Sie sich zuallererst an den Unterschied zwischen Optimierung und Unterstützung. Sie können Ihre Website nicht auf allen Geräten und Browsern testen – das ist schlichtweg unmöglich. Identifizieren Sie die wichtigsten und konzentrieren Sie sich darauf.

Bei den Geräten und Browsern, auf denen Sie testen werden, haben Sie mehrere Optionen zur Auswahl:

- echte Geräte
- Emulatoren
- Dienste von Drittanbietern

Echte Geräte

Die beste Möglichkeit, Ihre Website mühelos zu testen, sind echte Browser auf echten Geräten. Solche Tests geben Ihnen das klarste Bild davon, wie sich Aspekte wie Performance, Netzwerk, Formfaktor und Leistungsfähigkeit auf Ihre Website auswirken. An diese Informationen gelangen Sie nicht, wenn Sie einfach Ihr Browserfenster verändern oder mit Emulatoren testen. Wollen Sie wirklich wissen, wie sich Ihre Website anfühlt, müssen Sie sie in realen Szenarios testen und am besten in ähnlicher Weise wie Ihre Benutzer darauf zugreifen.

Verlassen Sie Ihr Büro und Ihr Super-Hochgeschwindigkeitsinternet. Verwenden Sie eine langsamere Wi-Fi-Verbindung und ein mobiles Netzwerk. Besuchen Sie Ihre Website, während Sie an einer lauten Bushaltestelle warten. Ihre Besucher werden nicht immer mit dem Komfort eines Wohnzimmersessels und eines Hochgeschwindigkeitsinternetzugangs surfen. Also sollten Sie auch entsprechend testen.

Die beste Methode besteht darin, auf den Boden der Tatsachen zurückzukommen. Leider gibt es eine ganze Menge Geräte, und die sind nicht gerade billig. Es ist wichtig, diese Geräte in die Finger zu bekommen, aber ohne eine Bank auszurauben. Wie entscheiden Sie, welche Geräte Sie kaufen?

Die Antwort hängt von Ihrer jeweiligen Situation ab. In ihrem Beitrag »Strategies for choosing testing devices«[11] führt Stephanie Rieger fünf Kriterien für die Entscheidung an, welche Testgeräte Sie kaufen sollten:

- bisheriger Traffic
- regionaler Traffic und Markt
- gerätespezifische Faktoren
- projektspezifische Faktoren
- Budget

Es lohnt sich, diese Kriterien genauer zu durchleuchten und herauszufinden, in welcher Weise sie Ihre Entscheidung beeinflussen.

BISHERIGER TRAFFIC

Wieder einmal stellen Website-Analysen ihren Wert unter Beweis. Der beste Ausgangspunkt bei der Entscheidung, welche Geräte Sie kaufen möchten, sind Informationen darüber, welche Geräte auf Ihre Website zugreifen. Achten Sie auf die Geräte selbst, aber auch auf Plattformen und Versionen. Aus dieser Analyse sollten Sie eine lange Liste mit Kaufmöglichkeiten ziehen.

Abbildung 5.6
Touchscreens sind zwar zunehmend beliebt, jedoch bieten viele Geräte, darunter viele BlackBerry-Telefone, auch Trackballs oder QWERTZ-Tastaturen für die Eingabe.

---

11 »Strategies for choosing testing devices« unter *http://stephanierieger.com/strategies-for-choosing-test-devices/*

REGIONALER TRAFFIC UND MARKT

Wie bei den Entscheidungen über Gruppierungen und Breakpoints können Sie sich nicht ausschließlich auf Ihre eigenen Analysen verlassen. Vergewissern Sie sich, dass keine selbst erfüllenden Prophezeiungen Ihre Statistiken verschleiern. Finden Sie heraus, welche Geräte und Plattformen in Ihrem Gebiet dominant sind. Vergleichen Sie diese Geräte mit denen, die Sie in Ihrer eigenen Analyse gefunden haben, und finden Sie heraus, was fehlt und was sich überschneidet.

GERÄTESPEZIFISCHE FAKTOREN

Es ist zwar wichtig, eine Reihe von Plattformen in Ihrer Testumgebung abzubilden, aber das allein reicht nicht. Sie sollten unbedingt auch eine Vielzahl verschiedener Formfaktoren, Größen und Leistungsmerkmale testen. Dieselbe Plattform kann auf einem High-End-Gerät ganz anders laufen als auf einem Gerät der mittleren oder unteren Klasse. Auch die Eingabemethoden können einen starken Einfluss darauf haben, wie Sie Ihre Website gestalten sollten (Abbildung 5.6). Sorgen Sie dafür, dass diese verschiedenen Features abgebildet werden.

PROJEKTSPEZIFISCHE FEATURES

Berücksichtigen Sie die spezifischen Features, die für Ihr Projekt erforderlich oder nützlich sind. In ihrem Beitrag nennt Stephanie Rieger Geolocation als Beispiel. Wenn Ihre Website massiven Gebrauch von Ortungsdiensten macht, sollten Sie auch Geräte verwenden, die Geolocation unterstützen. Außerdem brauchen Sie einige Geräte ohne Geolocation-Unterstützung, damit Sie Ihre Ausweichoptionen entsprechend testen können.

BUDGET

Sofern Sie nicht auf einem Haufen Geld sitzen (falls ja, schlage ich Ihnen vor, mindestens zehn weitere Exemplare dieses Buchs zu kaufen), haben Sie ein limitiertes Budget für den Aufbau Ihrer Testsuite. Halten Sie Ausschau nach gebrauchten Geräten, die Sie billig kaufen können. Vergessen Sie nicht: Es ist in Ordnung, ein älteres Modell zu kaufen. Die meisten Besucher verwenden wahrscheinlich nicht das neueste und beste Gerät. Häufig entspricht ein etwas älteres Gerät viel mehr der Realität, in der sich Ihr Publikum befindet.

Machen Sie unbedingt Preisvergleiche. Telefone sind nicht billig. Wenn Sie Websites wie Craigslist und eBay durchforsten, können Sie tolle Schnäppchen machen, die ausgezeichnete Testgeräte abgeben. Seien Sie aber nicht zu geizig. Es ist gut, billigere, ältere Low-End-Modelle zu haben, es sollten aber nicht die einzigen sein.

Haben Sie keine Angst, die Mobiltelefongeschäfte in Ihrer Umgebung einzuspannen. Gehen Sie rein und erklären Sie, was Sie machen. Sie werden überrascht sein, wie häufig Sie Ihre Website für ein paar Minuten auf den unterschiedlichen Geräten testen dürfen.

Fragen Sie in Ihrem Büro herum. Wenn es Menschen gibt, die Sie mögen, finden Sie heraus, welche Art von Geräten diese besitzen. Wir haben in unserem Büro mit knapp 30 Leuten eine Umfrage gemacht, und die Zahl der unterschiedlichen Geräte war ziemlich beeindruckend. Vielleicht finden Sie Ihre mobile Testumgebung ja direkt im eigenen Büro.

BROWSERVIELFALT

Nachdem Sie nun Ihre Flotte von Testgeräten haben, sollten Sie in einem nächsten Schritt alle Browser auf Ihre Geräte packen, die Sie finden können. Für viele Geräte gibt es mehrere Browseroptionen. Holen Sie sich alle.

Das gilt auch für Ihren Desktop. Schnappen Sie sich Safari, Chrome, Firefox, Internet Explorer, Opera und installieren Sie sie alle – wenn möglich, auch in mehreren Versionen, damit Sie nicht nur mit den neuesten und besten Browserversionen testen.

Emulatoren

▶ **Hinweis**
Einen fundierten Einblick in verschiedene Emulatoren erhalten Sie unter *http://www.mobilexweb.com/emulators*. Außerdem können Sie »Mobile Emulators & Simulators: The Ultimate Guide« von Maximiliano Firtman lesen.

Emulatoren sind bei Weitem nicht perfekt. Sie erfordern üblicherweise ein dickes SDK, brauchen also eine Menge Speicherplatz. Emulatoren vermitteln Ihnen auch keinen Eindruck davon, wie sich die Interaktion mit Ihrer Website auf einem echten Gerät anfühlt. Sie sind unterm Strich Portierungen des jeweiligen Browsers oder Betriebssystems, daher sind sie anfällig für Fehler und Unterschiede. Manche Bugs echter Geräte sehen auf einem Emulator ganz normal aus.

Davon abgesehen sind Tests mit einem Emulator natürlich immer noch besser als gar keine Tests. Wenn Sie also kein echtes Gerät in Händen halten, sind Emulatoren immer noch Ihre zweitbeste Wahl.

Adobe Shadow

Eine große Auswahl an Testgeräten zu besitzen, ist fantastisch. Aber Sie müssen trotzdem Ihre Website auf jedem einzelnen dieser Geräte manuell laden, um zu sehen, wie es um die Darstellung und die Leistung steht. Das ist entschieden weniger fantastisch, aber hier kommt Adobe Shadow ins Spiel.

Adobe Shadow ist ein Inspektions- und Vorschautool, das Ihnen beim Testen auf echten Geräten hilft. Laden Sie hierzu die Hilfsanwendung auf Ihren Computer herunter und installieren Sie die Chrome-Erweiterung. Installieren Sie anschließend den entsprechenden Adobe Shadow auf jedem einzelnen Gerät (bei Redaktionsschluss wurden nur Android- und iOS-Geräte unterstützt).

Wenn Sie alles installiert haben, können Sie mit Adobe Shadow auf den Geräten eine Verbindung zu Ihrem Computer herstellen (keine Kabel erforderlich). Sobald die Verbindung hergestellt ist, wird die in Chrome geöffnete Seite auf allen verbundenen Testgeräten angezeigt.

Und da beginnt die Zauberei. Angenommen, Sie haben zehn verschiedene Geräte über Adobe Shadow mit Ihrem Desktop verbunden. Wenn Sie in Google Chrome zu einer anderen Seite navigieren, wechseln auch alle verbundenen Geräte zu dieser URL. Das bedeutet, dass Sie eine gesamte Website auf Ihrem Desktop durchlaufen können und Ihnen alle verbundenen Geräte folgen – das erspart Ihnen eine unglaubliche Menge an Testaufwand.

Zu vielen weiteren beeindruckenden Features gehören diese:

- Screenshots von allen verbundenen Geräten
- gleichzeitige Screenshots auf allen verbundenen Geräten durch die Chrome-Erweiterung
- Remote-Inspektion von HTML, CSS und DOM-Struktur der verbundenen Geräte
- Kontrolle des Caches auf allen verbundenen Geräten

Shadow wurde seit seiner Veröffentlichung quasi über Nacht ein wichtiges Tool im Werkzeugkasten eines jeden Webentwicklers.

Dienste von Drittanbietern

Drittanbieter wie PerfectoMobile (*www.perfectomobile.com*) und DeviceAnywhere (*www.keynotedeviceanywhere.com*) haben viele mobile Geräte zur Verfügung und zeigen Ihnen, wie Ihre Website darauf dargestellt wird. Die Kosten dieser Dienste können sich allerdings summieren. Seien Sie also wie so oft vorsichtig und achten Sie darauf, wie lange Sie sie nutzen.

Dienste von Drittanbietern sind zwar genauer als Emulatoren, aufgrund der Kosten aber üblicherweise Ihre letzte Hoffnung. Falls Ihr Budget es zulässt, sollten Sie so weit wie möglich mit echten Geräten testen, die Lücken mit Emulatoren schließen und nur dann auf Dienste von Drittanbietern zugreifen, wenn Sie sie wirklich brauchen.

Zusammengefasst

Responsive Webdesign ist eine leistungsfähige Technik, daran besteht kein Zweifel. Es ist aber auch keine Wunderwaffe. Um das Maximum aus Ihrer Website herauszuholen, bedarf es einer Menge Zeit und äußerst sorgfältiger Überlegungen. Sie müssen Responsive Design in der Planung Ihres Projekts mit berücksichtigen.

Beschäftigen Sie sich intensiv mit Ihren Webanalysen. Bedenken Sie dabei aber, dass diese in gewisser Weise auch lügen können. Analysieren Sie Ihre Inhalte sorgfältig. Die Inhalte müssen nicht fertig sein, bevor Sie mit Design und Entwicklung beginnen, Sie sollten aber die Struktur kennen.

Achten Sie auf eine geräteübergreifende User Experience. Ihre Besucher werden mit unterschiedlichen Geräten auf Ihre Inhalte zugreifen und erwarten, dass das Erlebnis ähnlich, aber an das jeweilige Gerät angepasst ist.

Testen Sie Ihre Website so weit wie möglich auf echten Geräten. Das mag im ersten Augenblick abschreckend klingen, aber der Aufbau Ihrer eigenen Testsuite muss nicht notwendigerweise die Bank sprengen. Nehmen Sie sich die Zeit, festzustellen, welche Mobilgeräte für Ihr Projekt am nützlichsten sind. Und halten Sie die Augen nach Schnäppchen offen. Dann können Sie nach und nach eine leistungsfähige Gerätesammlung aufbauen.

Im nächsten Kapitel sehen wir uns an, wie ein Projekt mit Responsive Design den gesamten Workflow beeinflusst – von der Art, wie Teams zusammenarbeiten, bis hin zur Art und Weise, wie Websites gestaltet und entwickelt werden.

Kapitel 6
Design-Workflow

Unser »Zeitalter der Angst« ist zum großen Teil das Resultat aus dem Bestreben, die Arbeit von heute mit den Werkzeugen – und den Vorstellungen – von gestern erledigen zu wollen.
— MARSHALL MCLUHAN

Wenn Sie einen Stein ins Wasser werfen, gibt es einen Spritzer, der eine Reihe sich ausdehnender kleiner Wellen verursacht. Der Aufschlagpunkt ist klein, der Effekt dagegen gravierend.

Wenn unser moderner Arbeitsprozess das Wasser ist, dann ist Responsive Design der Stein. Diese eine Veränderung setzt eine Reihe von Wellen in Bewegung, die sich auf alles an unserer Art, mit dem Web zu arbeiten, auswirkt.

Technologien verändern sich. Sie entwickeln sich, reifen. Sie erhalten Fähigkeiten, um neue Aufgaben zu lösen. Wenn das geschieht, müssen wir ebenfalls lernen, uns zu verändern. Unsere Tools und Techniken, unsere Denkprozesse müssen sich ebenso weiterentwickeln, um Schritt zu halten.

Die Auswirkungen neuer Technologien auf den Design-Workflow sind enorm, können aber auch beunruhigend sein, wenn wir zu der Einsicht kommen, dass so viele unserer aktuellen Praktiken fehlerhaft sein könnten. Unser Workflow muss flexibler werden. Wir müssen unsere alten Arbeitsweisen ablegen, um bessere Möglichkeiten finden, dieses unglaubliche Medium zu gestalten.

In diesem Kapitel erforschen wir:

- die interaktive Natur des Webs und deren Auswirkungen auf den Workflow
- die Notwendigkeit, von den mobilen Geräten ausgehend zu denken
- die Vorteile des Designs im Browser
- Tools und Techniken wie Wireframes, Skizzen und Styleguides

Die Distanz steht nicht fest

Dan Brown hat eine tolle Zeile in seinem Buch *Communicating Design* geschrieben: »Jeder, der Ihnen sagt, der Designprozess sei absolut, verdient damit nicht seinen Lebensunterhalt.«[1] Der Designprozess ist eine Kunst, keine Wissenschaft. Darin sind aber nur sehr wenige Regeln involviert. Unterm Strich funktioniert jeder Kunde, jedes Projekt und jedes Team unterschiedlich. Sie müssen den Prozess finden, der für Sie und Ihr Projekt am besten funktioniert.

Eine Reihe unterschiedlicher Kriterien entscheidet darüber, was dieser Prozess zur Folge hat: die Größe des Teams, das Budget, die Fähigkeiten der Designer

---

1 Dan Brown, *Communicating Design*, 2. Auflage (New Riders, 2010)

und Entwickler, der Zeitrahmen – all das entscheidet darüber, welche Zwischenergebnisse und Schritte für ein bestimmtes Projekt erforderlich sind.

Denken Sie daran, dass die einzelnen Schritte des Prozesses weniger wichtig sind als die Einhaltung einiger weniger Schlüsselkonzepte:

- Das Web ist interaktiv. Ihre Tools und Arbeitsergebnisse sollten das widerspiegeln.
- Der Prozess muss gemeinschaftlich sein.
- Es geht nicht mehr um Seiten. Es geht um Systeme.

Ein interaktives Medium

Wir müssen aufhören, mit dem Web zu arbeiten, als wäre es ein statisches Medium. Das ist es nicht. Es ist flexibel. Es ist unberechenbar. Wenn wir uns mit einem rigiden Workflow mit rigiden statischen Zwischenergebnissen zufriedengeben, können wir nicht das Maximum aus diesem Potenzial herausholen. Stattdessen limitieren wir uns durch die Anwendung willkürlicher Beschränkungen, die es gar nicht gibt.

Bis heute erinnert unser Gestaltungsansatz für das Internet stark an Printdesign. Wir verwenden für die Gestaltung einer Website viele der Tools, die wir für die Gestaltung eines Posters nutzen. Aber Print ist kein interaktives Medium. Das Web dagegen schon. Die Menschen schauen eine Website nicht nur an, sie interagieren mit ihr, klicken, hovern, tippen. Das Web ist eine lebendige, atmende Leinwand, die sie manipulieren und nach ihrem Willen anpassen können. Das Web ist viel näher an Software als an Print.

Die dynamische Natur des Webs sollte sich auch in unseren Tools, Techniken und Zwischenergebnissen zeigen.

Zusammenarbeit

Seit es das Web gibt, war unser Workflow meistens linear. Der Designer entwickelt das Design. Sobald es freigegeben ist, gibt er es in Form von einem oder zwei statischen Mock-ups an den Entwickler weiter. Leider kann bei dieser Übergabe eine Menge an Information verloren gehen. Dinge wie Fehlermeldungen, Hover-Zustände, offene und geschlossene Navigation – das sind die Komponenten, die bei einer solchen Übergabe manchmal übersehen werden.

In einem Responsive Design-Projekt wird der Workflow notwendigerweise wesentlich indirekter, weil Sie sich darauf konzentrieren, eine große Vielzahl unterschiedlicher Geräte zu bedienen. Sie müssen sich nicht nur der möglichen Arten von Besucherinteraktionen bewusst sein, sondern auch berücksichtigen, wie die Website auf unterschiedliche Größen, Leistungsmerkmale und Eingabemethoden reagiert. Sie können nicht erwarten, dass der Designer alles voraussieht, was eintreten kann. Und Sie können nicht erwarten, dass der Entwickler jede Interaktion auf eine Art und Weise umsetzt, die 100 % synchron mit der ursprünglichen Vision des Designers ist. Daher ist ein höherer Grad an Zusammenarbeit erforderlich.

Ethan Marcotte schreibt dazu in seinem Buch *Responsive Web Design*[2]:

> Bei den Responsive Design-Projekten, an denen ich mitgearbeitet habe, hat es sich als äußerst erfolgreich herausgestellt, Design und Entwicklung in einer gemischten Phase zu kombinieren und die beiden Teams in einer in hohem Maße gemeinschaftlichen Gruppe zusammenzubringen.

Dieser gemischte Ansatz ergibt mehr Sinn. Dadurch haben Entwickler und Designer gleichermaßen die Möglichkeit, zu diskutieren, wie sich Seiten bei unterschiedlichen Größen und bei der Interaktion verhalten sollen. Gemeinsam können sie jene Interaktionen und Komponenten entdecken, die vielleicht weniger offensichtlich sind, und gemeinsam können Sie entscheiden, wie mit diesen unterschiedlichen Geräten und Eingabemethoden umgegangen werden soll.

Durch die Zusammenarbeit ist gewährleistet, dass weniger Dinge durch das Raster schlüpfen. Insbesondere bei der Gestaltung für statische Programme ist es für einen Designer einfach, sich ein ideales Szenario vorzustellen – mit einem Flow, der von der bestmöglichen Unterstützung und Funktionalität ausgeht. Wenn Designer und Entwickler während des gesamten Designprozesses eng zusammenarbeiten, kann der Entwickler auch auf andere mögliche Szenarios hinweisen: Was ist mit Touchscreens? Was passiert, wenn es keine Geolocation gibt? Durch die Zusammenarbeit können auch diese Szenarios im Design berücksichtigt werden.

Genau dieser Vorteil wird auch während der Entwicklung offensichtlich. Unter Umständen ist dem Entwickler die Vision des Designers nicht vollkommen klar. Vielleicht versteht er nicht, warum bestimmte Entscheidungen über den Flow und die visuelle Ästhetik getroffen wurden. Durch die Zusammenarbeit mit dem Designer kann diese ursprüngliche Vision erhalten bleiben. Wenn sich ein Szenario zeigt, das in den ersten Designs nicht berücksichtigt wurde, können Designer und Entwickler zusammen an einer Lösung arbeiten, durch die die Integrität des Designs erhalten bleibt.

---

[2] Ethan Marcotte, *Responsive Web Design* (A Book Apart, 2011)

Der gemeinsame Workflow kann auch zu innovativen Lösungen führen. Wie beim Aneinanderreiben zweier Steine, kann die Reibung durch die beiden unterschiedlichen Perspektiven den Funken für eine neue Idee ergeben. Wir lösen Probleme auf Grundlage unserer bisherigen Erfahrungen. Das bedeutet, dass unsere Lösungen durch das begrenzt sind, was wir wissen. Wenn Sie Menschen zusammenbringen, erweitert sich ihr kollektiver Erfahrungsschatz und damit auch die Wahrscheinlichkeit, eine qualitativ hochwertige Lösung für jedwedes Problem zu finden.

Für die erfolgreiche Einführung eines gemeinsamen Workflows sind Kommunikation, Wiederholungen und Respekt erforderlich.

KOMMUNIKATION

Von den allerersten Kick-off-Meetings an sollten Designer und Entwickler gleichermaßen involviert sein. Dadurch entsteht die Chance für wesentlich stärkere Ergebnisse von beiden Seiten. Die Designer können so sicherstellen, dass ihre ursprüngliche Vision von Seite zu Seite und Interaktion zu Interaktion einheitlich ist. Entwickler können potenzielle Schwierigkeiten erkennen, bevor diese zu ernsthaften Problemen werden.

Anstatt eines einfachen Hand-offs lebt ein gemeinschaftlicher Workflow von Design-Briefs: Meetings, an denen gleichermaßen Designer und Entwickler beteiligt sind.

Während dieser Design-Briefs sollte die Website auf so vielen unterschiedlichen Zielgeräten wie möglich angezeigt werden. Das macht Sie auf jegliche Fehler im Design aufmerksam, und Sie erhalten Hinweise darauf, welche zusätzlichen Anpassungen Sie vornehmen können, um die User Experience für das jeweilige Gerät zu optimieren.

Während dieser Briefs können die Menschen auf beiden Seiten des Tischs Fragen wie die folgenden beantworten:

- Sind die Touchpoints auf Geräten mit Touchscreen groß genug?
- Ab welcher Größe bekommt das Design Dehnungsstreifen?
- Wie mühsam ist es, mit den dynamischen Elementen zu interagieren?
- Lässt sich das Design mit einem anderen Breakpoint verbessern?
- Lässt sich das Nutzererlebnis für ein bestimmtes Gerät verbessern?
- Welche kleineren Anpassungen könnten dabei helfen, eine breitere Palette an Geräten zu unterstützen?

Brad Frost

RESPONSIVE DESIGN VERKAUFEN

Brad Frost ist Stratege für mobiles Web und Frontend-Designer bei R/GA in New York City. Er ist Schöpfer von »Mobile Web Best Practices«, einer Website mit Ressourcen für Menschen, die großartige mobile und responsive Weberfahrungen entwickeln möchten. Außerdem ist er der Kurator von WTF Mobile Web, das anhand von Beispielen zeigt, was man bei der Arbeit mit dem mobilen Web nicht tun sollte. Brad hat eine große Leidenschaft für mobile Geräte, tweetet und bloggt und spricht gerne darüber.

Für Responsive Design ist es entscheidend, die Kunden von Anfang an mit ins Boot zu holen. Denn dieser Ansatz wirkt sich auf Prozess, Timing, Budget und schlussendlich auf das fertige Produkt aus. Es ist wichtig, mit den Kunden ehrlich zu sein und ihnen die Herausforderungen sowie die Möglichkeiten von Responsive Design zu zeigen. Gut informierte Kunden sind eher gewillt, in das Projekt zu investieren und dafür zu sorgen, dass es richtig gemacht wird. Der übrige Prozess verläuft relativ glatt, wenn Sie die tatsächlichen Entscheidungsträger überzeugen.

Ich habe festgestellt, dass es wahre Wunder bei der »Erziehung« der Kunden wirkt, wenn Sie etwas zeigen, statt es nur zu erklären. In wenigen Bildern kann ich darstellen, dass die Landschaft des Webs zunehmend komplexer wird und der Kunde auf diese Tatsache eingehen muss. Beispiele können Responsive Design auf eine Weise erklären, für die Worte nicht ausreichen. Am liebsten mache ich eine oder zwei Seiten von der Website des Kunden responsive. So möchten Sie sicherlich keine neue Website entwickeln, aber es hilft dem Kunden, das Konzept adaptiver Layouts zu verstehen. Kunden haben oft Schwierigkeiten, über den Tellerrand hinaus zu denken (»Aber wir sind doch keine Zeitung!«), sodass diese Übung den Fokus auf die Möglichkeiten von Responsive Design richtet.

Bei der Auswahl dieser Seiten spielen einige Faktoren eine Rolle. Einer davon ist die einfache Implementierung. Aus naheliegenden Gründen möchten Sie nicht die komplizierteste Seite für einen Responsive Proof of Concept heranziehen. Seiten mit einem hohen Anteil mobiler Aufrufe sind gute Kandidaten. Ich möchte auch zeigen, dass Responsive Design mehr bietet als nur Layoutanpassungen. Daher verwende ich Seiten, für die sich ein einfaches Swipe Carousel anbietet, um sie ein bisschen sexier zu machen. Dabei hängt viel von der Präsentation ab. Sie sollten die Seiten auch auf echten Geräten zeigen. Aber wie ich inzwischen gelernt habe, sollten Sie mit ein paar Größenänderungen des Browserfensters beginnen, damit der Kunde das Konzept versteht, bevor Sie es auf echten Geräten demonstrieren.

Manchmal ist Responsive Design auch nicht der richtige Ansatz. Für manche Projekte ist der Zugriff auf die Kamera-API erforderlich. Manche Microsites haben eine Lebensdauer von mehreren Wochen. Bestimmte Kunden bieten Produkte für Millionäre an und können es sich deshalb leisten, eine angepasste iPhone-App zu entwickeln.

Aber selbst wenn es in einem Projekt nicht um Responsive Design geht, stelle ich immer die wichtigen Fragen nach der Kompatibilität mit mobilen Geräten: Was ist mit diesen Videos auf mobilen Geräten? Wie groß soll die Seite sein? Was passiert, wenn ein Gerät diese Schrift nicht unterstützt?

Als Minimum möchten Sie, dass mobile Geräte berücksichtigt werden. Und als Maximum eine vollwertige optimierte und adaptive User Experience.

WIEDERHOLUNGEN

Wenn diese Fragen beantwortet sind, fangen Sie wieder von vorne an. Sie feilen am Design, um die Änderungen vorzunehmen, und wiederholen den Vorgang. Idealerweise machen Sie bei jedem Durchgang nur kleine Schritte – keine großen Änderungen. Dadurch ist es viel einfacher, die User Experience fein abzustimmen. Und Sie riskieren nicht, in einem großen, allumfassenden Bild von der User Experience hängen zu bleiben.

Das mag zeitintensiv klingen. Ist es auch. Es ist außerdem ein unglaublich wichtiger Schritt, um zu gewährleisten, dass das fertige Produkt eine erfreuliche Erfahrung für diejenigen ist, die es verwenden.

Es geht darum, dass Sie wirklich in das Medium eintauchen, für das Sie entwickeln. Wir haben ein begrenztes Wissen über die spezifischen und einzigartigen Eigenheiten dieser Fülle an Geräten. Wenn Sie versuchen, Layoutprobleme bei Skalierung und Interaktion mit einer Website vorauszuahnen, sind Sie auf verlorenem Posten.

RESPEKT

Natürlich fällt dieser ganze Prozess zusammen wie ein Kartenhaus, wenn es am gegenseitigen Respekt zwischen den Designern und Entwicklern fehlt, die an einem Projekt arbeiten.

Solide Kommunikation kann in einem gewissen Maß helfen. Durch die enge Zusammenarbeit werden Designer und Entwickler gleichermaßen mehr Respekt und ein besseres Verständnis für die Herausforderungen des anderen entwickeln.

Wissen hilft! Es ist sehr schwierig, etwas zu respektieren, das Sie nicht verstehen. Wenn Sie sich als Designer die Zeit nehmen, auch ein bisschen in die Programmierung einzusteigen, bekommen Sie einen tieferen Einblick in die Arbeit der Entwickler. Und sind Sie der Entwickler, hilft Ihnen eine kleine Forschungsreise in Designkonzepte dabei, zu erkennen, dass Design weitaus mehr als nur hübsche Farben und Schriften ist.

ZUSAMMENARBEIT MIT DEM KUNDEN

Die Zusammenarbeit sollte nicht nur intern erfolgen, sondern sich auch auf die Interaktionen mit den Kunden erstrecken. Beziehen Sie Ihre Kunden schon ganz am Anfang mit ein und lassen Sie sie Teil des gesamten Prozesses werden. Das typische Wasserfallkonzept – Designer und Entwickler lassen sich eine Lösung einfallen und übergeben sie zur Freigabe an den Kunden – kann zu einer

»Wir-gegen-die-Mentalität« führen. Daraus kann sich ein Spiel entwickeln, bei dem jeder immer dem anderen um eine Nasenlänge voraus sein möchte. Die Designer und Entwickler verspüren das Bedürfnis, ihre Entscheidungen zu verteidigen, und bekämpfen die Änderungen, die der Kunde einbringt.

Wenn Sie den Kunden während des gesamten Prozesses mit einbeziehen, wird das Projekt zur Teamarbeit. Die Wand zwischen dem Kunden und dem Designteam wird durchbrochen. Beide Seiten werden gehört, und jede Lösung wird durch Beiträge von beiden Seiten gefunden.

Eine bessere Zusammenarbeit mit dem Kunden ist außerdem für beide Seiten eine unglaublich lehrreiche Erfahrung. Das Designteam lernt die einzigartigen Anforderungen und Grenzen kennen, mit denen der Kunde zu tun hat – Dinge wie Altsysteme und Unternehmenspolitik. Der Kunde hat Gelegenheit, zu erleben, wie Entscheidungen über Design und Unterstützung getroffen werden. Wenn Sie den Kunden in die Design-Briefs mit einbeziehen, wird er verstehen, warum das Design einer Website notwendigerweise von Gerät zu Gerät und von Browser zu Browser unterschiedlich ist.

In Systemen denken

Denken Sie für einen Augenblick zurück an Kapitel 5 und unsere Diskussion über die geräteübergreifende Experience. Kohärenz ist eines der primären Prinzipien, die sich daraus ergeben. Eine Website braucht Konsistenz – nicht nur von Seite zu Seite, sondern auch von Gerät zu Gerät.

Um Kohärenz zu erreichen, müssen wir aufhören, seitenweise über eine Website nachzudenken, und damit beginnen, in Systemen und deren Komponenten zu denken: Header, Footer, Navigationssysteme usw. Das Denken über die einzelnen Komponenten entkoppelt uns von der Seite und zwingt uns so, darüber nachzudenken, wie diese Komponenten in Relation zur User Experience der gesamten Website funktionieren.

Das war schon immer wichtig, aber nie so sehr wie heute. Websites müssen auf mehr Geräten und Browsern funktionieren als je zuvor. Für den Erfolg eines jeden Projekts mit Responsive Design ist es entscheidend, dass Sie berücksichtigen, wie die einzelnen Komponenten einer Website in unterschiedlichen Umgebungen funktionieren und wie Sie diese Komponenten einheitlich so zusammenführen können, dass ein umfassendes Erlebnis entsteht.

Außerdem hilft dieser Designansatz dabei, Konsistenz und Produktivität zu verbessern. Es gibt keinen Grund, Lösungen immer und immer wieder neu zu erfinden: Während Sie gestalten, erschaffen Sie eine Bibliothek mit Lösungen, die Sie jederzeit wieder verwenden können, wenn es sinnvoll ist.

Mobile First

Wie wir bereits festgestellt haben, hat die zunehmende Fragmentierung unsere gewohnten Prozesse auf den Kopf gestellt. Der Schlachtruf des Tages lautet: Gestalten Sie als Erstes für mobile Geräte.

Dieses Konzept wurde zuerst von Luke Wroblewski vertreten. In seinem ursprünglichen Beitrag zu diesem Thema zitierte er drei Gründe, warum die mobile Erfahrung zuerst entwickelt werden sollte:[3]

- **Mobile Geräte nehmen explosionsartig zu.**

  »Die Entwicklung von den mobilen Geräten ausgehend stellt für Unternehmen sicher, dass sie dieser extrem schnell wachsenden Benutzerbasis – die weithin als die nächste große Computing-Plattform gilt – ein Erlebnis bieten können.«

- **Mobile Geräte zwingen zum Fokus.**

  »Mobile Geräte zwingen Softwareentwicklungsteams, sich auf die wichtigsten Daten und Aktionen in einer Anwendung zu fokussieren. Auf einem Bildschirm mit 320 mal 480 Pixeln ist einfach kein Platz für unnötige Elemente. Sie müssen Prioritäten vergeben.«

- **Mobile Geräte erweitern Ihre Möglichkeiten.**

  »Indem Teams zuerst für mobile Geräte entwickeln, haben sie die Möglichkeit, die volle Palette an Fähigkeiten auszuschöpfen, um umfassende kontextsensitive Anwendungen zu erstellen, anstatt sich auf eine zunehmend veraltete Auswahl an Möglichkeiten zu beschränken.«

Sehen wir uns jeden dieser Gründe etwas näher.

---

[3] »Mobile First« unter *www.lukew.com/ff/entry.asp?933*

Mobile Geräte nehmen explosionsartig zu

Mobile Geräte nehmen sowohl in Quantität als auch Qualität rapide zu. Ein Bericht schätzt, dass es bis zum Jahr 2020 12 Milliarden Mobilfunkteilnehmer geben wird.[4]

Mit dem Zuwachs an Geräten gibt es auch immer mehr und mehr Menschen, die nur über ihr mobiles Gerät auf das Internet zugreifen. Kein Laptop, kein Desktop: Ihre einzige Interaktion mit dem Internet geschieht mit diesem kleinen Gerät, das sie in ihrer Tasche tragen. In den USA greifen 25 % aller mobilen Benutzer nur durch ihr mobiles Gerät auf das Internet zu. In Großbritannien sind es 22 %.[5]

Falls Ihnen diese Zahlen hoch vorkommen – im Vergleich zum Rest der Welt sind sie relativ niedrig. Angeführt wird die Statistik beispielsweise von Ägypten, wo 70 % nur mit mobilen Geräten ins Netz gehen (Abbildung 6.1).

Afrika ist ein weiteres interessantes Beispiel. Dort werden bald mehr Menschen Zugang zu einem mobilen Gerät haben als zu Elektrizität.[6] Das bedeutet, dass sie ihre Geräte unter anderem mit Autobatterien aufladen müssen.

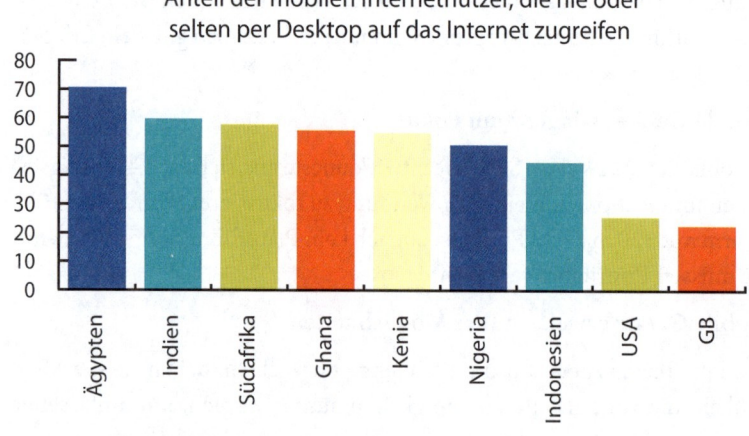

Abbildung 6.1
Anteil der mobilen Internetnutzer, die nie oder selten per Desktop auf das Internet zugreifen (nach Ländern).

---

4 »GSMA Announces That the Proliferation of Connected Devices Will Create a US$1.2 Trillion Revenue Opportunity for Mobile Operators by 2020« unter *www.prnewswire.com/news-releases/gsma-announces-that-the-proliferation-of-connected-devices-will-create-a-us12-trillion-revenue-opportunity-for-mobile-operators-by-2020-131484733.html*

5 »Global mobile statistics 2013: all quality mobile marketing research, mobile Web stats, subscribers, ad revenue, usage, trends…« unter *http://mobithinking.com/mobile-marketing-tools/latest-mobile-stats*

6 »The Significance of Mobile Web in Africa and its Future« unter *www.wfs.org/content/significance-mobile-web-africa-and-its-future*

Wirklich interessant an diesen Zahlen ist die Art und Weise, wie sie sich darauf auswirken, wie das Web in diesen Ländern erlebt wird. Das ist nur schwer zu verstehen. Stellen Sie sich vor, Sie leben an einem Ort, an dem Ihr Nachbar wahrscheinlich eher ein Mobiltelefon besitzt als Elektrizität. Stellen Sie sich vor, wie anders Sie das Internet erleben würden, wenn Sie und sieben von zehn Ihrer Freunde das Internet immer nur über den kleinen Bildschirm ihres Telefons nutzen.

Die Anzahl von Geräten und die Anzahl der Menschen, die damit auf das Web zugreifen, wird kontinuierlich wachsen – und zwar rapide. Es ergibt also durchaus Sinn, die mobilen Plattformen, die in einigen Ländern bereits dominieren, zuerst zu berücksichtigen.

Mobile Geräte zwingen zum Fokus

Wenn Sie zuerst für mobile Geräte gestalten, können Sie die Diskussion auf die Inhalte konzentrieren, die für Ihre Website am wichtigsten sind. Wir haben alle bei Unternehmen oder für Kunden gearbeitet, bei denen jeder eine andere Vorstellung davon hatte, was auf die Homepage gehört. Natürlich möchte jede Abteilung ihr eigenes Material ganz vorn in der Mitte haben. Das führt zu überfüllten Designs. Wir packen unsere Websites voller Tabs und zusammenklappbarer Elemente und lassen dabei nur wenig Raum zum Atmen (Abbildung 6.2).

Auf einem mobilen Gerät ist es wesentlich schwieriger, damit durchzukommen. Diese Geräte haben typischerweise kleinere Bildschirme. Das bedeutet, dass es weniger Platz gibt, um einen Haufen Inhalt reinzuquetschen. Entsprechend müssen Sie sich auf den Inhalt einschießen, der für Ihre Besucher am wichtigsten ist. Welche Features und Funktionalitäten sind lebenswichtig für Ihre Website? Und welche sind einfach nur hübsches Beiwerk? Und noch besser: Welche gehören überhaupt nicht auf Ihre Seite?

Die Diskussion darüber, auf welche Inhalte es ankommt und auf welche nicht, schwappt auch häufig in die Überlegung zum Layout für größere Bildschirme über. Wenn Sie festgestellt haben, dass ein Inhaltsblock nicht wichtig genug ist für die Homepage für mobile Geräte, ist er dann wirklich wichtig genug für einen größeren Bildschirm?

◆ **Tipp**
Simple and Usable von Giles Colborne ist ein ausgezeichnetes Buch für alle, die herauszufinden versuchen, wie sie eine Website auf ihren Kern vereinfachen und dabei Chaos reduzieren können.

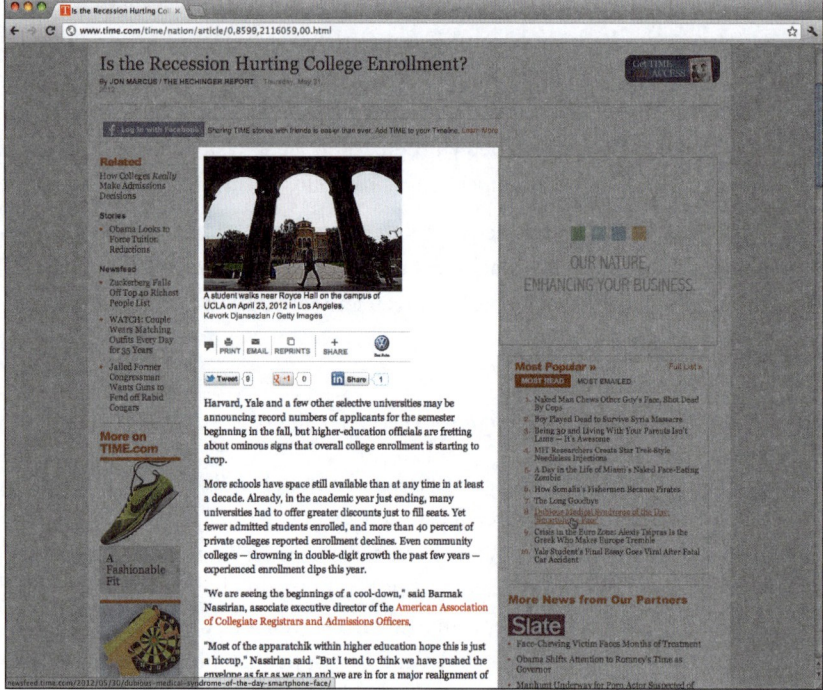

Abbildung 6.2
Der Artikel (der hervorgehobene Teil) ist der Inhalt, um den es dem Besucher eigentlich geht. Aber er ist in einem Durcheinander von Ablenkungen versteckt.

Mobile Geräte erweitern Ihre Möglichkeiten

Heutzutage bieten viele Unternehmen ihre mobilen Websites als begrenzte, gekürzte Versionen ihrer Desktop-Websites an. Vielleicht liegt das an den begrenzten Möglichkeiten, die wir historisch bedingt mit dem Etikett »mobiles Gerät« verbinden. Oder vielleicht lehnen wir die Vorstellung ab, dass auch in kleinen Verpackungen große Dinge auf uns warten können. Was auch immer der Grund ist, viele sind offensichtlich ganz versessen darauf, das mobile Erlebnis so stark zu vereinfachen, dass es einem im Vergleich zur »Full Site« fast schon verkrüppelt vorkommt.

Diese Denkweise ist grundsätzlich falsch und ergibt in der Praxis nur sehr wenig Sinn. Wie Josh Clark, ein Mobile Consultant, sagt: »Zu behaupten, dass Design für mobile Geräte weniger bedeuten soll, ist wie die Behauptung, dass Taschenbücher wegen der kleineren Seiten weniger Kapitel haben sollten.«[7]

---

[7] »Josh Clark debunks the 7 Myths of Mobile Web Design« bei The Next Web (TNW)
http://thenextweb.com/dd/2011/11/07/josh-clark-debunks-the-7-myths-of-mobile-web-design/

In Wahrheit sind mobile Geräte gar nicht die beschränkten Alternativen ihrer größeren Artgenossen. Oft sind sie wesentlich leistungsfähiger. Sie können massiven Gebrauch von Geolocation machen, um die User Experience zu optimieren. Sie können das Layout ändern, je nachdem, wie sie gehalten werden. Viele unterstützen eine umfassende Multitouch-Schnittstelle. Diese Geräte sind sehr häufig in der Lage, ein wesentlich reichhaltigeres Erlebnis zu bieten als ihre Desktop-Gegenstücke.

Die Geräte sind außerdem mit einer ständig wachsenden Anzahl von Sensoren bestückt. Viele davon sind vielleicht noch nicht vom Browser aus zugänglich. Halten Sie aber die Augen offen und überlegen Sie, wie Sie diese Sensoren für ein besseres Erlebnis einsetzen können. Mobile Geräte sollten keine abgespeckte Version Ihrer Website erhalten. Sie sind das Tor für eine wesentlich persönlichere Erfahrung, als es jemals zuvor möglich war.

Das Resümee des bisher Gesagten: Es ist absolut sinnvoll, zuerst das mobile Erlebnis in Ihrem Designprozess zu berücksichtigen. Es wird eine Übergangsphase geben, bis Sie sich daran gewöhnt haben. Aber sobald Sie das getan haben, werden Sie feststellen, dass Sie sich dadurch besser auf die Schlüsselkomponenten Ihrer Website konzentrieren und Zeit sparen können.

Die Tools

Die hier dargestellten Tools sind diejenigen, die sich für meinen eigenen Prozess als wertvoll erwiesen haben. Sie kommen nicht alle in jedem Projekt vor. Und für manche Projekte nutze ich mehr. Aber es sind die wichtigsten Werkzeuge, auf die ich am häufigsten zurückkomme. Wie gesagt, der Weg kann von Projekt zu Projekt unterschiedlich sein. Der Prozess ist nicht festgeschrieben. Sie sollten das richtige Tool für die richtige Aufgabe verwenden.

Wireframes

Bei der Entwicklung eines Designs, möchten Sie sich nicht zu früh in die kleinen Details verstricken. Wenn Sie als Erstes ein detailgetreues Mock-up oder einen Prototyp erstellen, wird es sehr schwierig, durch die Farben und die Typografie die eigentliche Struktur des Designs zu erkennen.

Stattdessen ist es hilfreich, wenn Sie mit weniger detailgetreuen Wireframes beginnen. Ein Wireframe ist ein Diagramm, das zeigt, welche Inhalte auf einer Seite dargestellt werden. Wireframes enthalten typischerweise keine Farben,

Schriften oder Bilder. Ziel eines Wireframes ist es nicht, das Layout der Website zu präsentieren, sondern beim Ermitteln der Seitenstruktur zu helfen sowie bei der Entscheidung, welche Inhaltsarten angezeigt werden sollen und welche Prioritäten diese Inhalte haben.

Halten Sie Ihre Wireframes so einfach wie möglich. Je detailreicher ein Wireframe ist, desto mehr müssen Sie mit Widerstand rechnen. Zu viele Details lenken die Leute ab. In diesem Stadium möchten Sie sich nicht mit Schriften oder Farben beschäftigen – Sie sollten sich auf die Elemente einer Seite und deren Struktur beschränken. Je weniger detailreich Ihr Wireframe ist, umso einfacher ist es, sich auf Struktur, Hierarchie und Verhalten der Seite zu konzentrieren.

Stephen Hay verwendet gern das, was er als »Content-Reference-Wireframes« bezeichnet. Ein Content-Reference-Wireframe ist ein Dokument mit wenigen Details, das grob zeigen soll, wo die unterschiedlichen Inhaltstypen auf einer Seite platziert werden. Mithilfe der Inhaltsanalyse und Seitentabellen (siehe Kapitel 5, »Planung«) ermitteln Sie den Inhalt, der auf eine Seite kommt, sowie die allgemeine Hierarchie. Anschließend können Sie einen Content-Reference-Wireframe erstellen, der zeigt, wo diese Inhalte platziert werden (Abbildung 6.3).

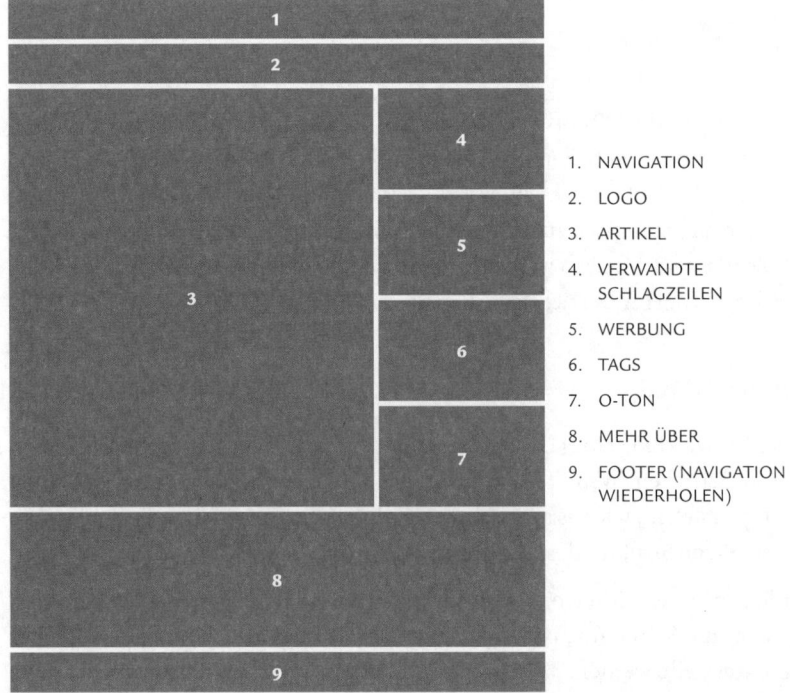

Abbildung 6.3
Content-Reference-Wireframes zeigen, wohin jeder Inhaltsblock auf einer Seite kommt.

1. NAVIGATION
2. LOGO
3. ARTIKEL
4. VERWANDTE SCHLAGZEILEN
5. WERBUNG
6. TAGS
7. O-TON
8. MEHR ÜBER
9. FOOTER (NAVIGATION WIEDERHOLEN)

Da Content-Reference-Wireframes so wenige Details zeigen, können Sie sie sehr schnell erzeugen. In nur wenigen Minuten können Sie Wireframes für verschiedene grundlegende Bildschirmgrößen erstellen, die Sie dem Kunden oder den Projektbeteiligten zeigen. Und weil Content-Reference-Wireframes so einfach zu machen sind, werden Sie sich nicht jedes Mal Ihre Haare ausreißen, wenn der Kunde um eine Änderung bittet: In nur wenigen Minuten sind Sie fertig.

BEGINNEN SIE MIT EINER SKIZZE

Unabhängig davon, welches Format Ihnen für Ihre endgültigen Wireframes am liebsten ist, sollten Sie mit Skizzen beginnen. Der Vorteil von Skizzen liegt in der Quantität, nicht in der Qualität. Skizzen können sehr rasch angefertigt werden, wodurch Sie sich schnell durch eine Reihe unterschiedlicher Möglichkeiten und Größen arbeiten können (Abbildung 6.4). Das ist insbesondere für ein Projekt mit Responsive Design wichtig, bei dem Sie das Layout für eine Reihe unterschiedlicher Auflösungen skizzieren müssen.

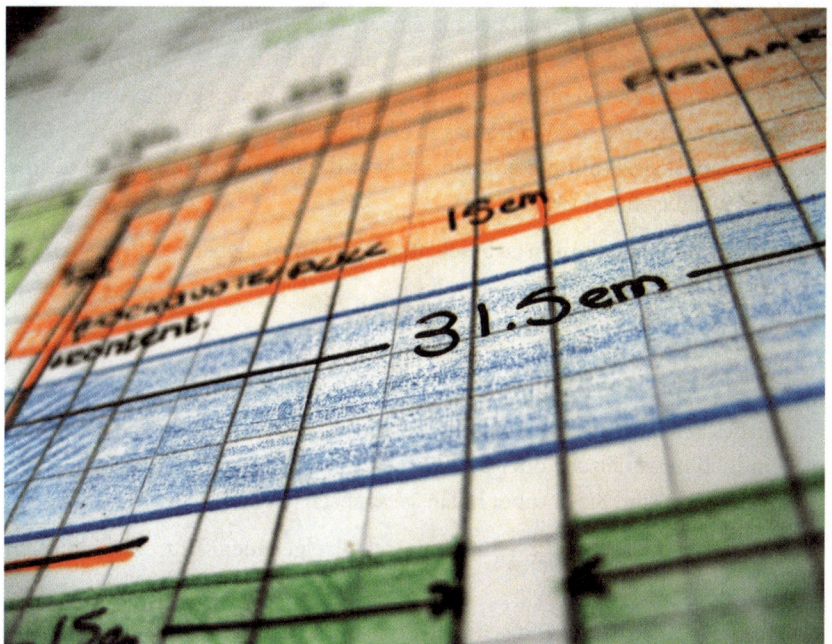

Abbildung 6.4 Mit Zeichnungen können Sie sich schnell durch viele Ideen und Szenarios arbeiten.

Die Skizzen sollten so wenige Details wie möglich zeigen. Wenn Menschen eine Skizze auf einem Stück Papier sehen, erkennen sie, dass es sich um eine vorläufige

Idee handelt. Eine Skizze ist äußerst zwanglos: Die groben Linien zeigen einen kreativen Denkprozess, keine präzise und polierte Idee. Das ermuntert zur Beteiligung und Diskussion, da die Leute erkennen, dass Sie daran immer noch arbeiten. Der Mangel an Details hilft Ihnen, keinen Tunnelblick zu bekommen und das große Ganze im Auge zu behalten.

Nachdem die Skizzen angefertigt und überarbeitet wurden, machen einige Designer mit einem etwas detailreicheren Wireframe weiter. Ein beliebter nächster Schritt ist das, was Jason Santa Maria die »Grey Box-Methode«[8] getauft hat.

Nach der Grey Box-Methode besteht Ihr nächster Schritt darin, ein Wireframe zu erstellen, das – Sie haben es bereits vermutet – aus grauen Boxen besteht, die die verschiedenen Inhaltsabschnitte repräsentieren. Dies geschieht üblicherweise mit Adobe Illustrator, Photoshop oder einer Reihe weiterer Tools, die speziell im Hinblick auf Wireframing entwickelt wurden.

Grey Box-Wireframes sind mittlerweile so verbreitet, dass viele Projektbeteiligte sie bereits erwarten. Allerdings sollten wir an diesem Punkt darüber nachdenken, von unserem typischen Ansatz abzuweichen. Wireframes sind sehr gut dafür geeignet, sich schnell eine Vorstellung von der Struktur einer Seite zu machen, taugen aber nicht zu viel mehr. Manche Leute unternehmen große Anstrengungen, um sehr detailreiche Wireframes zu erstellen, die aber nur ein gewisses Maß an Informationen vermitteln können. Es geht darum, das richtige Tool für die richtige Aufgabe zu wählen.

Anstatt uns mit grauen Boxen zu beschäftigen, gehen wir lieber von Papierskizzen zu etwas Interaktiverem über.

Mock-ups

Ein Teil des Erwachsenwerdens besteht darin, loszulassen. Sie hatten wahrscheinlich mal ein Lieblingsspielzeug oder Stofftier, als Sie ein Kind waren. Aber ab einem gewissen Punkt sind Sie darüber hinausgewachsen.

Es ist an der Zeit, dass Sie die Sehnsucht nach pixelgenauer Kontrolle hinter sich lassen.

Manchmal müssen Sie gewillt sein, die Perfektion zu opfern, um eine maximale Anzahl von Menschen zu unterstützen. Wir können versuchen, pixelgenaue Designs zu schaffen, die nur eine Untergruppe des potenziellen Publikums erreichen.

---

8 »Grey Box Methodology« unter *http://v3.jasonsantamaria.com/archive/2004/05/24/grey_box_method.php*

Oder wir können die Gezeiten akzeptieren. Wir können wunderschöne Websites entwickeln, einige Schönheitsfehler hinnehmen und so einer wesentlich größeren Zielgruppe ein genussvolles Erlebnis bieten.

Kleine Mängel sind eine gute Sache. Kleine Mängel schaffen Charakter und ermöglichen Gestaltbarkeit. In der Realität übertrumpft »kleine Mängel, aber flexibel« so ziemlich immer »perfekt, aber unflexibel«. Wie bei Play-Doh-Knetmasse wollen die Menschen etwas, das sie anpassen und zu etwas Eigenem machen können.

Die Frage »Muss eine Website in jedem Browser gleich aussehen?« quält unsere Branche seit Jahren. Viele haben argumentiert, dass es nicht so sein muss. Trotzdem haben wir es versucht – und haben uns dabei wirklich angestrengt.

Wir haben alles nur Erdenkliche getan, damit unsere Websites unabhängig vom Browser so identisch wie möglich aussehen. Viele von uns haben eine Lösung für abgerundete Ecken implementiert, lange bevor moderne Browser das mit herstellerspezifischen Präfixen ermöglicht haben. Für diese komplizierten Lösungen waren üblicherweise mehrere zusätzliche divs und mehrere Bilder erforderlich.

Lange Zeit war Transparenz mit PNGs im Internet Explorer ein weiterer Schmerzpunkt. Da IE keine transparenten 24-Bit-PNGs unterstützt hat, haben wir unzählige Drittanbieterskripte entwickelt, um den Internet Explorer so auszutricksen, dass er sie doch korrekt anzeigt.

Diese Lösungen waren Hacks, teuer erkaufte Hacks. Sie haben den Entwicklungsprozess verlängert, den Umfang der Seiten vergrößert und unsere Projekte unnötig kompliziert gemacht.

Die Idee, Experience pixelgenau zu gestalten, ist sehr verführerisch. Deshalb sind so viele ganz begeistert darüber, was sie mit nativen iOS-Anwendungen machen können. Sie haben absolute Kontrolle über Design und Layout der App.

Im Web existiert diese Präzision nicht. Es gibt zu viele Variablen. User können die Seite vergrößern oder verkleinern und so die Darstellung der Seite verändern. Unter Umständen entscheiden sich die Benutzer, den Browser nicht vollständig zu maximieren. Auf unsere Webseiten kann mit einer beliebigen Anzahl unterschiedlicher Browser und Geräte zugegriffen werden, jeder mit anderen Leistungsmerkmalen und unterschiedlicher Unterstützung.

Die Vorstellung von einem Design, das auf allen Browsern identisch aussieht, ist ein Trugschluss – und ein potenziell schädlicher dazu.

Kunden und Projektbeteiligte sind häufig diejenigen, die sich am lautesten zu Wort melden, wenn ein Design im Internet Explorer 6 nicht genau so aussieht wie in der neuesten Version von Google Chrome. Wir können dabei aber auf niemanden mit dem Finger zeigen. Denn wenn wir tief genug graben, finden wir heraus, dass die Wurzel des Problems sehr wohl eine unserer eigenen Praktiken sein kann: statische Mock-ups.

DAS PROBLEM MIT STATISCHEN MOCK-UPS

Der traditionelle Ansatz für die Erstellung erster Design-Mock-ups für eine Website waren üblicherweise Grafikprogramme wie Adobe Photoshop oder Fireworks. Damit können Sie statische Mock-ups am laufenden Band produzieren, sie vielleicht ausdrucken und den Kunden zeigen. Gemeinsam gehen Sie das Design durch und notieren alle nötigen Änderungen. Dann geht es zurück zu Photoshop.

Sobald das Mock-up fertiggestellt und freigegeben ist, übergeben Sie es an Ihre Frontend-Entwickler, um mit der Implementierung des Mock-ups in HTML und CSS zu beginnen.

Das ist bequem. Das hat Tradition. Das entspricht der Norm. Außerdem ist es grundlegend falsch.

Zweifellos sind diese Grafikprogramme leistungsfähig. Sie geben Ihnen eine erstaunliche Menge an Tools und Kontrolle. Sie können die Typografie, die Farben, die Rahmen, das Layout und vieles mehr fein abstimmen. Das macht diese Programme zu fantastischen Tools zur Bildbearbeitung, Gestaltung von Symbolen oder für das Printdesign. Für ein dynamisches Medium wie das Web sind sie allerdings eine schlechte Wahl.

Wenn Sie Photoshop öffnen und ein neues Dokument erstellen, müssen Sie als Erstes die Größe der Datei angeben. Und in diesem Augenblick haben Sie sich schon genau von dem Medium entfernt, für das Sie gestalten. Es ist kein Wunder, dass wir so viele Websites mit fester Breite entwickelt haben.

Es gibt eine Menge Probleme mit statischen Mock-ups: Sie bieten eine sehr begrenzte Perspektive davon, wie das Endergebnis aussehen wird. Sie können nicht zeigen, wie ein Design auf verschiedenen Bildschirmgrößen dargestellt wird. Sie zeigen nicht, wie sich die Seite bei der Interaktion verhält – beispielsweise im Hover- oder Focus-Zustand. Es gibt keinerlei Anhaltspunkte für die vielen Inkonsistenzen bei der Darstellung in den zahlreichen verschiedenen Browsern.

Und das ist wiederum ein großes Problem, wenn es darum geht, das Design einem potenziellen Kunden oder Manager gegenüber zu kommunizieren. Wir geben ihnen diese statischen Mock-ups mit perfekt ausgewählten Farben und Schriften und beschweren uns dann, wenn sie sich darüber aufregen, dass die Website auf den verschiedenen Browsern unterschiedlich aussieht.

Die Kontrolle, die uns diese statischen Mock-ups bieten, lässt falsche Erwartungen darüber entstehen, wie sich das Design tatsächlich im Web verhält – auf verschiedenen Browsern und verschiedenen Geräten.

Dadurch entsteht eine Kluft zwischen Designern und Entwicklern. Der Designer übergibt dem Entwickler das freigegebene statische Mock-up. Das bedeutet aber häufig, dass es für den Entwickler keinerlei Anhaltspunkte gibt, wie er bei verschiedenen Interaktionen mit den visuellen Elementen umgehen soll.

Gleichzeitig geben die Grafikprogramme dem Designer die Illusion, wesentlich mehr Kontrolle über das präzise Layout einer Website zu haben. Alle Frontend-Entwickler, mit denen ich jemals gesprochen habe, beschweren sich an irgendeinem Punkt über Mock-ups, die entweder nicht realistisch oder schrecklich ineffizient waren.

Insbesondere im Responsive Design sind mehrere statische Mock-ups vergebene Mühe. Wie viele Mock-ups möchten Sie erstellen? Was passiert, wenn der CEO ein neues Gerät mit einer anderen Bildschirmgröße bekommt und noch ein Mock-up sehen möchte? Genau wie die getrennten Websites lässt sich auch diese Methode nicht wirklich gut skalieren.

DESIGN IM BROWSER

Ein alternativer Ansatz besteht darin, in genau der Umgebung zu gestalten, in der die Website existieren wird: im Browser. Dadurch werden viele dieser Probleme umgangen.

Ein dynamisches, HTML-basiertes Mock-up wird besser demonstrieren, was passiert, wenn Benutzer mit den Elementen einer Seite interagieren. Sie können zeigen, wie sich das Mock-up in Abhängigkeit von den Leistungsmerkmalen des fraglichen Geräts oder Browsers ändern muss und wie das Design auf verschiedenen Bildschirmgrößen aussieht.

Die Gestaltung im Browser hat den zusätzlichen Vorteil, dass Inhalt und Struktur in den Mittelpunkt rücken. Es kann nur eine gute Sache sein, die Form des Markups bereits so früh im Prozess zu berücksichtigen. Schließlich ist es auf den meisten Websites der Inhalt, der die Besucher anzieht.

Dieser Ansatz ist allerdings nicht jedermanns Sache. Gestaltung ist ein kreativer Prozess. Mit Werkzeugen, mit denen Sie sich nicht hundertprozentig wohlfühlen, können Sie das nicht leisten. Die meisten Designer empfinden bei der Arbeit in einem grafischen Editor einen gewissen Grad an Vertrautheit und Komfort. Beim Design im Browser ist diese Vertrautheit unter Umständen nicht gegeben.

Das ist kein Fehler dieses Ansatzes, sondern eher ein Fehler unserer Tools und Gewohnheiten.

UNSERE GEWOHNHEITEN

Wie bei einem Whac-a-Mole-Spiel taucht die Debatte darüber, ob ein Designer programmieren können soll oder nicht, immer wieder auf. Es ist sicher kein neues Thema. Bereits im Jahr 1990 hat Mitchell Kapor argumentiert, dass Designer programmieren können sollten:[9]

> Designer müssen solide Programmierkenntnisse in mindestens einer modernen Programmiersprache (C oder Pascal) haben – zusätzlich zu Kenntnissen in einer Vielzahl von Sprachen und Tools, darunter Forth und Lisp.

Ich bin nicht gewillt, eine derart kompromisslose Haltung einzunehmen. Ich denke nicht, dass ein Designer programmieren können muss (obwohl das sicherlich ein Bonus ist). Ich bin aber der Meinung, dass ein Designer HTML und CSS beherrschen sollte.

Das Web ist ein interaktives Medium. In vielerlei Hinsicht ist es viel näher an Software als an Printmedien. Dennoch haben wir es historisch gesehen nicht entsprechend behandelt. Vielleicht deshalb, weil sich das Web in erster Linie vor einem Printhintergrund entwickelt hat. Die Entwicklung wurde von einem dokumentbasierten Ansatz vorangetrieben.

Das ist ein Fehler und eine Beschränkung, aber immerhin berechenbar. Es entspricht voll und ganz der Rückspiegeltheorie von Marshall McLuhan (Abbildung 6.5).

Viele Menschen setzen der Meinung, dass Designer programmieren können sollten, entgegen, dass ja auch ein Architekt das Haus nicht selbst baut. Das stimmt sicher, aber ich würde auch keinen engagieren, der nicht weiß, wie es geht. Von Architekten erwarte ich, dass sie sehr viel vom Bau eines Hauses verstehen. Ich möchte, dass sie alles über die möglichen Baumaterialien und deren Vor- bzw. Nachteile wissen. Ich erwarte mir ein solides Verständnis darüber, wie ein stabiles Fundament gebaut wird, um die naturgemäße Belastung auszugleichen, die ein Gebäude aushalten muss.

---

9 Terry Winograd, *Bringing Design to Software* (Addison-Wesley, 1996)

Dasselbe gilt für Webdesigner. Ein Designer muss die Website nicht notwendigerweise selbst entwickeln, sollte aber ein fundiertes Verständnis für das Medium haben. Er sollte zumindest die Sprachen des Webs beherrschen – und das bedeutet mindestens HTML und CSS. Er sollte die Grenzen genauso wie die einzigartigen Merkmale und Möglichkeiten kennen.

Abbildung 6.5
»Wir sehen die Gegenwart durch einen Rückspiegel. Wir marschieren rückwärts in die Zukunft.«
Marshall McLuhan

Erwachsenwerden ist hart – fragen Sie irgendeinen aknegeplagten Teenager. Und doch ist es notwendig. Wenn wir jemals das volle Potenzial des Webs ausschöpfen möchten, müssen wir hin und wieder unsere Komfortzonen verlassen.

Das Web ist ein interaktives Medium: eines, das auf Bewegung und Interaktion basiert und auf einen Wink des Benutzers hin manipuliert werden kann. Es ist sinnlos, das nicht bereits in den frühesten Projektphasen zu berücksichtigen.

UNSERE TOOLS

Grafische Editoren sind zu restriktiv und spiegeln nicht die Natur des Webs wider. Leider nimmt die Arbeit mit Code vielen Designern die Möglichkeit, kreativ zu sein und zu experimentieren. Wir müssen die Kenntnisse aufbauen, die erforderlich sind, um mit diesem interaktiven Medium besser zu arbeiten. Aber wir könnten ein bisschen Hilfe von unseren Tools gebrauchen.

In einer Präsentation mit dem Titel »Inventing on Principle« diskutiert Bret Victor die Notwendigkeit für unmittelbares Feedback von unseren Tools, um unsere Kreativität zu steigern:[10]

> Kreative brauchen eine unmittelbare Verbindung zu dem, was sie schaffen. Damit meine ich Folgendes: Wenn Sie etwas machen, etwas ändern oder eine Entscheidung treffen, müssen Sie den Effekt sofort sehen. Es darf keine Verzögerung geben, und es darf nichts verborgen bleiben. Kreative müssen sehen, was sie tun.

Statische Mock-ups haben immer noch ihren Stellenwert

Es ist nicht wahrscheinlich, dass wir grafische Editoren jemals gänzlich aus unserem Workflow streichen. Das ist auch in Ordnung. Das sollte nicht unser Ziel sein. Grafische Editoren sind hervorragend geeignet für das Look-and-Feel und intensive Grafiken. Wir müssen nur bedenken, dass sie als Tool entscheidende Grenzen haben.

Es ist zwar dringend davon abzuraten, statische Mock-ups zu verwenden, um Ihre Designs den Kunden zu präsentieren. Trotzdem mögen sie manchmal sinnvoll sein. Für diese verzwickten Look-and-feel-Grafiken kann es durchaus nützlich sein, schnell etwas zusammenzubasteln und zur Diskussion zu stellen.

Kehren Sie aber unbedingt so schnell wie möglich zurück zum Browser, nachdem Sie Feedback von den Projektbeteiligten erhalten haben.

Durch die fehlende Verbindung zu dem, was sie schaffen, fühlen sich viele Designer bei der Gestaltung im Browser eingeschränkt. Unsere heutigen Tools sind leider nicht sehr gut dazu geeignet, diese Lücke zu schließen.

Bis zum Erscheinen des Wundertools ist es wichtig, dass wir den Griff nach unserem Lieblingsgrafikprogramm allmählich lockern. Sie müssen es nicht komplett abschaffen, aber beginnen Sie damit, auf einen etwas flexibleren Ansatz hinzuarbeiten. Gestalten Sie das Visuelle, während Sie den Code schreiben. Gehen Sie beides Hand in Hand an, und Sie werden wesentlich besser für die Arbeit im Web gerüstet sein.

---

10 »Inventing on Principle« unter *https://vimeo.com/36579366*

Styleguides

Als Hilfe für diesen Prozess sollten Sie einen visuellen Styleguide und eine Musterbibliothek erstellen. Styleguides waren bei großen Marken eine ganze Weile ziemlich beliebt. Ein rein visueller Styleguide kommuniziert, wie die visuelle Identität einer Marke – Schriften, Bilder und Logos – darzustellen sind. Dadurch soll gewährleistet sein, dass auch dann die Stimme der Marke im endgültigen Werk zu erkennen ist, wenn der Designer nicht direkt an der Erstellung der Materialien beteiligt ist.

Wenn wir dasselbe Konzept auf die Entwicklung anwenden, erhalten wir den Frontend-Styleguide. Dieser Styleguide zeigt, wie verschiedene Komponenten auf der gesamten Website dargestellt werden sollen. Dazu können Dinge wie Tabellen, Schaltflächen, Fehlermeldungen, Typografie, Bilder usw. gehören.

Der Styleguide dient ebenfalls als Beispiel für zu verwendende Markup-Muster. Wenn Sie beispielsweise zeigen möchten, wie eine Tabelle angezeigt werden soll, sollten Sie auch demonstrieren, wie das Markup für diese Tabelle zu schreiben ist – einschließlich der Struktur und der Attribute. Dadurch wird nicht nur eine konsistente visuelle Darstellung Ihrer Website gewährleistet, auch der Code wird eine konsistente Form haben, wodurch sich die Pflege wesentlich vereinfacht.

Sind diese Styleguides in HTML und CSS erstellt bieten sie eine ausgezeichnete Möglichkeit, zu testen, wie sich die Stilregeln auf verschiedenen Browsern und Breiten verhalten. Wenn Sie alle Komponenten auf eine Seite packen, müssen Sie lediglich diese eine Seite in einem anderen Browser oder auf einem anderen Gerät laden, um sofort zu erkennen, wie sich alle Elemente in dieser Umgebung verhalten. Sie können die Fenstergröße oder die Textgröße ändern und sehen sofort, wie sich diese Änderungen auf die einzelnen Komponenten auswirken.

Wenn Sie sich entscheiden, einige Stilregeln zu ändern, passen Sie einfach den Styleguide an und testen die entsprechende Seite auf allen Zielgeräten. So können Sie schnell erkennen, wie sich die Änderungen verhalten. Sind die Elemente auch dann mit dem allgemeinen Look-and-Feel konsistent, wenn einem Browser die Unterstützung für ein bestimmtes Feature fehlt? Funktioniert die Typografie auch auf einem Gerät mit kleinem Bildschirm? Müssen Sie auf einem großen Bildschirm die Schriftgröße anpassen?

Styleguides werden immer beliebter. Einer der bekanntesten Styleguides ist Bootstrap (Abbildung 6.6) von Twitter. Bootstrap zeigt genau, wie alles von Medienblöcken über Typografie bis hin zu modalen Boxen geschrieben und gestaltet werden soll. Ein neuer Entwickler, der ein Projekt mit einer solchen Ressource übernimmt, wird keine Schwierigkeiten haben, schnell in Fahrt zu kommen.

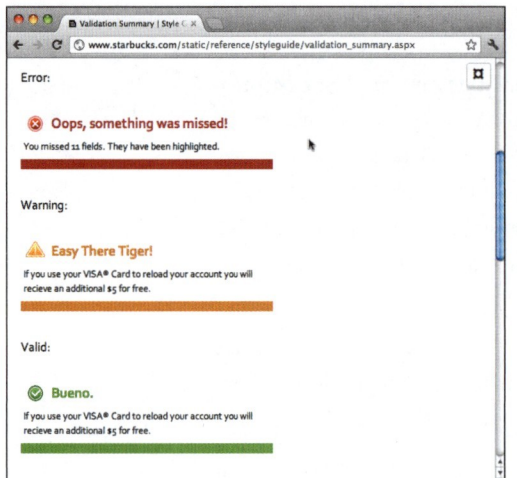 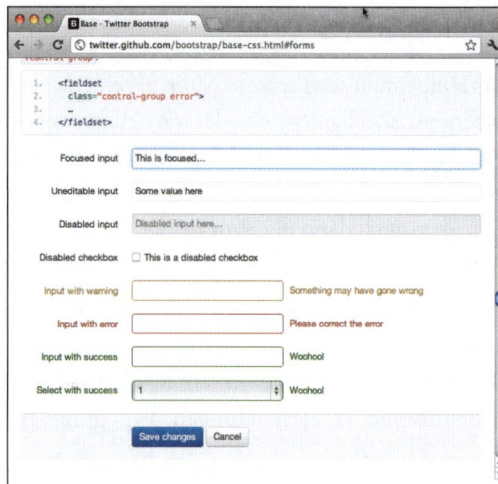

Abbildung 6.6
Die Styleguides von Starbucks (links) und Twitter Bootstrap (rechts) sind ausgezeichnete Beispiele dafür, wie nützlich ein umfassender Styleguide sein kann.

IHR EIGENER STYLE GUIDE

Es gibt keine richtige Art, einen Styleguide zu erstellen. Solange der von Ihnen gewählte Prozess zu einem Guide führt, der einfach zu pflegen, zu testen und zu überprüfen ist, haben Sie das richtige Verfahren gewählt.

Ein Tool, das Sie sich ansehen sollten, ist Barebones von Paul Robert Lloyd. Barebones ist ein kostenloses, vielseitig einsetzbares Framework, das als grundlegende Verzeichnisstruktur, Styleguide und Musterbibliothek dient.

▶ **Hinweis**
Sie können Barebones von GitHub unter *http://github.com/paulrobertlloyd/barebones* herunterladen.

Die Einrichtung ist simpel: Laden Sie den Code herunter und legen Sie ihn an einen Speicherort Ihrer Wahl – schon kann es losgehen. Der Code erstellt die folgende Verzeichnisstruktur:

- *_assets*: ein leeres Verzeichnis für die Bilder und Schriften Ihrer Website
- *_css*: ein Verzeichnis zum Speichern Ihres CSS
- *_inc*: ein leeres Verzeichnis für PHP-Includes
- *_js*: ein leeres Verzeichnis für JavaScript-Dateien
- *_patterns*: ein Verzeichnis zum Speichern von Mustern für die Musterbibliothek
- *_patterns.php*: die Seite, die die Musterbibliothek anzeigt
- *_styleguide.php*: die Seite, die den Styleguide anzeigt

Die beiden für dieses Buch entscheidenden Dateien sind *_patterns.php* und *_styleguide.php*.

Der Styleguide (Abbildung 6.7) zeigt, wie das grundlegende Markup (Dinge wie Listen, Header-Elemente und horizontale Linien) mit den Stilregeln der Website dargestellt wird. Es handelt sich um eine statische Seite: Wenn Sie ein Element dem Guide hinzufügen möchten, bearbeiten Sie _styleguide.php direkt und fügen dann die Stilregeln der Datei _patterns.css im Verzeichnis _css hinzu.

Zusätzlich zu einer hübschen visuellen Referenz, die zeigt, wie Elemente auf der Website dargestellt werden, liefert der Styleguide auch Informationen darüber, wann und wie bestimmte Elemente verwendet werden.

Die Musterbibliothek (Abbildung 6.8) demonstriert, wie verschiedene Snippets (etwa ein Tooltipp oder eine Fehlermeldung) gestylt und dargestellt werden. Darüber hinaus wird das Markup angezeigt, um darzustellen, wie das Snippet in HTML ausgezeichnet werden soll.

Alle Snippets auf der Musterseite werden als einzelne HTML-Dateien im Verzeichnis _patterns gespeichert. Die Musterseite durchsucht das Verzeichnis und zeigt jedes Snippet sowie das dazugehörige Markup an. Um ein neues Muster hinzuzufügen, legen Sie einfach nur eine neue Datei im Verzeichnis mit dem entsprechenden Snippet an und fügen die Stilregeln in die Datei _patterns.css ein.

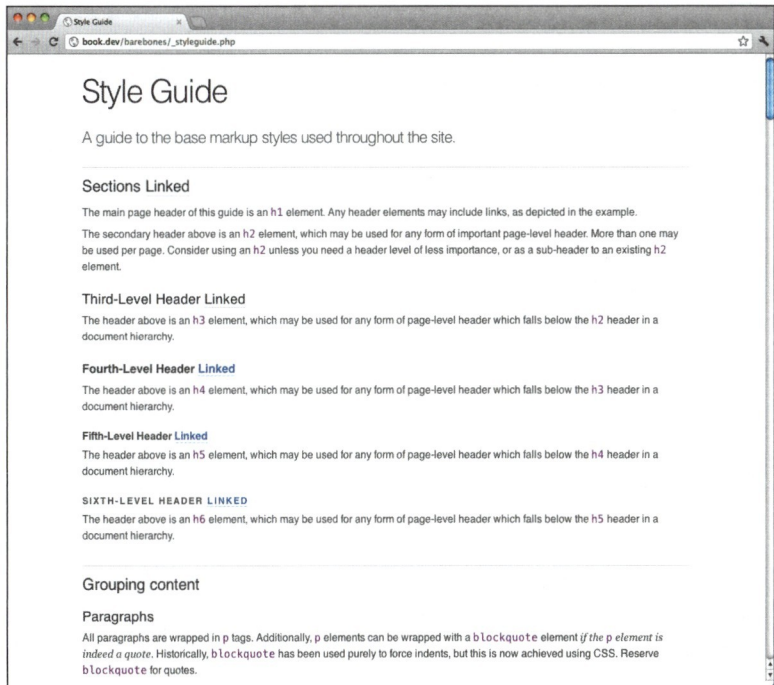

Abbildung 6.7
Der Standard-Styleguide in Barebones zeigt, wie das grundlegende Markup gestylt wird.

Abbildung 6.8
Die Musterbibliothek von Barebones zeigt, wie gebräuchliche Snippets angezeigt werden, sowie das entsprechende Markup.

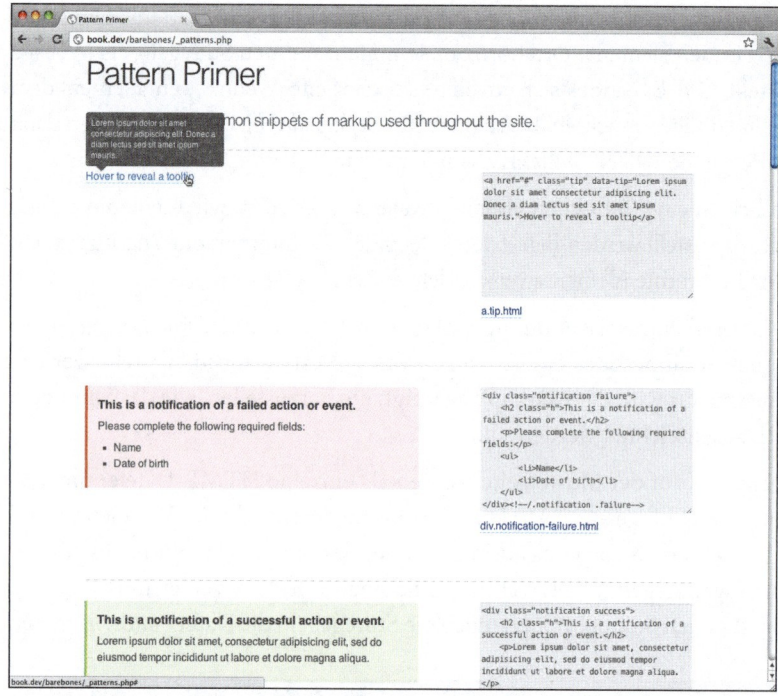

Werfen wir einen Blick auf das PHP, um zu sehen, was hier geschieht. Keine Sorge, der Code ist ziemlich einfach:

```
1.  $files = array();
2.  $patterns_dir = "_patterns";
3.  $handle = opendir($patterns_dir);
4.  while (false !== ($file = readdir($handle))):
5.      if(stristr($file,'.html')):
6.          $files[] = $file;
7.      endif;
8.  endwhile;
9.  sort($files);
```

Dieser Codeabschnitt öffnet unser Musterverzeichnis (Zeile 3), liest den jeweiligen Inhalt aus (Zeilen 4 bis 8) und legt diesen in einem Array ab. Anschließend werden die Dateien alphabetisch nach ihrem Namen sortiert (Zeile 9).

Nun haben wir ein sortiertes Array mit allen Snippets aus dem Musterverzeichnis. Wir durchlaufen dieses Array in einer Schleife und geben den Inhalt der Dateien im Styleguide aus.

```
1.   foreach ($files as $file):
2.       echo '<div class="pattern">';
3.       echo '<div class="display">';
4.       include($patterns_dir.'/'.$file);
5.       echo '</div>';
6.       echo '<div class="source">';
7.       echo '<textarea rows="10" cols="30">';
8.       echo htmlspecialchars(file_get_contents($patterns_dir.'/'.$file));
9.       echo '</textarea>';
10.      echo '<p><a href="'.$patterns_dir.'/'.$file.'">'.$file.'</a></p>';
11.      echo '</div>';
12.      echo '</div>';
13.  endforeach;
```

Während der Code die Snippets durchläuft, wird das jeweilige Snippet in ein div eingefügt (Zeilen 3 bis 5) und das reine HTML in eine textarea (Zeilen 6 bis 11), damit Sie auch das entsprechende Markup sehen können.

Dieses verwirrend simple Tool macht es erstaunlich einfach, den Styleguide zu erweitern. Für jedes neue Element, das Sie stylen möchten, brauchen Sie lediglich das Snippet in der Musterbibliothek abzulegen, und es wird automatisch in Ihrem Styleguide angezeigt. Die Pflege ist ein Klacks, und Sie genießen eine Menge Vorteile dadurch, dass Sie Ihre Stilregeln und Snippets auf einer einzigen Seite anzeigen können.

Zusammengefasst

Responsive Design ist mehr als nur eine einfache Strategie: Es ist der Anstoß für eine völlig neue Herangehensweise an Webprojekte – ein neuer Workflow, der die einzigartigen Stärken dieser bemerkenswerten Plattform besser ausreizt.

Dieser neue Workflow muss lebendig und flexibel sein. Da Zusammenarbeit bei diesem neuen Ansatz eine entscheidende Rolle spielt, sind Kommunikation, Wiederholungen und insbesondere Respekt ein absolutes Muss. Designer und Entwickler sollten während des gesamten Projekts eng zusammenarbeiten.

Wenn Sie beim Design von mobilen Geräten ausgehen, können Sie sich besser fokussieren und interessante neue Methoden finden, um das Erlebnis für Benutzer zu verbessern. Mobile Geräte sind immer mehr im Kommen, werden immer leistungsfähiger und öffnen damit die Tür für neue Methoden der Interaktion und neue Entdeckungen.

Auch unsere Instrumente müssen sich weiterentwickeln. Wireframes helfen Ihnen dabei, sich nicht zu früh in einem Projekt in den Details festzubeißen. Halten Sie sie so einfach wie möglich – die Stärke einer Skizze liegt in ihrer Gestaltbarkeit.

Stürzen Sie sich auf die interaktive Natur des Webs und beginnen Sie damit, Mock-ups im Browser zu erstellen. Eine zweidimensionale Bilddatei kann eine Website nur bis zu einem gewissen Grad abbilden: Ohne die Möglichkeit, zu demonstrieren, wie sich ein Design bei Benutzerinteraktionen verhält, können Übergaben recht kompliziert werden.

Die Gestaltung im Browser bedeutet, dass es für Designer an der Zeit ist, ihre HTML- und CSS-Kenntnisse aufzupolieren. Das mag zwar nervig sein, ist aber ein absolutes Muss, um auf die interaktive Natur des Mediums eingehen zu können. Das bedeutet nicht, dass Grafikprogramme komplett von der Bildfläche verschwinden müssen. Sie sollten aber standardmäßig nicht mehr unser Ausgangspunkt sein.

Das Denken in Systemen kann uns dabei helfen, einen Weg durch die verworrene Vielfalt an Browsern und Geräten zu finden. Der seitenweise Denkansatz genügt nicht. Styleguides zwingen uns, die einzelnen Komponenten einer Website zu betrachten und uns genau anzusehen, wie sie sich untereinander verhalten.

Im nächsten Kapitel beschäftigen wir uns mit der Erstellung von Inhalten, die wir plattformübergreifend verwenden können, sowie damit, wie und wann wir sie am besten anpassen.

Kapitel 7
Responsive Content

Technologien ändern sich. Standards entwickeln sich weiter. Aber die Notwendigkeit, unsere Inhalte zu verstehen – Sinn, Bedeutung, Struktur, Beziehungen und Wert –, wird bleiben. Wenn wir uns auf dieses Denken einlassen, werden wir unsere Inhalte befreien – sie werden voller Zuversicht weiterleben, mit intaktem Herzen, während sie in die große unbekannte Zukunft reisen.

— SARA WACHTER-BOETTCHER

Stellen Sie sich vor, Sie möchten ein Haus kaufen. Sie finden eines online, und die Fotos sehen fantastisch aus! Es gibt einen wunderbaren Parkettboden und jede Menge Platz. Die Küche wurde eindeutig erst vor Kurzem renoviert: Die Schränke sind brandneu, und die Arbeitsoberflächen glänzen. Es gibt einen Wintergarten, ein großes Wohnzimmer und eine Veranda um das Haus herum. Es gibt sogar einen beheizten Pool. Besser geht's nicht!

Sie fahren hin, um sich das Haus anzusehen. Als Sie ankommen, stellen Sie zu Ihrem Erschrecken fest, dass dieses wunderschöne Haus schief ist. Das Fundament ist uneben und hat Risse. Es ist erstaunlich, dass das Ding noch nicht in sich zusammengefallen ist.

Ein Haus ist immer nur so gut wie sein Fundament. Sie können noch so viel Zeit und Geld in Parkettböden, Arbeitsplatten aus Granit und Lichtinstallationen investieren. Aber wenn das Fundament nicht stabil ist, wird das Haus nicht lange stehen.

Eine Website zu entwickeln, ohne die Inhalte zu berücksichtigen und – noch schlimmer – ohne die Botschaft zu berücksichtigen, die dieser Inhalt vermitteln möchte, ist so, als würden Sie einen schönen Parkettboden auf festgewalzter Erde verlegen. Für den Erfolg eines jeden Projekts ist es lebenswichtig, die Inhalte und die damit verbundene Zielsetzung zu verstehen.

In diesem Kapitel lernen Sie:

- warum es darauf ankommt, den Inhalt von Anfang an zu berücksichtigen
- wie Sie die Struktur der Inhalte ermitteln und warum das wichtig ist
- wann Sie welche Inhalte anzeigen und warum Sie sich nicht einfach auf »View Desktop« verlassen können
- wie Sie Inhalte für unterschiedliche Geräte optimieren
- wann sich die Reihenfolge der Inhalte ändern sollte
- wie Sie Inhalte im Hinblick auf die Zukunft planen und strukturieren

Mit dem Inhalt anfangen

Wie wir in Kapitel 5, »Planung«, erklärt haben, ist es von entscheidender Bedeutung, die Inhalte bereits ganz am Anfang Ihres Projekts zu berücksichtigen. Die Inhalte sind das Skelett der meisten Websites. Wenn Sie den Inhalten nicht frühzeitig im Projekt Aufmerksamkeit schenken, unterschätzen Sie den Wert der wichtigsten Motivation für Menschen, Ihre Website zu besuchen.

Für die meisten lautet der Schlachtruf: »Content First, Inhalte zuerst!« Als allgemeines Konzept funktioniert das wunderbar. Wie aber oft bei solchen Parolen, haben es manche zu wörtlich genommen und glauben nun, idealerweise immer erst dann mit der Gestaltung zu beginnen, wenn alle Inhalte endgültig feststehen.

Das ist weder realistisch noch ideal. Inhalte sind eine kontinuierliche Diskussion, die während des gesamten Designprozesses und lange danach stattfinden muss. Wie der Designer Cennydd Bowles betont hat, gehen Design und Inhalt Hand in Hand:[1]

> Stil und Substanz sind untrennbar miteinander verknüpft. Wie Raum und Zeit sind sie weder voneinander trennbar noch dasselbe – es existiert weder Hierarchie noch Vorrang zwischen den beiden. Eines inspiriert das andere. Das andere inspiriert das eine.

Eine realistischere Strategie wäre: »Inhaltsstruktur zuerst«. Sie können zwar nicht erwarten, dass die Inhalte endgültig fertig sind, bevor Sie mit einem Projekt beginnen, Sie sollten aber ein solides Grundwissen, über die unterschiedlichen Inhaltsarten, ihre Erstellung, ihren Zweck und ihre Struktur haben.

Neben dem Verständnis der Inhaltsstruktur ist es hilfreich, mit einigen Beispielinhalten arbeiten zu können. Auch hier brauchen Sie wieder nicht alles. Aber ein Beispielartikel, ein Rezept, eine Mitarbeiterbiografie – welche Arten von Inhalten es auch geben mag – werden das Design leiten und Sie in Ihrer geplanten Vorgehensweise für die Inhalte bestätigen.

In Wahrheit müssen Sie jedoch mit der *Kommunikation* beginnen: mit der Botschaft, die Sie vermitteln möchten. Nur wenn Sie wissen, was Sie zu kommunizieren versuchen, können Sie die Struktur Ihrer Inhalte ermitteln, ganz zu schweigen vom Design der Website.

Inhaltstypen

Es ist wichtig zu wissen, welche Arten von Inhalten auf Ihre Website kommen. Eine Nachrichten-Website wird aller Wahrscheinlichkeit nach mindestens Artikel, Blogbeiträge und Kommentare umfassen. Die meisten Nachrichten-Websites werden aber etwas differenzierter aufgebaut sein. Neben bloßen »Artikeln« könnte es beispielsweise Interviews, Testberichte und Leitartikel geben.

---

[1] »What bugs me about >content-out<« unter *www.cennydd.co.uk/2011/what-bugs-me-about-content-out/*

Zusätzlich zu Blogbeiträgen und Artikeln könnte eine Koch-Website außerdem Inhaltstypen wie Rezepte und Biografien von Küchenchefs zu bieten haben. Die Ermittlung der Inhaltstypen ist ein wichtiger Schritt für jede Website: Alle Websites haben Inhalte, die in Typen unterteilt werden können und sollten.

Die Kenntnis der Inhaltstypen gibt der Diskussion über Struktur, Erstellung und Zielsetzung einen Rahmen. Jede dieser Erwägungen wird wiederum Ihre Entscheidungen dahin gehend beeinflussen, wie Sie die Hierarchie der Inhalte reorganisieren, wenn die Website an verschiedene Auflösungen und Leistungsmerkmale anpasst wird.

Zielsetzung

Für jeden Inhaltstyp müssen Sie die vorgesehene Rolle kennen. Solange Sie nicht sicher sind, welche Zielsetzung ein Inhalt hat, können Sie nicht entscheiden, welche Inhalte in welchen Szenarios Priorität haben.

Responsive Design führt zwangsläufig dazu, dass Sie die Platzierung der Inhalte auf einer Seite dynamisch ändern müssen. Wenn Sie die Zielsetzung Ihrer Inhalte genau kennen, können Sie besser ermitteln, wie Sie sie reorganisieren und dabei die Hierarchie erhalten können.

Erstellung

Finden Sie heraus, wie die einzelnen Inhaltsarten erstellt werden. Wer ist dafür zuständig? Wer bearbeitet und pflegt die Inhalte? Wie sieht der Prozess aus, um beispielsweise einen neuen Artikel auf der Website zu platzieren? Gibt es ein Redaktionsverfahren, das die Inhalte durchlaufen müssen? Wer genehmigt die Inhalte vor ihrer Veröffentlichung? Wer trägt die endgültige Verantwortung?

Solche Fragen spielen eine entscheidende Rolle bei der Entwicklung Ihrer Website oder Anwendung.

Struktur

Eine Website für verschiedene Geräte und Plattformen zu gestalten, bedeutet, dass Ihre Inhalte veränderbar sein müssen, damit zwischen den verschiedenen Kontexten einfach hin und her gewechselt werden kann. Jeder Kontextwechsel führt zu einer potenziellen Verschiebung der Prioritäten Ihrer Inhalte untereinander.

Wenn ich in diesem Sinn von strukturierten Inhalten spreche, meine ich damit nicht semantisches HTML-Markup– auch wenn das natürlich sehr wichtig ist (und damit zu tun hat). Ich spreche über strukturierte Inhalte auf Datenbank- oder Modellebene. Jeder Inhaltstyp umfasst eine beliebige Anzahl bestimmter Inhaltsblöcke. Ein Artikel muss beispielsweise einen Titel, einen Body, einen Autor und ein Erstellungsdatum haben. Diese verschiedenen Blöcke ermitteln Sie durch einen Prozess namens Content Modeling.

CONTENT MODELING

Content Modeling ist der Prozess, die Struktur Ihrer Inhalte zu ermitteln und zu dokumentieren. Jeder Inhaltsblock sollte eine sehr spezifische Bedeutung und ein klares Ziel haben: Das hilft Ihnen bei der Entscheidung, wie Sie ihn auf verschiedenen Plattformen und Geräten einsetzen.

Diese Inhaltsblöcke sollten auch als getrennte Entitäten (beispielsweise Datenbankfeldern) gespeichert werden, damit sie bei Bedarf einfach zu finden und zu verwenden sind. Wenn alles in einem großen, unförmigen Gebilde zusammengepackt ist – ohne *Metadaten*, um das Ganze wieder aufzubrechen –, werden Sie nicht in der Lage sein, den Inhalten bei Bedarf eine neue Priorität zu geben.

● *Metadaten*
Daten, die den Kontext eines Inhaltsblocks bestimmen. Wenn Sie etwas beispielsweise mit »Reise« taggen, kennzeichnen Sie damit, dass dieser Inhaltsblock Informationen über Reisen enthält.

Ein ausgezeichnetes Beispiel hierfür sind Seiten mit Produktinformationen. Solche Seiten enthalten typischerweise ein Foto, den Produktnamen, eine Beschreibung, einige Bewertungen, einen Preis und zusätzliche Produktvorschläge. Alle diese Einheiten bzw. Felder sollten getrennt voneinander gespeichert werden. Wenn Beschreibung und Preis in einem Feld zusammengepfercht sind, haben Sie unterm Strich keine Kontrolle darüber, wie diese Komponenten an unterschiedliche Auflösungen angepasst werden sollen. Sie sind zu eng miteinander verknüpft, als dass Sie die Methode und Reihenfolge der Anzeige beeinflussen könnten. Auf ähnliche Weise werden Sie nicht in der Lage sein, intelligente Entscheidungen darüber zu treffen, welche zusätzlichen Artikel angezeigt werden sollen, wenn keine vernünftigen Metadaten zum Produkt selbst existieren.

Wenn aber jede Komponente einzeln und mit entsprechenden Metadaten gespeichert wird, können Sie sie wie gewünscht arrangieren, um die Hierarchie zu erhalten.

Content Modeling erfordert eine tief gehende Analyse Ihrer Inhalte. Wie modular müssen sie sein? Welche Inhaltstypen müssen an verschiedenen Stellen wiederverwendet werden? Sollen manche Inhalte je nach Seite auf völlig unterschiedliche Weise dargestellt werden? Müssen Sie die Inhalte sortieren oder filtern? Was sind die zeitlichen Vorgaben derjenigen, die die Inhalte erstellen? Die Antworten auf diese und weitere Fragen sind erforderlich, um ein genaues und erfolgreiches Inhaltsmodell zu erstellen.

Wagen Sie sich nicht an das Content Modeling heran, bevor Sie den tieferen Sinn der Inhalte verstanden haben: Wer wird die Inhalte konsumieren, und was müssen sie vermitteln? Denken Sie daran: Ohne das Verständnis für den Sinn Ihrer Inhalte können Sie sie unmöglich so strukturieren, dass Wiederverwendbarkeit und Anpassungsfähigkeit gewährleistet sind.

Aufgrund der hierfür notwendigen Analyse hilft Ihnen Content Modeling nicht nur dabei, die unterschiedlichen Inhaltsblöcke zu ermitteln, es wirkt sich auch auf die grundlegenden Entscheidungen darüber aus, wie sich die Inhalte in einer Responsive Website verhalten. Genauer gesagt, kann Content Modeling Ihnen helfen, festzustellen:

- welchen Inhalt Sie wann anzeigen
- ob sich die Reihenfolge bzw. Priorität von Inhalten unter bestimmten Umständen ändern soll

Welchen Inhalt wann anzeigen?

Mit Informationen über Struktur und Hierarchie Ihrer Inhalte gerüstet, können Sie fundierte Entscheidungen darüber treffen, wie Ihr Inhalt angezeigt werden soll und wann sich das Design an verschiedene Größen und Kontexte anpassen soll. Wenn Sie sich die Zeit genommen haben, Ziel und Struktur der Inhalte genau zu verstehen, haben Sie nun adaptive Inhalte zur Hand.

In ihrem Buch *Managing Enterprise Content: A Unified Content Strategy* definiert Ann Rockley adaptiven Inhalt als »Inhalt, der in beliebiger Reihenfolge angezeigt werden, auf bestimmte Kundeninteraktion reagieren und auf Grundlage des Standorts geändert werden kann und in den Inhalte aus anderen Quellen integriert werden können.«[2]

Dabei gibt es zwei grundlegende Strategien:

- Inhalte entfernen
- Inhalte verbessern

---

[2] Ann Rockley and Charles Cooper, *Managing Enterprise Content: A Unified Content Strategy* (New Riders, 2012)

Inhalte entfernen

Sie sollten äußerst sorgfältig darüber nachdenken, ob Sie Inhalte für einen bestimmten Kontext vollständig entfernen. Dabei denke ich insbesondere an den alarmierenden Trend, Inhalte auf mobilen Geräten auszublenden und einen Link »View Full Site« anzuzeigen – für diejenigen, die auf alle Inhalte zugreifen möchten (Abbildung 7.1).

Mobile | Full Site
NEWS & ANALYSIS

Abbildung 7.1 Eine viel zu gebräuchliche Praxis auf mobilen Websites besteht darin, nur einen Ausschnitt aus den Inhalten anzuzeigen und auf die »Volle« oder »Desktop«-Version einer Website zu verlinken.

»VIEW DESKTOP« IST KEINE LÖSUNG

Lassen Sie mich Ihnen eine Szene schildern.

Sie lesen regelmäßig die örtliche Tageszeitung. Außerdem ist Ihnen die unnötige Papierverschwendung zuwider, deshalb abonnieren Sie die Onlineversion. Alles ist bestens. Die Inhalte sind qualitativ hochwertig, und Sie sind bereits vertraut damit, wie Sie auf der Website navigieren und Ihre Lieblingsinhalte finden.

Dann öffnen Sie die Website auf Ihrem Smartphone. Die einzigen intakten Teile Ihrer Lieblingszeitung sind die fünf Topstorys dieser Woche und ein paar der beliebtesten Kategorien. Die restlichen Inhalte wurden entfernt.

Zögerlich klicken Sie auf den Link für die Desktop-Version, die für größere Bildschirme gestaltet wurde. Wenigstens wissen Sie, dass Sie dort den Inhalt finden, den Sie lesen möchten – auch wenn die Formatierung für Ihren kleinen Bildschirm suboptimal ist.

Diese Szene spielt sich im heutigen Web nur allzu oft ab. Eine höhere Macht – ob nun Entwickler, Designer oder diejenigen, die deren Gehalt bezahlen – entscheidet, dass mobile Benutzer nicht die vollständige Website möchten, sondern die vereinfachte Version, die nur die beliebtesten Inhalte enthält. Und wenn Besucher die Website genau studieren möchten – nun, dafür gibt es ja die Desktop-Version.

Das Problem an diesen Annahmen, was mobile Benutzer möchten: Sie gehen von einem veralteten Bild davon aus, wie Benutzer auf mobilen Geräten mit dem Web interagieren.

Das klassische Bild von mobilen Benutzern sieht ungefähr so aus: Sie haben es eilig und sind unterwegs. Wenn sie mit dem Smartphone online gehen, dann deshalb, weil sie eine bestimmte Information brauchen und keine Zeit verlieren möchten. Das sind keine Gelegenheitssurfer – solche mobilen Benutzer sind absolut zielorientiert.

Das ist aber häufig nicht mehr der Fall. Die Möglichkeiten von Smartphones haben sich derart verbessert, dass das Surfen auf einem mobilen Gerät längst nicht mehr unerträglich ist. Unterm Strich kann das mobile Browsen auf dem richtigen Gerät ziemlich angenehm sein. Aber dadurch, dass sich die Definition, was wir unter einem »mobilen Gerät« verstehen, permanent ändert, sind die Dinge komplizierter geworden. So haben beispielsweise Tablets das Bild zusätzlich verwischt.

Es gibt immer noch Momente, in denen mobile Benutzer hinter einer ganz bestimmten Information her sind. Aber mindestens genauso oft möchten sie auch einfach nur ein bisschen surfen, verwenden das Gerät zu Hause, im Wartezimmer vom Zahnarzt oder im Auto, während sie warten, bis die Kinder aus der Schule kommen. Das sind nicht die traditionellen Szenarien für die mobile Nutzung – das sind Freizeit- bzw. Gelegenheitssurfer.

In solchen Situationen möchten die Benutzer kein eingeschränktes Erlebnis, sondern die volle Packung. Sie erwarten ein Design, das für das jeweilige Gerät optimiert ist. Aber die Inhalte müssen dieselben sein und das Surferlebnis muss ihnen bekannt vorkommen. Wenn sie das Gefühl haben, dass die Website Informationen zurückhält, die auf dem Desktop zugänglich sind, suchen die Benutzer automatisch nach dem Link für die Desktop-Version.

Wir können diesen Link aber nicht als Ausrede verwenden. Wenn ein Benutzer auf diesen Link klickt, haben wir ihn bereits im Stich gelassen. Er mag zwar Zugriff auf die gewünschten Inhalte haben, aber das Erlebnis ist nicht mehr sonderlich benutzerfreundlich.

Wenn eine Website auf einem mobilen Gerät angezeigt wird, sollte sie einfach und angenehm zu verwenden sein, aber nicht abgespeckt.

VERTRAUEN

Unterm Strich geht es um Vertrauen. Im Moment vertrauen die Menschen den mobilen Versionen von Websites nicht – insbesondere dann, wenn sie den Link für die Desktop-Version oder, noch schlimmer, für die »Full Site« sehen.

Sie haben sich bereits zu häufig an diesen mobilen Versionen die Finger verbrannt. Inhalte sind verschwunden, Navigationspfade unbekannt. Sie haben sich schon so oft mit diesen Problemen herumgeärgert, dass sie dem Design nicht mehr trauen, das Sie für ihr Smartphone gemacht haben – ganz egal wie hübsch es aussieht.

Wir können nicht vom verwendeten Gerät ausgehend grundlegende Entscheidungen darüber treffen, welche Inhalte angezeigt bzw. versteckt werden sollen.

Inhalte verbessern

Anstatt Inhalte vollständig zu entfernen, sollten Sie besser das jeweilige Erlebnis gestalten und anschließend die Inhalte so verbessern, dass sie wie gewünscht reagieren.

Es ist absolut möglich, dass die in einer Variation Ihres Designs angezeigten Inhalte in einer anderen nicht dargestellt werden müssen. Auf einer Seite, die Kleidung verkauft, mag es sinnvoll sein, auf einem großen Bildschirm zehn verwandte Produkte zu zeigen, auf einem kleinen Bildschirm dagegen nur zwei oder drei. Vielleicht ist es sogar sinnvoll, in der Version mit der simpelsten User Experience überhaupt keine verwandten Artikel anzuzeigen, sondern lediglich einen Link auf verwandte Produkte aufzunehmen.

Es mag auch Sinn ergeben, auf kleinen Bildschirmen Textauszüge zu kürzen. So kann es auf großen Bildschirmen dagegen stimmig sein, einen einleitenden Absatz gefolgt von einem Link zum Weiterlesen anzuzeigen. Auf mobilen Geräten kann es wiederum besser sein, den Absatz auf einen einzigen Satz zu reduzieren, um Bildschirmplatz zu sparen.

Sehen wir uns ein einfaches Beispiel dazu an, wie wir Inhalte mit JavaScript bedingt laden können.

Ein Blick auf die Artikelseite von *Noch eine Sport-Website* zeigt, dass wir die verwandten Schlagzeilen in der Seitenleiste sehen können (Abbildung 7.2). Wir entscheiden uns dafür, auf kleinen Bildschirmen Platz zu sparen und deshalb die Schlagzeilen standardmäßig nicht anzuzeigen. Stattdessen bieten wir einen Link auf die neuesten Schlagzeilen an. Durch einen Tipp auf diesen Link werden die Artikel angezeigt.

Um die Erfahrung bei Bedarf zu verbessern, verwenden wir das, was Scott Jehl als *Anchor-Include Pattern* bezeichnet. Das ist ein Muster, mit dem ein bereits funktionierender Link durch Progressive Enhancement zum clientseitigen Include wird. Für das Snippet brauchen wir eigentlich jQuery. Daran ist zwar nichts verkehrt, aber zu Demonstrationszwecken basteln wir unser Snippet mit ganz gewöhnlichem JavaScript.

▶ **Hinweis**
Unter *http://filamentgroup.com/lab/ajax_includes_modular_content/* finden Sie Scott Jehls jQuery-Snippet und können einen Beitrag über diese Technik lesen.

▶ **Hinweis**
Reqwest ist in den Beispieldateien enthalten. Alternativ können Sie es unter *https://github.com/ded/reqwest* herunterladen.

Abbildung 7.2 Im Moment werden im Layout für kleine Bildschirme die neuesten Schlagzeilen angezeigt, was eine Menge Platz in Anspruch nimmt.

Wir schummeln aber ein bisschen. Um einen XMLHttpRequest browserübergreifend einzusetzen, sind ein paar Tricks erforderlich, die über den Rahmen dieses Buchs hinausgehen. Für den Ajax-Teil der Funktion verwenden wir deshalb *Reqwest.js* – ein kleines, kompaktes Modul für die erforderliche Ajax-Funktionalität. Wenn Reqwest Ihnen nicht zusagt, können Sie einen Ajax-Helfer Ihrer Wahl verwenden – dieser Teil sollte beliebig austauschbar sein.

Beginnen wir damit, über das Basiserlebnis nachzudenken. Wenn JavaScript nicht aktiviert ist oder der Bildschirm eine bestimmte Größe unterschreitet, soll nur ein einfacher Link angezeigt werden:

```
1.   <section class="related">
2.       <a href="headlines.html" id="lazy">Neueste Schlagzeilen</a>
3.   </section>
```

Wir verwenden das id-Attribut als Hook für JavaScript – als Möglichkeit, den Link innerhalb des Skripts zu identifizieren. Außerdem müssen wir wissen, in welches Element der entsprechende Inhalt eingefügt werden soll. Dafür verwenden wir das neue Attribut data-* von HTML5. Mit dem Attribut data-* können Sie eigene Attribute erstellen, um darin Daten abzulegen, anstatt vorhandene Attribute zu überschreiben. Dem Attribut data-* können Sie einen beliebigen Namen geben, solange er mit dem Präfix data- beginnt. Da das Attribut in unserem Beispiel dem Skript mitteilt, welches Element wir als Ziel verwenden, geben wir ihm den Namen data-target:

```
1.  <section id="related" class="related">
2.      <a href="headlines.html" data-target="related" id="lazy">
        Neueste Schlagzeilen</a>
3.  </section>
```

Wir verwenden einfach das Attribut data-target, um das Element zu bestimmen, in das wir das Ergebnis schreiben, sobald wir den Inhalt abgerufen habe.

Bevor wir uns an das JavaScript machen, sehen wir uns die Seite *headlines.html* an:

```
1.  <h2>Neueste Schlagzeilen</h2>
2.  <ul>
3.      <li><a href="#">Dieser Typ hat den anderen Typen umgehauen</a></li>
4.      <li><a href="#">Ihr Lieblingsteam hat verloren. Schon wieder.</a></li>
5.      <li><a href="#">Yankees kaufen die gesamte Liga</a></li>
6.      <li><a href="#">Typ sagt im Eifer des Gefechts etwas Dummes</a></li>
7.      <li><a href="#">Neuer Rekord: Kein Team punktet</a></li>
8.      <li><a href="#">Warum haben Sie noch auf keine unserer
        Schlagzeilen geklickt?</a></li>
9.  </ul>
```

▶ **Hinweis**
In einer Produktionsumgebung wäre es vermutlich besser, dieses Schnipsel aus einer ganzen Seite zu extrahieren. Wenn JavaScript nicht aktiviert ist, erhalten die Besucher auf diese Weise immer noch eine vollständige Seite, wenn sie auf den Link tippen. Zu Demonstrationszwecken funktioniert ein Ausschnitt allerdings wunderbar.

Wie Sie sehen, passiert hier nicht viel. Es ist einfach nur der Ausschnitt, der standardmäßig in der Artikelseite steht.

Nun fügen wir die Funktion anchorInclude in das Utils-Objekt ein (zuerst vorgestellt in Kapitel 3, »Media Queries«).

```
1.  // anchorInclude macht aus einem funktionierenden Link einen
    clientseitigen Include
2.  anchorInclude : function ( elem ) {
3.      // URL des Links holen
4.      var url = elem.getAttribute('href');
5.      // Zielelement für das Ergebnis
6.      // aus dem Attribut data-target abrufen
7.      var target = document.getElementById(elem.getAttribute
        ('data-target'));
8.      // Ajax-Request, zu Demonstrationszwecken
9.      // mit reqwest.js
10.     reqwest(url, function (resp) {
11.         // Ergebnis in Zielelement schreiben
12.         target.innerHTML = resp;
13.     });
14. }
```

Die Funktion anchorInclude erwartet einen funktionierenden Link (elem) als Parameter (Zeile 2). Sobald das Skript den Link hat, ruft es mit der Methode getAttribute die URL ab (Zeile 4). Mit derselben Methode ermitteln wir das Zielelement (Zeile 7).

Als Nächstes macht das Skript den Ajax-Request (Zeilen 10 bis 13). Wie gesagt, ich schummle hier und verwende Reqwest, aber Sie können natürlich den Ajax-Helfer Ihrer Wahl einsetzen. Der Request erfolgt auf die URL, die wir aus dem Link ausgelesen haben. Die Antwort wird anschließend über die Eigenschaft innerHTML in das Zielelement eingefügt (Zeile 12).

Nun haben Sie eine funktionierende anchorInclude-Funktion. Wenn Sie den Link zum Nachladen an die Funktion übergeben, sollten anstelle des Links die Überschriften erscheinen:

```
var lazyLink = document.getElementById('lazy');
anchorInclude(lazyLink);
```

Bleibt also nur noch, der Funktion mitzuteilen, wann sie ausgelöst werden soll. Da Sie bereits mit matchMedia den Breakpoint für das Nachladen der Bilder abfragen, können Sie den Aufruf der Funktion anchorInclude einfach dort platzieren:

```
if (window.matchMedia("(min-width: 37.5em)").matches) {
    Utils.anchorInclude(lazyLink);
    ...
}
```

Wenn das Gerät der Media Query entspricht, wird der bedingt geladene Inhalt angezeigt. Wenn nicht, wird nur der einfache Link dargestellt.

Das lässt sich natürlich noch weiter verbessern. Aktuell gelangen Sie auf einem Gerät mit kleinem Bildschirm auf die verlinkte Seite mit den Schlagzeilen, wenn Sie auf den Link tippen. Das ist zwar wunderbar, aber für die Benutzer mit aktiviertem JavaScript könnten Sie das Erlebnis noch weiter verbessern, indem Sie den bedingten Inhalt per Tipp einblenden. Dafür ist lediglich eine else-Klausel für die if-Anweisung erforderlich:

```
1.  // Diese Funktion nur ausführen, wenn die Bildschirmbreite
    // mindestens 600 px beträgt
2.  if (window.matchMedia("(min-width: 37.5em)").matches) {
3.      Utils.anchorInclude(lazyLink);
4.      ...
5.  } else {
6.      // Wenn der Bildschirm weniger als 600 px breit ist,
7.      // Schlagzeilen nur laden, wenn der Link angetippt wird
```

```
 8.      lazyLink.onclick = function() {
 9.          Utils.anchorInclude(this);
10.          return false;
11.      }
12.  }
```

> ## Texte gezielt einkürzen
>
> Eine weitere Möglichkeit, das Benutzererlebnis auf kleinen Bildschirmen zu optimieren, besteht darin, einen Teil des Texts abzuschneiden. Angenommen, es gibt einen Teaser-Absatz für einen Artikel mit einem Link auf den vollständigen Text. Diesen Teaser könnten Sie komplett auf den Link zum vollständigen Artikel reduzieren. Oder Sie kürzen einfach nur die Einleitung, um die Leser zum Weiterlesen zu motivieren.
>
> Wenn Sie ein »Teaser«-Feld in Ihrer Datenbank gespeichert haben, könnten Sie dafür sorgen, dass der Aufhänger der Geschichte innerhalb der ersten beiden Sätze des Klappentexts steht. Auf diese Weise können die Besucher immer die Kernaussage des Artikels lesen – ob der Teaser nun vollständig angezeigt oder abgekürzt wird.
>
> Sorgen Sie aber auf jeden Fall dafür, dass Sie nicht den entscheidenden Inhalt abschneiden. Sie sollten niemals den Artikel selbst oder einen anderen Teil so einkürzen, dass der Sinngehalt verloren geht. Es ist relativ schnell passiert, über die Stränge zu schlagen und Inhaltsteile zu entfernen, die für die Konsistenz erforderlich sind. Texte einzukürzen ist eine Strategie, bei der Sie äußerste Vorsicht walten lassen müssen.

Als Ergebnis wird der Inhalt immer bedingt geladen (vorausgesetzt, JavaScript ist aktiviert) – es fragt sich nur wann (Abbildung 7.3). Das ist Progressive Enhancement vom Feinsten. Wenn JavaScript nicht unterstützt wird oder deaktiviert ist, erhalten die Benutzer eine absolut brauchbare Website, und alle Inhalte sind nach wie vor intakt.

Wenn JavaScript-Unterstützung verfügbar ist, wird die Erfahrung unabhängig von den Bildschirmmaßen verbessert.

Abbildung 7.3
Durch unser JavaScript wird auf großen Bildschirmen eine Liste der Schlagzeilen (links) gezeigt, während auf kleinen Bildschirmen (rechts) ein Link auf die Schlagzeilen erscheint und dadurch Platz auf dem Bildschirm gespart wird.

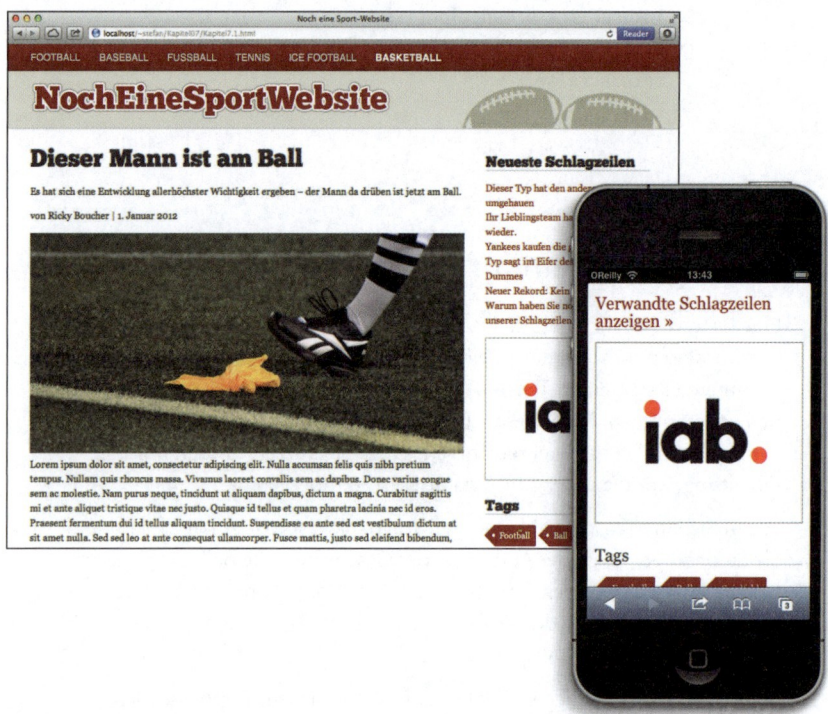

Reihenfolge der Inhalte ändern

▶ **Hinweis**
Kapitel 8, »RESS«, behandelt die Ermittlung von Features sowie die serverseitige Geräteerkennung. In Kombination mit Responsive Design kann Ihnen diese Funktionalität dabei helfen, die Reihenfolge der Inhalte zu bestimmen.

Wie gesagt, die Layoutanpassung Ihrer Website für mehrere Geräte und Auflösungen bedeutet, dass Sie Entscheidungen über die Reihenfolge der Inhalte auf den verschiedenen Bildschirmgrößen treffen müssen. Die mangelnde Fähigkeit, die Reihenfolge der Inhalte zu bestimmen, ist derzeit eine der größten Einschränkungen in einem rein Frontend-gestützten Responsive Design.

Nehmen wir zum Beispiel die Artikelseite für *Noch eine Sport-Website*. Stellen Sie sich für einen Augenblick vor, dass die Seitenleiste für den Artikel relevante Inhalte enthält, wie etwa eine Fotogalerie oder zum Artikel gehörende Videos.

Auf großen Bildschirmen wäre ein solches Layout sinnvoll. Der Inhalt der Seitenleiste würde auf einer Ebene mit dem Artikel angezeigt, sodass die Benutzer schnell darauf zugreifen können.

Aber was passiert, wenn das Layout auf einem kleinen Bildschirm plötzlich einspaltig wird? Durch den Aufbau des HTML wird der Inhalt der Seitenleiste unter die Hauptspalte geschoben (Abbildung 7.4). Ist das wirklich das, was passieren soll? Ist der Inhalt der Seitenleiste plötzlich so weniger wichtig als die zusätzlichen Inhalte in der Hauptspalte?

Eventuell möchten Sie auch bestimmte Inhalte je nach Gerätetyp hervorheben. Wenn jemand mit einem Smartphone auf eine Restaurant-Website zugreift, sollten beispielsweise die Kontakt- und Standortinformationen definitiv oben mittig sichtbar sein.

Nochmals zur Struktur

Solche Szenarios sind genau der Grund dafür, dass die Struktur von Inhalten so wichtig ist. Wenn der gesamte Inhalt einfach nur in einer großen *WYSIWYG*-Blase steht (What You See Is What You Get), können Sie nicht viel tun. Ihre Entscheidung wird binär: Sie zeigen den Textblock entweder an oder nicht. Das war's.

Abbildung 7.4 Der gesamte Inhalt der Seitenleiste wird unter die Hauptspalte gedrückt, aber manchmal ist das nicht sinnvoll.

Wenn der Inhalt dagegen in getrennten Blöcken gespeichert und mit entsprechenden Metadaten ausgezeichnet wird – mit den Techniken, über die wir in diesem Kapitel bereits gesprochen haben –, bleiben Ihnen etwas mehr Kontrolle und Flexibilität. Dann können Sie die Reihenfolge der Inhalte einfacher ändern.

Strukturierte Inhalte eröffnen Ihnen viele Möglichkeiten: Sie können auf einer wesentlich differenzierteren Ebene entscheiden, wie sich die Inhalte verhalten sollen.

HILFE WARTET UM DIE ECKE

Leider können Sie im Moment ohne serverseitige Intervention oder JavaScript-Hacks (siehe Kasten »Inhalte verschieben«) nicht viel an der Reihenfolge der Inhalte ändern. Es wird allerdings an einigen CSS-Layoutmethoden gearbeitet, die diese Probleme mit der Reihenfolge des Quelltexts reduzieren sollen: das Flexible Box Layout Module (kurz Flexbox) und das Grid Layout.

Mit Flexbox könnten Sie Container so stylen, dass sie sich in beliebigen Richtungen anordnen lassen und ihre Größe so »flexen«, dass sie sich an den verfügbaren Platz anpassen. Zu den vielen nützlichen Features gehört auch die Möglichkeit, die Reihenfolge zu definieren, in der Ihre Inhalte angezeigt werden sollen. Damit könnten Sie beispielsweise die Navigation zwar an erster Stelle im Quellcode stehen haben, aber ganz unten auf der Seite anzeigen.

● **WYSIWYG**
What You See Is What You Get – ein WYSIWYG-Editor (manchmal auch Rich Text Editor genannt) gibt den Autoren während des Redaktionsprozesses die Möglichkeit, die Inhalte über eine Reihe von Schaltflächen zu stylen.

> ## Inhalte verschieben
>
> Wenn Sie lediglich ein paar Inhalte auf einer Seite herumschieben möchten, wie zum Beispiel eine Anzeige, könnte appendAround (auf GitHub unter *https://github.com/filamentgroup/AppendAround* zu finden) von Scott Jehl und der Filament Group genau das Richtige für Sie sein.
>
> Bei dieser cleveren Lösung werden leere div-Elemente als Container für die Inhalte in die Seite eingefügt. Jedes div erhält dasselbe data-set-Attribut, um festzulegen, dass alle zusammengehören. Ein Beispiel:
>
> ```
> 1.  <div class="foo" data-set="foobarbaz"></div>
> 2.  <ul>
> 3.      ...
> 4.  </ul>
> 5.  <div class="bar" data-set="foobarbaz">
> 6.      <img src="ad.png" />
> 7.  </div>
> ```
>
> In diesem Fall haben beide divs denselben data-set-Wert. Eines davon ist leer, das andere enthält die Werbung. Per CSS sorgen Sie dafür, dass immer nur eins der beiden divs sichtbar ist. So können Sie beispielsweise das div mit der Klasse "bar" für kleine Bildschirme und das div mit der Klasse "foo" für große Bildschirme verstecken.
>
> Wenn die Seite geladen wird, sieht das appendAround-Skript nach, welches Element angezeigt wird, und fügt die Werbung entsprechend ein.
>
> Das ist eine clevere Lösung, wobei es wahrscheinlich nicht empfehlenswert ist, grundsätzliche Änderungen an der Reihenfolge Ihrer Inhalte mit diesem Skript vorzunehmen. Um einfach eine Werbung oder einen bestimmten Inhaltsblock herumzuschieben, ist es allerdings ein äußerst praktisches Tool.

Grid Layouts bieten ebenfalls eine Möglichkeit, die Reihenfolge Ihre Inhalte zu ändern. Mit CSS-Rasterlayouts können Sie Spalten und Zeilen erstellen und ein Element in einer bestimmten Zelle anzeigen lassen.

Leider waren beide Spezifikationen noch im Umbruch, als ich dieses Buch geschrieben habe. Die Unterstützung ist daher dürftig. Trotzdem sollten Sie sich etwas Zeit nehmen, um sich damit vertraut zu machen. Sobald die beiden Module startbereit sind, möchten Sie sie sicher auch verwenden.

Wo wir hinwollen

Worum es geht: Das Problem mit der Fragmentierung von Plattformen und Geräten wird sich nicht in allzu naher Zukunft lösen lassen. Es wird sogar noch schlimmer werden. Um dieses zunehmend komplizierte Ökosystem zu überleben, muss sich die Art und Weise ändern, wie wir Inhalte speichern und darauf zugreifen.

Codesuppe

Heutzutage basieren viele Websites auf Content-Management-Systemen (CMS), die durch simplifizierte Eingabemöglichkeiten die Pflege und Aktualisierung von Inhalten vereinfachen. Dies wird zu einem großen Teil mit WYSIWYG-Editoren realisiert.

WYSIWYG-Editoren geben den Autoren ähnliche Kontrollmöglichkeiten wie in einer Textverarbeitung, beispielsweise Microsoft Word (Abbildung 7.5). Dafür sind keinerlei HTML-Kenntnisse erforderlich – Sie wählen einfach Text aus, klicken auf eine Schaltfläche, und wie von Zauberhand wird der Text mit 18 px, pink und in Comic Sans angezeigt!

Diese Abstraktion hat allerdings einen gesalzenen Preis: Das von diesen Editoren generierte Markup ist ein verworrenes Durcheinander von Inhalt und Markup – häufig auch unnötiges Markup, das falsch verwendet wird. Anschließend speichern wir dieses Chaos in der Datenbank.

Ignorieren wir das Speicherplatzproblem für einen Moment. Wenn Sie Ihren Inhalt mit der sehr begrenzten Perspektive betrachten, wie er auf einer bestimmten Seite auf einem bestimmten Gerät angezeigt wird, funktioniert WYSIWYG irgendwie schon. Das Problem ist aber, dass dieser Inhalt im Web nicht nur auf einer einzelnen Seite dargestellt werden soll – er kann überall auftauchen.

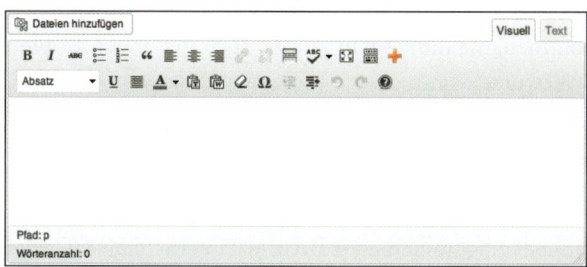

Abbildung 7.5
WYSIWYG-Editoren versuchen, Autoren diegleichen Steuerelemente zu bieten wie in einer Textverarbeitung.

> **Hinweis**
> Rachel Lovingers »Nimble Report« ist eine Pflichtlektüre für alle, die sich mit Inhalten im digitalen Zeitalter beschäftigen – das sollte übrigens jeder sein. Besuchen Sie *http://nimble.razorfish.com/publication/?m=11968&l=1*.

Rachel Lovinger diskutiert in ihrem hervorragenden »Nimble Report« die Notwendigkeit, dass Inhalte über eine einzelne Seite hinausreichen müssen:

> Das brauchen Inhalte, um zu überleben. Sie müssen überall erscheinen können, wo sie die Menschen am liebsten anzeigen möchten.
>
> Inhalte müssen auf einer breiten Palette von tragbaren Geräten mit Netzwerkverbindung gelesen oder angezeigt werden können. Sie müssen mit Services, Social Networks, Apps und Inhalten aus anderen Quellen beliebig gemischt werden können. In einer in hohem Maße vernetzten Welt werden Inhalte, die in einem Silo gefangen sind, quasi unsichtbar. Und unsichtbare Inhalte können genauso gut nicht existieren.

Heutzutage müssen Inhalte überall dargestellt werden können – in unterschiedlichen Kontexten, auf unterschiedlichen Geräten und auch mit unterschiedlichem Styling. Es ist einfach nicht mehr realistisch, Inhalte in dem Maße zu kontrollieren, wie es WYSIWYG uns vielleicht glauben macht.

Zurück zu unserem chaotischen Markup-Durcheinander: Es sollte nun offensichtlich sein, warum das nicht funktioniert. Indem wir Codesuppe in der Datenbank speichern, ketten wir den Inhalt an ein ganz spezifisches Anzeigeformat. Sobald wir die Anzeige, das Markup oder die Hierarchie ändern möchten, wird alles sehr kompliziert.

Dieses Problem geht über Responsive Design hinaus. Datenbankgetriebene Inhalte haben das Potenzial, überall angezeigt zu werden. Theoretisch sollten Sie mit dieser einen Inhaltsdatenbank in der Lage sein, sämtliche ihrer Unternehmungen zu bedienen – Website, Anwendungen, E-Book-Sammlungen und sogar Printmedien. Ein Durcheinander in Markup und Inhalten begrenzt dieses Potenzial allerdings. Die Kosten für die Wiederverwendung werden dadurch viel, viel höher.

Winzige Schritte

Leider können wir nicht allen über Nacht ihren WYSIWYG-Editor wegnehmen (zugegeben, ich wünschte, wir könnten das). Wir müssen an den vorhandenen Denkmodellen vorbeikommen, die momentan immer noch tief in den Köpfen der Inhaltsproduzenten verwurzelt sind.

WYSIWYG bringt heute vielen Inhaltsproduzenten Komfort und Vertrautheit. Die Entwicklung weg von einem WYSIWYG-Modell wird für viele sehr schmerzhaft.

Dennoch muss es so weit kommen. Wenn wir die einzigartigen Merkmale des Webs großschreiben und die ständig zunehmende Diversität internetfähiger Geräte überstehen möchten, müssen wir damit anfangen, unsere Inhalte ernst zu nehmen.

Wir müssen verstehen, dass diese Vertrautheit existiert, und uns die Zeit nehmen, mit den Inhaltsproduzenten zu kommunizieren. Uns die Zeit nehmen, zu zeigen, dass WYSIWYG in Wahrheit ihre Möglichkeiten einschränkt.

Wenn Sie WYSIWYG anbieten müssen, stimmen Sie für einen Editor, der so reduziert wie möglich ist. Statt Farben, Größen und Schriftarten sollten Sie nur grundlegende Formatierungsmöglichkeiten wie Fettschrift oder Kursivschrift anbieten. Dadurch werden viele der schlimmsten Schmerzpunkte von WYSIWYG-generiertem Code vermieden.

Unterm Strich möchten Inhaltsproduzenten qualitativ hochwertige Inhalte erstellen. Und wenn Sie sich die Zeit nehmen, ihnen zu zeigen, wie das geht, werden Sie um einiges vorankommen.

API für Inhalte

Eine Möglichkeit, dafür zu sorgen, dass ihre Inhalte überall angezeigt werden können, ist der Aufbau einer internen API. Diese API können Sie dann als Grundlage für Ihre digitalen Initiativen nutzen.

Genau das hat NPR (National Public Radio) getan. Das Unternehmen hat sich das stolze Ziel mit dem Namen COPE (Create Once Publish Everywhere) gesetzt. Anstatt Zeit- und Arbeitsaufwand unnötigerweise zu verdoppeln, wollten sie eine Inhaltsdatenbank als Grundlage für alle ihre Initiativen entwickeln.

Also hat NPR ein eigenes CMS gebastelt. Alle Inhalte sind auf unterschiedliche Felder aufgeteilt, damit eine solide Struktur garantiert ist. Bevor die Inhalte in einer Datenbank gespeichert werden, filtert das Unternehmen das Markup aus. Platzierung und Typ des Markups werden in einer Tabelle gespeichert, während die reinen Inhalte in einer anderen abgelegt werden. Anschließend werden die Inhalte mit einer API aus der Datenbank extrahiert und an die verschiedenen Anwendungen, wie etwa die Website, geliefert.

Die Zukunft der Inhalte hängt von einer solchen Struktur und Denkweise ab. Dafür sind drei grundsätzliche Schichten erforderlich: für Speicherung, die Übersetzung und die Anzeige.

SPEICHERSCHICHT

Inhalte müssen in Blöcken mit aussagekräftigen Metadaten gespeichert werden, damit sie wie und wann auch immer abgerufen und verwendet werden können.

ÜBERSETZUNGS- ODER API-SCHICHT

In welcher Form auch immer Sie Ihren Inhalt speichern – in dieser Schicht wird er in etwas Verwertbares übersetzt. In dieser Schicht werden die spezifischen Inhaltsblöcke angefordert, die für beliebige Geräte, Websites, Anwendungen oder Plattformen relevant sind.

ANZEIGESCHICHT

Nachdem die Inhalte nun in etwas Brauchbares übersetzt wurden, entscheidet die Anzeigeschicht darüber, wie sie angezeigt werden: Reihenfolge, Interaktionen usw.

Die Anzeige der Inhalte auf diese Weise gibt Ihnen unglaubliche Flexibilität. Sie müssen nur die Inhalte anfordern, die Sie brauchen, und können sie auf beliebige Art formatieren. Das ist wirklich adaptiver Inhalt.

Außerdem können sich so alle Beteiligten auf den Teil der Aufgabe konzentrieren, den sie am besten beherrschen. Die Autoren können sich darauf konzentrieren, was der Inhalt bedeutet, während Menschen, die mit der Website oder dem verwendeten Gerät besser vertraut sind, sich darauf konzentrieren können, wie dieser Inhalt aussehen soll, um diese Bedeutung bestmöglich zu transportieren.

Zusammengefasst

Die Inhalte müssen in jedem Projekt von Anfang an berücksichtigt werden. Erwarten Sie aber keine endgültig fertigen Inhalte, bevor Sie mit dem Design beginnen. Stattdessen sollten Sie in erster Linie wissen, was die Website kommunizieren möchte – die Kernaussagen. Bringen Sie dann in Erfahrung, welche Inhaltstypen angezeigt werden sollen, wie diese erstellt werden, welchen Zweck sie haben und wie sie strukturiert sind. Beispielinhalte können dabei für Designentscheidungen sehr hilfreich sein.

Manchmal ist es sinnvoll, Inhalte auf kleineren Bildschirmen einzukürzen. Allerdings sollten Sie nicht davon ausgehen, dass Sie Inhalte auf kleineren Displays ganz streichen können, nur weil es auf Ihrer Website einen Link zur Desktop-Version gibt. Ihre Besucher verwenden viele unterschiedliche Geräte, um auf Ihre Inhalte zuzugreifen. Und wenn das Erlebnis nicht einheitlich ist, verlieren sie das Vertrauen in Ihre Website.

Verstecken Sie Inhalte nicht, verbessern Sie sie lieber. Erstellen Sie Ihr Design dahin gehend, wie sich der Inhalt in der jeweiligen Umgebung verändert, und wählen Sie anschließend die richtige Technik dafür aus. Mit ein bisschen cleverer Programmierung und Planung können Sie eine solide Basis einrichten, auf der Sie je nach Bildschirmgröße aufbauen können.

Auch die Reihenfolge der Inhalte muss flexibel sein. Berücksichtigen Sie die Metadaten Ihrer Inhalte und planen Sie sorgfältig, um geräteübergreifend eine konstante Hierarchie zu gewährleisten.

Im Laufe der Zeit müssen die Inhalte ernster genommen werden. Die kontinuierliche Verwendung von WYSIWYG wird die Probleme nur verschlimmern. Verwenden Sie stattdessen strukturierte Inhalte, die über eine API bereitgestellt werden. Selbst wenn Sie keine API verwenden, sollten Sie darüber nachdenken, wie Ihre Inhalte für eine API strukturiert sein müssten. Das kann Ihnen bei der Entscheidung helfen, wie diese Inhalte erstellt und gespeichert werden sollen.

Nun ist es an der Zeit, dass wir uns ansehen, wie wir durch die Erkennung von Geräten unsere Responsive Websites aufwerten können. Der Inhalt und das Erlebnis insgesamt werden von ein bisschen zusätzlicher gerätespezifischer Anpassung profitieren.

Im nächsten Kapitel diskutieren wir, wie Sie mit der Prüfung von Features und der serverseitigen Erkennung zu einer optimierten User Experience beitragen können.

Kapitel 8
RESS

Nur ein schlechter Tischler streitet
mit seinen Werkzeugen.
— MOHANDAS GANDHI

Ich bin kein Tischler. Geben Sie mir einen Hammer, ein paar Nägel und einen Stapel Bretter. Dann bekommen Sie eine Handvoll verbogener Nägel, einen Stapel Bretter (mit Dellen vom Hammer) und etwas zur Belustigung. Das bedeutet aber nicht, dass die Werkzeuge schlecht waren. Geben Sie dasselbe Material einem Tischler, und Sie erhalten eine robuste Bank, die lange halten wird.

Es gibt eine Menge Diskussionen über serverseitige Erkennung und Responsive Design. Viele Entwickler behaupten, dass die serverseitige Erkennung von Grund auf falsch ist. Natürlich sagen viele von denen auf der anderen Seite des Zauns dasselbe über clientseitiges Responsive Design.

Keiner der beiden Ansätze ist für sich allein genommen eine Lösung. Aber es sind wertvolle Tools. Wir haben viel Zeit damit verbracht, über clientseitiges Responsive Design zu sprechen und darüber, was es leisten kann. Sehen wir uns einige Punkte an, die es nicht gut kann:

- **Inhalte anpassen.** Die Anpassung von Inhalten, die Optimierung von Markup für die jeweiligen Fähigkeiten des verwendeten Geräts ist etwas, das Responsive Design nicht sonderlich gut gelingt. Clientseitige Lösungen können nur mit dem arbeiten, was am Ende der Leitung ankommt.
- **Performance.** Wir haben bereits darüber gesprochen, wie schwierig es ist, per clientseitiger Anpassung Bilder in der richtigen Größe bereitzustellen. Responsive Design ist außerdem nicht fähig, Markup, JavaScript und CSS so zu optimieren, dass keine unnötigen Daten heruntergeladen werden.
- **Anpassung an Low-End-Geräte.** Wenn Sie eine Responsive Website sorgfältig entwickeln, ist es bemerkenswert, wie viele Geräte Sie damit erreichen können. Wenn dagegen ältere Low-End-Geräte zu Ihrer Zielgruppe gehören, brauchen Sie eventuell mehr. Viele solcher mobilen Geräte unterstützen lediglich eine Untermenge des HTML-Standards mit dem Namen XHTML-MP.
- **TV-Geräte.** TV-Geräte kommen gerade erst in Schwung, Sie können sich aber darauf verlassen, dass sie bald noch mehr Chaos für Webentwickler anrichten werden. Die clientseitige Erkennung ist bei TV-Geräten nutzlos. Die Auflösung ist ähnlich wie bei vielen Desktop-Monitoren – und TV-Geräte unterstützen den Medientyp »tv« nicht (vorgestellt in Kapitel 3, »Media Queries«).

Diese Probleme sind mit clientseitigem Responsive Design alleine schwierig, wenn nicht sogar unmöglich zu lösen. Für solche Verbesserungen ist eine gewisse serverseitige Erkennung erforderlich. Das ist der Punkt, an dem »Responsive

Design and Server-Side Components« (RESS) ins Spiel kommen – ein Konzept von Luke Wroblewski.[1]

In diesem Kapitel lernen Sie:

- wie Sie die User Agent-Erkennung verwenden
- wie Sie die Feature-Erkennung verwenden
- wie Sie User Agent-Erkennung und Feature-Erkennung miteinander kombinieren
- wie Sie einen RESS-Ansatz implementieren
- wie Sie eine WURFL-Bibliothek installieren und konfigurieren
- wie Sie mit WURFL für Telefone mit kleinen Bildschirmen und Geräte mit Touchscreens optimieren

Wir beginnen damit, uns die beiden grundlegenden Erkennungsmethoden anzusehen: User Agent-Ermittlung und Feature-Erkennung.

User Agent-Erkennung

Bei der User Agent-Erkennung (auch User Agent Detection genannt) sehen Sie sich den User Agent-String des Browsers an und treffen abhängig davon Entscheidungen, wie Sie Ihre Website bereitstellen. Das geschieht auf dem Server.

Die User Agent-Erkennung hat einen schlechten Ruf – und das zu Recht. Lange Zeit wurde sie falsch eingesetzt und missbraucht. Die User Agent-Erkennung wurde dazu verwendet, eine Website für beispielsweise den Internet Explorer bereitzustellen und eine andere für Netscape. Da die beiden Browser Standards unterschiedlich unterstützten, griffen die Entwickler zur User Agent-Ermittlung, um die Website browserspezifisch zu optimieren. Und in vielen Fällen wurden dabei manche Browser völlig ausgeschlossen.

Im Endergebnis haben die meisten Implementierungen der User Agent-Erkennung dazu geführt, Benutzer auszuschließen (Abbildung 8.1). Aufgrund dieses kleinen Strings wurden fundamentale Entscheidungen darüber getroffen, wer welche Inhalte zu sehen bekommt – häufig ohne triftige Gründe. Deshalb haben jene Browser, die keine Aufmerksamkeit bekommen haben, sich entschieden, zu lügen. Sie begannen

---

1 »RESS: Responsive Design + Server-Side Components« unter *www.lukew.com/ff/entry.asp?1392*

damit, ihre User Agent-Strings zu manipulieren, damit sie als einer der beliebteren Browser erkannt wurden.

Das ist der Grund dafür, dass eine zu einfache Erkennungsmethode gefährlich und unzuverlässig sein kann. User Agent-Strings geben häufig absichtlich vor, etwas anderes zu sein.

Bevor Sie nun aber die Browser für dieses Chaos verantwortlich machen, bedenken Sie, dass die Entwickler sie dazu gezwungen haben. Wäre diese Technologie von Anfang angemessen eingesetzt worden, wäre die Situation bei Weitem nicht so verfahren.

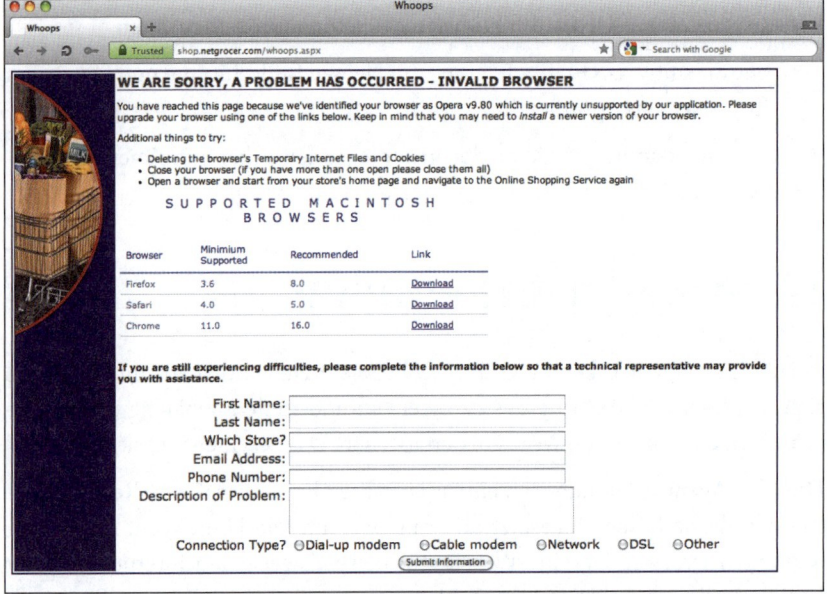

Abbildung 8.1
Die User Agent-Erkennung wird häufig missbraucht, wodurch Menschen teilweise vollständig von Websites ausgeschlossen werden.

Das soll nicht heißen, dass User Agent-Strings keinen Wert haben. Den haben sie. Von Entwicklern wurden Gerätedatenbanken sorgfältig gepflegt, um eine ziemlich hohe Genauigkeit zu gewährleisten. Sie müssen nur vorsichtig sein, wie Sie sie verwenden. Machen Sie nicht wie so viele andere in der Vergangenheit den Fehler, durch die User Agent-Erkennung Benutzer auszuschließen. Setzen Sie die User Agent-Erkennung stattdessen ein, um an den Stellen, an denen es sinnvoll ist, die User Experience zu verbessern.

Anatomie eines User Agent-Strings

Der User Agent-String ist einer von vielen HTTP-Headern, die der Browser jedes Mal schickt, wenn eine Seite oder Ressource angefragt wird. Der String hat die Aufgabe, den verwendeten Client (Browser) zu identifizieren. Leider gibt es keine Standardkonvention darüber, wie User Agent-Strings geschrieben werden sollen. Entsprechend enthalten diese Strings eine Menge nutzloser Informationen. Sehen Sie sich das folgende Beispiel von einem Samsung Acclaim an:

> Mozilla/5.0 (Linux; U; Android 2.2.1; en-us; SCH-R880 Build/FROYO) AppleWebKit/533.1 (KHTML, like Gecko) Version/4.0 Mobile Safari/533.1

Alles, was an diesem String interessant ist, sind die folgenden Informationen:

- **Android 2.2.1:** Dieses Smartphone läuft unter Android OS, Version 2.2.1.
- **AppleWebKit/533.1:** Layout-Engine und Build-Nummer.

Das war's. Der Teil mit SCH-R880 sagt uns, dass es ein Samsung Acclaim ist, was potenziell auch eine nützliche Information ist – es kommt darauf an, was Sie vorhaben.

Wenn es Ihnen unangenehm ist, User Agent-Strings selbst zu sezieren, machen Sie sich keine Sorgen: Es gibt eine Menge Dienste, die das für Sie übernehmen. Trotzdem lohnt es sich, mit der generellen Struktur von User Agent-Strings vertraut zu sein, damit Sie verstehen, wie diese Dienste die entsprechenden Informationen sammeln.

Was können Sie mit der User Agent-Erkennung anstellen?

Die User Agent-Erkennung können Sie auf viele verschiedene Arten verwenden. Es gibt einfache Skripte, die den String parsen und Ihnen sagen, ob das Gerät »mobil« oder etwas anderes ist.

Am anderen Ende des Spektrums liefern Geräteerkennungs-Repositories (DDR, Device Detection Repository) wie *WURFL* und DeviceAtlas eine unglaublich detaillierte Liste mit Informationen zum jeweiligen Gerät, zum Browser, zum Betriebssystem und zu allem, was unterstützt wird.

Nehmen wir zum Beispiel WURFL. Wenn Sie den User Agent-String eines Samsung Acclaim an WURFL übergeben, erhalten Sie eine Liste mit 500 verschiedenen

● **WURFL**
WURFL ist eines der ältesten und am häufigsten implementierten Geräteerkennungs-Repositories.

Leistungsmerkmalen. Diese reichen von der Prüfung, ob CSS-Verläufe unterstützt werden, bis hin zur Erkennung, ob das Gerät einen Telefonanruf tätigen kann.

Sobald Sie diese Informationen haben, können Sie die User Experience anpassen und Markup, CSS und JavaScript maßschneidern, damit nur das an das Gerät geschickt wird, was auch tatsächlich erforderlich ist.

PRO USER AGENT-ERKENNUNG

- Detaillierte Informationen.
- Da sie serverseitig erfolgt, können Sie verhindern, dass unnötige Ressourcen an das Gerät gesendet werden.

KONTRA USER AGENT-ERKENNUNG

- Durch eine lange Spoofing-Tradition kann sie ohne sorgfältigen Einsatz unzuverlässig sein.
- Detaillierte Informationen erfordern Dienste von Drittanbietern, wodurch zusätzliche Ausgaben für das Projekt entstehen können.

Feature-Erkennung

Der andere beliebte Ansatz ist die Feature-Erkennung, die typischerweise clientseitig erfolgt. Bei der Feature-Erkennung mühen Sie sich nicht mit dem User Agent-String ab. Stattdessen testen Sie mit JavaScript, ob ein bestimmtes Feature unterstützt wird. Beispielsweise könnten Sie folgendermaßen prüfen, ob der verwendete Browser JSON (JavaScript Object Notation) nativ unterstützt:

```
return !!window.JSON;
```

Anhand dieser Information können Sie mit JavaScript das weitere Verhalten der Seite bestimmen.

Eine Warnung: Browser verhalten sich ein bisschen wie Angler – sie tendieren dazu, ein wenig zu übertreiben. Die Übergänge sind subtil. So mag ein Browser zwar behaupten, ein bestimmtes Feature zu unterstützen, die Qualität dieser Unterstützung kann allerdings dramatisch variieren. Wie die User Agent-Erkennung bedarf es für den korrekten Einsatz der Feature-Erkennung ebenfalls einer sorgfältigen Überlegung.

Modernizr

Es sind viele Skripte aufgetaucht, die bei der Feature-Erkennung helfen. Das beliebteste darunter ist Modernizr. Modernizr prüft über 40 verschiedene Features und bietet durch dreierlei Dinge Hilfestellung bei der Entwicklung:

- Modernizr erstellt ein JavaScript-Objekt mit den Testergebnissen.
- Modernizr fügt den HTML-Elementen Klassen hinzu, die angeben, welche Features unterstützt werden.
- Modernizr bietet außerdem einen Skript-Loader, damit Sie bei Bedarf Polyfills laden können.

▶ **Hinweis**
Die neueste Version von Modernizr können Sie unter *http://modernizr.com* herunterladen.

40 Tests sind eine Menge – für die meisten Websites wahrscheinlich übertrieben. Deshalb bietet das Tool die Möglichkeit, einen benutzerdefinierten Build des Skripts zu erstellen, der nur die Tests enthält, die Sie für Ihr Projekt tatsächlich benötigen.

Sobald Sie diesen Build erstellt haben, platzieren Sie das Skript in den Head Ihres Dokuments. Außerdem ist es eine gute Idee, die Klasse nojs zum html-Element Ihrer Seite hinzuzufügen:

```
<html lang="de" class="nojs">
```

Wenn ein Benutzer die Seite anfordert und Modernizr erfolgreich ausgeführt werden kann, wird nojs durch js ersetzt. Dadurch wissen Sie, dass JavaScript unterstützt wird. Indem Sie nojs standardmäßig einfügen, haben Sie die Möglichkeit, die Elemente einer Seite für den Fall zu stylen, dass JavaScript nicht unterstützt wird. Mit der folgenden Deklaration wird beispielsweise overflow:hidden auf das body-Element angewendet, wenn JavaScript nicht unterstützt wird:

```
body.nojs {
    overflow:hidden;
}
```

Darüber hinaus fügt Modernizr dem html-Element eine Reihe anderer Klassen hinzu, um zu kennzeichnen, welche Features unterstützt werden. Wenn Sie beispielsweise nur Tests für Canvas-, Geolocation-, RGBA- und Touch-Unterstützung einrichten, könnte Ihr html-Element folgendermaßen aussehen::

```
<html lang="de" class="js canvas gelocation rgba touch">
```

Zusätzlich zu den Klassen, die beim Styling helfen, haben Sie in JavaScript durch das Modernizr-Objekt Zugriff auf die Testergebnisse.

Touch-Geräte sind ein ausgezeichnetes Beispiel für eine Situation, in der Sie auf diese Informationen zugreifen möchten. Geräte mit Touchscreen konvertieren click-Events in Touch-Events, um zu gewährleisten, dass das Verhalten der Website konsistent bleibt. Allerdings führt diese Konvertierung zu einer Verzögerung von 300 bis 500 ms, die geräteübergreifend konsistent ist. Mit den Ergebnissen des Tests *Modernizr.touch* könnten Sie die click-Events durch Touch-Events ersetzen:

```
1.  if (Modernizr.touch) {
2.      // Touch-Events verwenden
3.  } else {
4.      // click-Events verwenden
5.  }
```

Auf den Server

▶ **Hinweis**
modernizr-server können Sie von GitHub unter *https:// github.com/jamesg- pearce/modernizr- server* herunterladen.

Feature-Ermittlung kann nützlich sein. Da sie aber typischerweise clientseitig erfolgt, sind Ihre Möglichkeiten beschränkt, die Menge der heruntergeladenen Daten zu reduzieren und die User Experience Ihrer Website anzupassen. Für strukturelle Änderungen muss der Server diese Informationen kennen, *bevor* die Seite an den Browser geschickt wird.

Deshalb hat James Pearce die Bibliothek *modernizr-server* entwickelt, mit der Sie Modernizr-Ergebnisse an Ihren serverseitigen Code schicken können, um strukturelle Änderungen vorzunehmen und zu verhindern, dass unnötige Ressourcen heruntergeladen werden.

modernizr-server wird Ihnen bekannt vorkommen, wenn Sie bereits die clientseitige Bibliothek verwendet haben. Laden Sie für den Anfang sowohl *modernizr-server* als auch die neueste Version der JavaScript-Bibliothek herunter. Bringen Sie das JavaScript in einer Datei mit dem Namen *modernizr.js* im Verzeichnis *modernizr-server/modernizr.js/* unter. Binden Sie anschließend die PHP-Datei in Ihre Seite ein:

```
<?php
include('modernizr-server.php');
?>
```

Ab jetzt können Sie auf die Modernizr-Testergebnisse genauso wie in JavaScript zugreifen:

```
1.  if ($modernizr-touch) {
2.      // Touch wird unterstützt
```

```
3.     } else {
4.         // Kein Touch
5.     }
```

Wenn ein Benutzer zum ersten Mal auf die Seite zugreift, führt die Bibliothek die JavaScript-Datei aus und holt die Testergebnisse. Die Ergebnisse werden anschließend zu einem Cookie hinzugefügt, und die Seite wird neu geladen.

Beim nächsten Laden der Seite verwendet die Bibliothek die Informationen aus dem Cookie und legt diese falls möglich für den schnelleren Zugriff in einer Session-Variablen ab.

Es ist wichtig, zu verstehen, wie das funktioniert, weil es an dieser Stelle einen Haken gibt: Um den Test zum ersten Mal durchzuführen, wird die Seite zweimal geladen. Sie verursachen also einen zusätzlichen HTTP-Request. Das passiert sogar, wenn der Inhalt beim ersten Mal nicht geladen wurde, weil das JavaScript sofort ausgeführt wurde. Je nachdem, was für ein Netzwerk Ihre Benutzer verwenden, ist das eine kleine Beeinträchtigung oder ein ziemlich großes Ärgernis.

PRO FEATURE-ERKENNUNG

- Verlässt sich nicht auf den User Agent-String.
- Ermöglicht Ihnen, die Funktionalität in JavaScript auf Grundlage der Feature-Unterstützung maßzuschneidern.

KONTRA FEATURE-ERKENNUNG

- JavaScript ist unter Umständen deaktiviert oder wird nicht unterstützt.
- Browser übertreiben mit ihren Fähigkeiten. Die Frage nach der Unterstützung lässt sich oft nicht einfach mit true oder false beantworten.
- Clientseitig können Sie die Inhalte nicht wesentlich anpassen. Serverseitig ist ein zusätzliches Laden der Seite erforderlich.

User Agent- und Feature-Erkennung kombinieren

User Agent- und Feature-Erkennung liefern unterschiedliche Informationen und haben jeweils ihre eigenen Grenzen. Jede für sich reicht wahrscheinlich für die meisten Websites aus. Aber es gibt Situationen, in denen Sie eventuell etwas

Leistungsfähigeres brauchen. In solchen Fällen können Sie die beiden miteinander kombinieren.

Bei dem kombinierten Ansatz sammeln Sie im Laufe der Zeit Geräteprofile. Dazu speichern Sie Ihre Testergebnisse und verknüpfen sie mit dem jeweiligen User Agent-String.

Angenommen, jemand greift mit einem Samsung Acclaim auf Ihre Website zu. Sie schnappen sich den User Agent-String und senden einen Request an WURFL, um herauszufinden, was es damit auf sich hat. Anschließend speichern Sie diese Ergebnisse in einer Datenbank.

Wenn die Seite geladen wird, führen Sie Ihre Feature-Tests durch. Anschließend werden die Ergebnisse an den Server übermittelt und in derselben Datenbank gespeichert.

Lücken füllen mit Detector

Ein nützliches Tool, um die Lücke zwischen clientseitiger Feature-Erkennung und serverseitiger Erkennung zu schließen, ist Detector von Dave Olsen, das Sie unter *http://detector.dmolsen.com* finden können.

Detector ist eine Bibliothek für die Browser- und Feature-Erkennung, die auf *modernizr-server* und der beliebten *ua-parser.php* basiert – ein Browsererkennungsskript, das allgemeine Informationen über das Gerät, wie etwa das Betriebssystem oder den Gerätenamen, sammelt. Anhand dieser Informationen kann Detector dynamisch Profile für jeden User Agent-String generieren, mit dem auf eine Seite zugegriffen wird.

Das Tool hat zwar nicht die Leistung von WURFL oder DeviceAtlas, es muss aber auch nicht auf eine riesige Datenbank mit Geräteinformationen zugreifen. Insofern ist es eine wesentlich flinkere Lösung. Im Rahmen vieler Projekte werden Sie eventuell feststellen, dass Sie den Detailreichtum von WURFL gar nicht brauchen. In diesem Fall ist Detector eine ausgezeichnete Lösung.

Wenn das nächste Mal jemand mit einem Samsung Acclaim auf Ihre Website zugreift, überprüfen Sie die Datenbank und finden die Ergebnisse zu diesem User Agent-String. Es lohnt sich, diese Daten erneut zu überprüfen, indem Sie zusätzliche Feature-Tests durchführen, wenn dieser UA-String das nächste Mal auftaucht. Beim ersten Mal könnte es auch jemand mit einem Desktop-Browser sein, der den UA-String lediglich spooft. Es schadet nie, eine zusätzliche Prüfung durchzuführen.

RESS: Das Beste aus zwei Welten

Die serverseitige Erkennung hat auch einige grundlegende Fehler. Wenn Sie versuchen, sie ohne Responsive Design zu verwenden, ist sie nicht skalierbar. Mit der Fragmentierung der Gerätelandschaft wird es zunehmend schwieriger für die serverseitige Erkennung (zumindest in der gebräuchlichsten Implementierung, die auf der User Agent-Erkennung basiert).

Der robusteste Ansatz besteht darin, die serverseitige Erkennung mit Responsive Design zu kombinieren. Dieser Ansatz, RESS genannt, kombiniert das Beste aus zwei Welten: Es gibt eine Basiswebsite (eine einfache Reihe von grundlegenden Vorlagen) für alle Geräte, wobei die einzelnen Komponenten serverseitig gerendert und auf eine bestimmte Geräteklasse zugeschnitten werden.

Wenn ein Artikel beispielsweise eine Fotogalerie enthält, kann die Artikelseite selbst aus einer Vorlage bestehen, die an alle Geräte geliefert wird. Die Galerie dagegen könnte eine Komponente sein, die für verschiedene Geräte (zum Beispiel Touch-Geräte) unterschiedlich bereitgestellt wird.

Die Kombination aus Responsive Design und serverseitiger Erkennung beseitigt die meisten Probleme des jeweiligen Ansatzes effektiv:

- Dank Responsive Design ist das Layout geräteagnostisch. Dadurch kann die Website eine breitere Palette an Geräten unterstützen, als das mit getrennten Websites möglich wäre.
- Durch die serverseitige Erkennung können Sie die Menge der heruntergeladenen Daten reduzieren und den Benutzern unnötig lange Downloadzeiten ersparen.
- Durch den Austausch von Komponenten können Sie die User Experience so anpassen, dass sie dem verwendeten Gerät bestmöglich entspricht.

Erik Runyon

RESS IN DER WILDNIS

Erik Runyon lebt in Michigan und entwickelt seit 1995 Websites. Er ist glühender Verfechter von Webstandards, semantischem Markup, der mobilen User Experience und der Portabilität von Daten. Seinen Geek-Talk können Sie auf Twitter (@erunyon) und in seinem persönlichen Blog lesen (weedygarden.net).

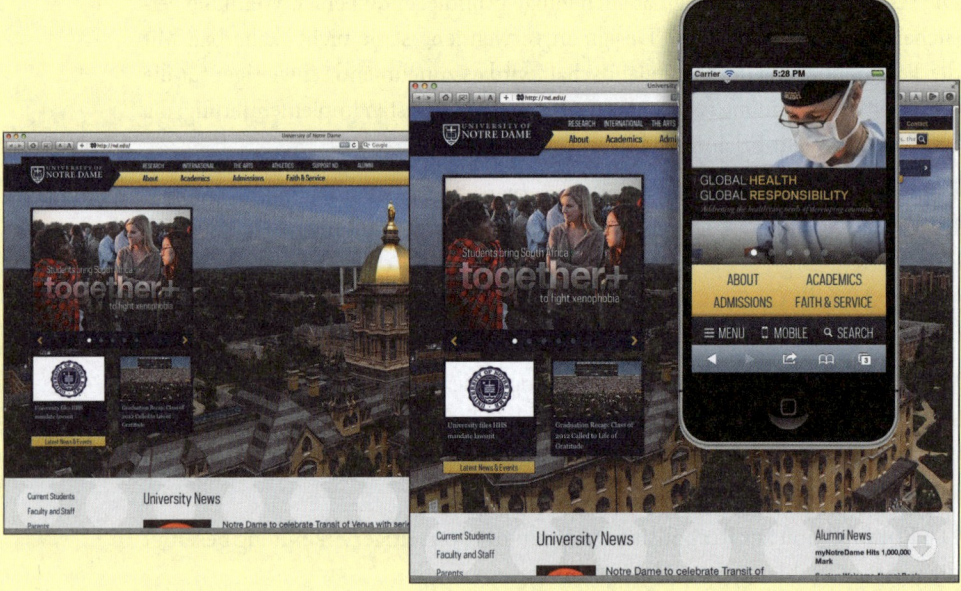

Wir wussten bereits früh im Designprozess für ND.edu, dass wir RESS einsetzen würden, um die mobile Experience so schnell und schlank wie möglich zu gestalten. Ziel des Redesigns war es, dass die Besucher die University of Notre Dame durch Bildsprache und fundierte Inhalte erleben konnten. Für Desktops und Tablets gehörten dazu große Bilder, die den größten Teil des Bildschirms füllt, sowie einige Top-Level-Seiten, die wir auf der Homepage darstellten. Wir hatten die lange Form von Inhalten auf der vorherigen Iteration von ND.edu bereits für eine Reihe von Feature-Storys verwendet. Allerdings hätte die Menge an Inhalten und erforderlichen Ressourcen zu einem suboptimalen mobilen Erlebnis geführt. An dieser Stelle kam die »Server Side« von RESS ins Spiel.

Wir verwendeten eine einfache User Agent-Bibliothek, um Geräte in zwei Kategorien zu klassifizieren: »mobil« und »nicht mobil« (wie gesagt: einfach). Auf diese Weise konnten wir die richtigen Inhalte auf dem Server zusammenstellen und nur das Erforderliche an den Client schicken. Wir wählten die Inhalte ausgehend von der Experience aus, die wir vermitteln wollten. Nachdem die lange Form der Tablet/Desktop-Version eine Kombination von Top-Level-Seiten war, konnten wir diese Inhalte problemlos auslassen und sie für die mobilen Benutzer stattdessen über die Top-Level-Navigation bereitstellen. Dadurch wurde die Seitengröße deutlich reduziert, dennoch waren die Inhalte für jene Benutzer einfach zu erreichen, die daran interessiert waren.

Als Nächstes dachten wir über eine Navigation mit großen Drop-down-Menüs mit Links auf interne und externe Ressourcen nach. Diese Funktionalität passte aber nicht so recht zu unserem mobilen Layout. Und nachdem alle Links auch über die andere Navigation erreichbar waren, entschieden wir uns, diese Menüs für mobile Geräte nicht zu laden.

Als Letztes – vom Aspekt der Content Parity am problematischsten – kamen die Feature-Bilder und verwandten Inhalte dran. Wir wollten zeigen, wie schön der Campus von Notre Dame ist, und relevante Informationen zu jedem Bild in einem Slide-out-Bereich anzeigen. Wir entschieden uns aus zwei Gründen gegen dieses Feature. Zum einen lässt sich das Erlebnis von großen Bildern nicht auf kleine Bildschirme übertragen. Und zweitens waren für jeden Ort eine große Menge Inhalte erforderlich, was der mobilen Erfahrung insgesamt geschadet hätte. Schlussendlich haben wir dieses Feature nicht übernommen, aber dafür nach einer Möglichkeit gesucht, ähnliche Inhalte auf eine Art und Weise bereitzustellen, die die Stärken mobiler Geräte nutzt: Wir haben Sehenswürdigkeiten

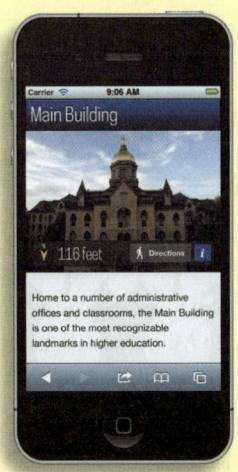

mit mobilgerätetauglichen Inhalten direkt aus unserer Karten-API gezogen. Wenn wir feststellten, dass das Gerät eines Benutzers Geolocation unterstützt, baten wir den Benutzer um die Freigabe seines Standorts. Befand er sich auf dem Campus, zeigten wir die nächstgelegenen Sehenswürdigkeiten an. Wir konnten sogar zusätzliche Features wie eine Wegbeschreibung anbieten.

Aus diesen Erfahrungen haben wir gelernt, die Stärken und Schwächen jeder Geräteklasse genau zu berücksichtigen und mit RESS die Inhalte und Benutzererlebnisse aufzuteilen, um jedem das bestmögliche Ergebnis zu bieten. So konnten wir auf großen Bildschirmen eine reichhaltige und umfassende Erfahrung mit 136 Requests und 3 MByte bieten – und eine mobile Version mit nur 23 Requests und gerade mal 292 KByte. Und das bei beinahe vollständiger Content Parity. Die Vorteile eines RESS-Ansatzes für Webdesign und Entwicklung sind offensichtlich.

Stürmische Zeiten

Bisher haben wir uns in ruhigen Gewässern bewegt, indem wir nur mit iOS-, Android- und Desktop-Browsern getestet haben. Wir haben eine unangenehme Realität ausgeblendet: Nicht jeder verwendet diese Geräte und Browser.

Auf mobilen Geräten gehören – im Hinblick auf weltweite Marktanteile – Opera Mini und Opera Mobile zu den beliebtesten Browsern. Der Traffic damit ist bei Weitem nicht unbedeutend. Laut eines Opera-Berichts haben im April 2013 insgesamt mehr als 224 Millionen Menschen mit Opera Mini mehr als 165 Milliarden Seiten besucht.[2] Diese Zahlen können wir nicht ignorieren.

Wenn Sie ein iPhone oder Android-Gerät haben, können Sie Opera Mini installieren und auf Ihrem Gerät testen.

Opera Mobile spielt wunderbar mit bei *Noch eine Sport-Website*, aber Opera Mini ist eine völlig andere Geschichte. Das liegt daran, dass Opera Mini als Browser das Ziel hat, die Datennutzung zu reduzieren und alles um jeden Preis zu beschleunigen. Entsprechend verwendet Opera Mini serverseitige Kompression, um die Seite zu komprimieren, bevor sie überhaupt an das Gerät übergeben wird.

Opera Mini unterstützt JavaScript, aber es wird auf dem Server ausgeführt, nicht auf dem Gerät selbst. Daher ist die JavaScript-Interaktion mit Ihrer Seite etwas eingeschränkter.

Starten wir ihn und schauen wir uns an, wie schlimm es wirklich ist.

Dank unseres Ansatzes mit dem Progressive Enhancement sieht die Website tatsächlich recht ansehnlich aus.

Aufgrund der limitierten JavaScript-Interaktion von Opera Mini ist die Navigation standardmäßig ausgeklappt. Das ist nicht besonders schön, aber es funktioniert (Abbildung 8.2).

Ehrlich gesagt, ist das kein K.-O.-Kriterium. Es ist sicherlich suboptimal, aber der Inhalt ist zugänglich, und alles funktioniert. An dieser Stelle müssen Sie sich entscheiden, wie weit Sie gehen möchten. Die Projektanforderungen, Traffic auf der Website und das Budget werden Ihnen helfen, die richtige Antwort zu finden.

---

2 »State of the Mobile Web, April 2013« unter *http://business.opera.com/smw/2013/04/*

Abbildung 8.2 Auf Opera Mini ist die Navigation ausgeklappt und lässt nicht viel Raum für Inhalte.

Zu Demonstrationszwecken lösen wir das Problem. Wir müssen lediglich die Auflösung des Geräts prüfen. Im nächsten Abschnitt holen wir diese Informationen von WURFL und passen die User Experience entsprechend an.

Alternativ können Sie die Auflösung natürlich auch mit einem ähnlichen Ansatz wie bei *modernizr-server* lösen. Wir bauen aber trotzdem zunächst dieses Beispiel aus, damit Sie die Arbeitsweise von WURFL kennenlernen.

WURFL installieren

Zunächst müssen Sie die WURFL-PHP-Bibliothek installieren. Sie finden sie entweder auf der Begleit-Website zu diesem Buch oder bei SourceForge (*http://wurfl.sourceforge.net*).

Nachdem Sie die Bibliothek heruntergeladen und entpackt haben, sollte das Hauptverzeichnis *wurfl-php-versionsnummer* heißen. Verschieben Sie für diese Beispiele dieses Verzeichnis in Ihr Arbeitsverzeichnis für diese Beispiele.

Wenn Sie das Verzeichnis *wurfl-php-versionsnummer* öffnen, finden Sie ein Unterverzeichnis namens *examples/resources*. Kopieren Sie dieses Verzeichnis in das Verzeichnis *wurfl-php-versionsnummer*. Dann können Sie den Beispielordner bedenkenlos löschen.

◆ **Tipp**
WURFL bietet auch einen Cloud-Service (*www.scientiamobile.com/cloud*), der einfacher ans Laufen zu bekommen ist. Wir werden ihn in diesem Buch nicht verwenden, weil Sie einen kostenpflichtigen Account registrieren müssten, um mitzuarbeiten. Es lohnt sich aber, diesen Dienst unter die Lupe zu nehmen.

Innerhalb des Verzeichnisses *resources* gibt es zwei Unterverzeichnisse: *storage/cache* und *storage/persistence*. Für beide Verzeichnisse braucht Ihr Server Schreibrechte.

Außerdem enthält das Verzeichnis die Datei *wurfl.zip*. Dort geschieht die eigentliche Zauberei. Die *zip*-Datei enthält die Datei *wurfl.xml* mit allen Geräteinformationen. Sie können auch diese Datei allein herunterladen, falls Sie die XML-Datei regelmäßig aktualisieren möchten, um mit allen Änderungen auf dem Laufenden zu sein.

WURFL lizenzieren

Die WURFL-API wird unter der Affero General Public License v3 (AGPL) zur Verfügung gestellt. Das bedeutet, dass Sie die WURFL-APIs kostenlos nutzen können, wenn Sie die Beschränkungen der AGPL einhalten.

Die AGPL-Lizenz ist etwas verzwickt. Wenn Sie die WURFL-APIs auf einem Server ausführen, gilt das beispielsweise als Distribution. Das bedeutet wiederum, dass alles, was Sie mit diesen APIs entwickeln, ebenso als Open Source lizenziert werden muss. Wenn die AGPL-Lizenz zu streng für Ihr Projekt ist, können Sie eine kommerzielle Lizenz für WURFL kaufen.

Die WURFL-XML-Datenbank wird separat lizenziert und kann nur in Verbindung mit der WURFL-API verwendet werden.

Konfiguration

Zurück zum Hauptarbeitsverzeichnis: Erstellen Sie eine Datei mit dem Namen *wurfl_config.php* und fügen Sie den folgenden Code ein:

```php
 1.    <?php
 2.    // Während der Entwicklung alle Fehler protokollieren
 3.    ini_set('display_errors', 'on');
 4.    error_reporting(E_ALL);
 5.
 6.    $wurflDir = dirname(__FILE__) . '/wurfl-php-1.4.1/WURFL';
 7.    $resourcesDir = dirname(__FILE__) . '/wurfl-php-1.4.1/resources';
 8.
 9.    require_once $wurflDir.'/Application.php';
10.
```

```
11.     $persistenceDir = $resourcesDir.'/storage/persistence';
12.     $cacheDir = $resourcesDir.'/storage/cache';
13.
14.     // WURFL-Konfiguration erstellen
15.     $wurflConfig = new WURFL_Configuration_InMemoryConfig();
16.
17.     // Speicherort der WURFL-Datei
18.     $wurflConfig->wurflFile($resourcesDir.'/wurfl.zip');
19.
20.     // Suchmodus der API ('performance' oder 'accuracy')
21.     $wurflConfig->matchMode('performance');
22.
23.     // WURFL-Persistenz einrichten
24.     $wurflConfig->persistence('file', array('dir' => $persistenceDir));
25.
26.     // Caching einrichten
27.     $wurflConfig->cache('file', array('dir' => $cacheDir, 'expiration' =>
        36000));
28.
29.     // WURFL Manager Factory aus WURFL-Konfiguration erstellen
30.     $wurflManagerFactory = new WURFL_WURFLManagerFactory($wurflConfig);
31.
32.     // WURFL Manager erstellen
33.     /* @var $wurflManager WURFL_WURFLManager */
34.     $wurflManager = $wurflManagerFactory->create();
```

Sehen wir uns die Konfigurationsdatei an.

In den Zeilen 3 bis 4 werden die PHP-Fehlerberichte aktiviert. Diese Einstellung ist nicht für die Ausführung von WURFL erforderlich, aber Fehlerberichte können bei der Arbeit auf Ihrer Entwicklungs-Website sehr nützlich sein. Entfernen Sie diese Zeilen unbedingt von ihrer Produktions-Website.

Die Zeilen 6 und 7 verweisen auf das WURFL- und das Ressourcenverzeichnis, das Sie gerade eingerichtet haben.

Zeile 9 bindet die primäre WURFL-Anwendungsdatei ein. Die Zeilen 11 und 12 verweisen auf die Verzeichnisse *persistence* und *cache*. Im *cache*-Verzeichnis werden die ermittelten User Agents abgelegt, um wiederholte Requests zu beschleunigen.

Zeile 15 instantiiert das Konfigurationsobjekt, damit wir wissen, wo alles abgelegt ist. Zeile 18 sagt dem Konfigurationsobjekt, wo sich die Hauptdatenbank von WURFL befindet.

> ## Gestatten: DeviceAtlas
>
> WURFL ist nicht die einzige Option. Es gibt mehrere andere Lösungen, wobei DeviceAtlas die erwähnenswerteste ist.
>
> DeviceAtlas wurde 2008 eingeführt und ist eine kommerzielle Gerätedatenbank. DeviceAtlas sammelt Informationen von Mobilfunkanbietern, Herstellern und sogar von WURFL. DeviceAtlas ist tendenziell ein bisschen mehr auf mobile Geräte fokussiert als WURFL. Es gibt zwar einige Überschneidungen bei den Leistungsmerkmalen, aber auch einige bemerkenswerte Unterschiede.
>
> Beispielsweise hat WURFL eine ganze Kategorie von Leistungsmerkmalen bezüglich herunterladbarer Objekte wie Wallpaper, Klingeltöne oder Bildschirmschoner, DeviceAtlas dagegen nicht. Andererseits hat DeviceAtlas im Gegensatz zu WURFL eine ganze Kategorie für HTML5-bezogene Features wie Canvas und Application Cache reserviert.
>
> WURFL und DeviceAtlas bieten gleichermaßen einen hohen Qualitätsstandard und werden regelmäßig aktualisiert. Ihre Entscheidung müssen Sie dementsprechend anhand einer Kombination aus Ihren Projektanforderungen und Ihren persönlichen Präferenzen treffen.

Zeile 21 legt den `matchMode` fest. Es gibt zwei Optionen: performance und accuracy. Im performance-Modus werden Desktop-Browser einfach als generische Webbrowser zurückgeliefert, anstatt diese genauer zu identifizieren. Meistens reicht das aus.

Die Zeilen 24 und 27 legen die persistence- und cache-Methoden fest. In diesem Fall wird WURFL mitgeteilt, Dateien zu speichern sowie wo sich das Verzeichnis befindet und wie lange der Cache im *cache*-Verzeichnis gültig sein soll.

In den Zeilen 30 und 34 erstellt die Konfigurationsdatei das WURFL-Managerobjekt, mit dem Sie Geräte identifizieren und deren Leistungsmerkmale abrufen können.

Leistungsmerkmale ermitteln

Mit diesen Variablen können Sie nun WURFL in *Noch eine Sport-Website* integrieren.

Fügen Sie folgende Zeilen oben in der Seite ein:

```php
<?php
// Konfigurationsdatei einbinden
include_once './wurfl_config.php';
// Diese Zeile ermittelt das besuchende Gerät anhand des HTTP-Requests
($_SERVER)
$device = $wurflManager->getDeviceForHttpRequest($_SERVER);
?>
```

Das Code-Snippet bindet die Konfigurationsdatei ein und übergibt die *Servervariablen* an WURFL. WURFL identifiziert anschließend das Gerät und liefert die Informationen zu den Leistungsmerkmalen zurück.

Nun können Sie WURFL fragen, ob es sich um ein Gerät mit kleinem Bildschirm handelt – mithilfe des Leistungsmerkmals `resolution_width`:

```php
if ($device->getCapability('resolution_width') <= 480) {
    $smallScreen = true;
} else {
    $smallScreen = false;
}
```

● *Servervariablen*
PHP speichert Informationen über Header (einschließlich des User Agent-Strings), Pfade und Speicherorte im Array $_SERVER.

In diesem Beispiel wird überprüft, ob die horizontale Auflösung des Geräts weniger als 480 px beträgt. Die erste Zeile verwendet die Methode `getCapability`, mit der Sie den Wert eines bestimmten Leistungsmerkmals aus WURFL abrufen können. In diesem Fall liefert WURFL die horizontale Auflösung des Geräts. Falls diese kleiner oder gleich 480 px ist, erhält die von Ihnen erstellte Variable `$smallScreen` den Wert `true`, ansonsten den Wert `false`.

Mithilfe der Variablen `$smallScreen` können Sie nun anpassen, was als Navigation an den Browser übergeben wird:

```php
<?php if ($smallScreen) { ?>
    <a href="#bottom" class="nav-collapse active"
       id="nav-collapse">Menü</a>
<?php } else { ?>
    <a href="#nav" class="nav-collapse" id="nav-collapse">Menü</a>
    <ul class="nav" id="nav">
        <li class="active"><a href="#">Football</a></li>
        <li><a href="#">Baseball</a></li>
```

```
8.            <li><a href="#">Fußball</a></li>
9.            <li><a href="#">Tennis</a></li>
10.           <li><a href="#">Ice Soccer</a></li>
11.           <li><a href="#">Basketball</a></li>
12.       </ul>
13.   <?php } ?>
```

Wenn die Variable $smallScreen true ist, wird dem Gerät ein Menülink geschickt, der direkt auf die Footer-Navigation verlinkt. Wenn nicht, wird die vollständige Navigation übergeben.

Dadurch wird das Navigationsproblem mit Opera Mini umgangen. Auf einem Gerät mit kleinem Bildschirm werden die Benutzer durch einen Tipp auf die Menüschaltfläche direkt zur Navigation am unteren Bildschirmrand geführt (Abbildung 8.3).

Abbildung 8.3 Dank der sehr einfachen serverseitigen Erkennung verbleibt die Navigation am unteren Bildschirmrand und lässt ausreichend Platz für die Inhalte.

Hier verwenden wir die User Agent-Erkennung, um zu verbessern, nicht um auszuschließen. Wenn das Gerät unter 480 px breit ist, funktioniert nach wie vor alles – nur eben geringfügig anders. Die User Experience wird dadurch nicht negativ beeinflusst. Da wir die Seite mit Progressive Enhancement aufbauen, wird sie auch dann funktionieren, wenn auf einem Gerät mit großem Bildschirm das Menü nicht zusammengeklappt wird. Die Navigation wird in jeder Situation verwendbar sein und füllt auf kleinen Geräten nicht den gesamten Bildschirm.

Dies ist ein ausgezeichnetes Beispiel dafür, warum Sie von Zeit zu Zeit serverseitige Erkennung einsetzen sollten. Auf Geräten, die keine Drop-down-Navigation unterstützen, können Sie eine bessere User Experience bieten. Und noch besser: Durch diese Optimierung wird niemand von der Website ausgeschlossen. Serverseitige Erkennung muss nicht automatisch Ausschluss bedeuten.

FEATURE-ERKENNUNG

Sie können diesen Ansatz noch narrensicherer machen, indem Sie den Mix um eine gewisse Feature-Erkennung ergänzen. Die von WURFL gelieferte Bildschirmauflösung ist hilfreich als Basis, kann aber unter Umständen nicht ausreichen. Für einen Desktop-Browser kann WURFL nicht die tatsächliche Größe ermitteln, die der Benutzer für das Fenster gewählt hat: Dieses könnte auch sehr schmal sein.

Wie wir in Kapitel 5, »Planung«, diskutiert haben, können einige neue Geräte ihre Anzeige auch projizieren. Genauso ist es möglich, ein Android-Smartphone mit einem OS von Ubuntu an ein externes Display anzuschließen. In solchen Szenarien ist die von WURFL gelieferte Auflösung weniger exakt, als würden Sie sie mit JavaScript ermitteln. Die serverseitige Erkennung ist sinnvoll beim ersten Laden der Seite. Danach sollten Sie die Breite mit JavaScript bestimmen lassen und diesen Wert für die nachfolgenden Ladevorgänge der Seite verwenden.

Beginnen Sie damit, Funktionen zum Lesen und Schreiben von Cookies in JavaScript zu entwickeln, und fügen Sie sie dem `Utils`-Objekt hinzu.

▶ **Hinweis**
Diese Funktionen wurden ursprünglich von Peter-Paul Koch entwickelt. Sie finden Sie auf seiner Website (*http://www.quirksmode.org/js/cookies.html*).

```
1.   var Utils = {
2.       createCookie : function(name, value, days) {
3.           if (days) {
4.               var date = new Date();
5.               date.setTime(date.getTime() + (days*24*60*60*1000));
6.               var expires = "; expires="+date.toGMTString();
7.           }
8.           else var expires = "";
9.           document.cookie = name + "=" + value + expires + "; path=/";
10.      },
11.      readCookie : function(name) {
12.          var nameEQ = name + "+";
13.          var ca = document.cookie.split(';');
14.          for (var i = 0; i < ca.length; i++) {
15.              var c = ca[i];
```

```
16.                    while (c.charAt(0)==' ') c = c.substring(1, c.length);
17.                    if (c.indexOf(nameEQ) == 0) {
18.                        return c.substring(nameEQ.length, c.length);
19.                    }
20.            };
21.        return null;
22.        },
23.        ...
24.    }
```

Mit diesen Hilfsfunktionen können wir nun das Objekt Utils.tests erstellen, das alle Feature-Tests enthalten wird, die Sie entwickeln. Für den Moment müssen Sie nur die Breite testen. Aber durch diesen Aufbau lassen sich die Tests besser skalieren, wenn Sie weitere Features hinzufügen.

```
1.    var Utils = {
2.        ...
3.        tests : {
4.            getWidth: function(){
5.                return (window.innerWidth > 0) ? window.innerWidth : screen.width;
6.            }
7.        }
8.    }
```

In diesem Snippet wird die Funktion getWidth erstellt und dem Objekt Utils hinzugefügt. In Zeile 5 liefert die Funktion entweder die Eigenschaft window.innerWidth zurück, oder – falls diese keinen gültigen Wert enthält – die Eigenschaft screen.width wird zurückgeliefert.

Dank dieser Funktionen können Sie nun den entsprechenden Code in die Funktion window.onload einfügen, um den Test auszuführen und das Ergebnis für die spätere Verwendung in einem Cookie zu speichern:

```
1.    var features = {};
2.    // Cookie vorhanden?
3.    if (Utils.readCookie('features')) {
4.        features = Utils.readCookie('features');
5.        features = JSON.parse(features);
6.    } else {
7.        // Breite prüfen
8.        features['width'] = Utils.tests.getWidth();
9.        // Features speichern
10.       Utils.createCookie('features', JSON.stringify(features));
11.   }
```

Zeile 1 erstellt das features-Objekt, in dem jegliche Feature-Tests gespeichert werden.

Zeile 3 prüft, ob das Features-Cookie existiert. Wenn ja, wird der Wert im Objekt features gespeichert und mit der JavaScript-Funktion JSON.parse() in ein Objekt umgewandelt.

Wenn das Features-Cookie nicht existiert, prüft Zeile 8 die Breite und speichert den Wert als String in einem Cookie mit dem Namen features.

Zu guter Letzt müssen Sie noch den serverseitigen Code nach dem Features-Cookie suchen lassen und, falls möglich, von dort die Breite abrufen:

```
if (isset($_COOKIE['features'])) {
    $feature = json_decode($_COOKIE['features']);
}
if ($feature->width) {
    $width = $feature->width;
} else {
    $width = $device->getCapability('resolution_width');
}
```

Zeile 1 prüft, ob das Cookie gesetzt wurde. Wenn ja, wird der Wert in der Variablen $feature gespeichert (Zeile 2). Anschließend wird in Zeile 4 der Variablen $width entweder, falls vorhanden, die Breite aus dem Feature-Test zugewiesen oder der Breitentest von WURFL.

Nun können Sie im Code anhand des Werts von $width feststellen, ob das Gerät einen kleinen Bildschirm hat:

```
if ($width <= 480) {
    $smallScreen = true;
} else {
    $smallScreen = false;
}
```

Mit diesem Code wird nun beim ersten Laden der Seite die Breite von WURFL bestimmt. Bei künftigen Ladevorgängen kommt dagegen der Feature-Test zum Einsatz – vorausgesetzt, JavaScript wird unterstützt.

Anrufe tätigen

Die Leute von *Noch eine Sport-Website* haben sich dazu entschlossen, eine Talkshow anzubieten, bei der loyale Zuhörer und Leser mit Fragen und Kommentaren anrufen können. Sie möchten deshalb eine 0800-Nummer in der Seitenleiste anbieten.

Als cleverer Entwickler, der Sie sind, denken Sie: Hm, wenn Besucher mit einem Smartphone auf die Website zugreifen, sollten sie einfach anrufen können, indem sie auf die Nummer tippen. (Es stimmt: Diese Minicomputer haben tatsächlich auch ein Telefon integriert! Wer hätte das gedacht?)

Viele Geräte versuchen, eine Telefonnummer durch Mustervergleich zu erkennen, doch das funktioniert nicht immer perfekt. Es gibt aber einen speziellen Link tel:, den viele Geräte unterstützen und mit dem Sie dem Gerät mitteilen können, dass es sich bei dem Link um eine Telefonnummer handelt:

```
<a href="tel:+498005555555">0800-555-5555</a>
```

Das funktioniert wunderbar auf mobilen Geräten, die das Format unterstützen. Wie sich aber herausstellt, sind Desktop-Browser ziemlich dämlich, was diese Dinge angeht. Manche stellen den Text wie einen Link dar, aber der Link macht nichts. Andere Browser, wie etwa Safari, versuchen, den Link zu öffnen, als wäre es eine URL. Einige mobile Browser unterstützen das Format nicht, dafür aber das ältere Format WTAI (Wireless Telephony Applications Interface):

```
<a href="wtai://wp/mc;+498005555555">0800-555-5555</a>
```

Auch hier kann ein bisschen serverseitige Erkennung bei der Lösung des Problems helfen.

Als Erstes fügen wir den Text für die Talkshow ein, und zwar direkt oberhalb des Abschnitts »Verwandte Schlagzeilen«.

```
1. <aside>
2.     <section class="talkshow">
3.         <h2>Unsere Talkshow:</h2>
4.         <p><a href="tel:+498005555555">0800-555-5555</a></p>
5.     </section>
6.     <section class="related">
7.         ....
```

Anschließend brauchen wir noch einige Stilregeln, damit die Telefonnummer einfach zu sehen und zu berühren ist. (Die Klasse call wird später auf den Absatz angewendet, wenn kein Link eingefügt wird.)

```css
1.  .talkshow a, .call{
2.      font-size: 1.5em; /* 24px/16px */
3.      padding: .416666667em 0 .416666667em 50px; /* 10px/24px */
4.      background: url('../images/phone.png') left center no-repeat;
5.  }
```

Nun müssen Sie WURFL anzapfen, um zu entscheiden, ob Sie einen Link einfügen oder nur die Nummer angeben. Zwei Leistungsmerkmale sind hier insbesondere nützlich: has_cellular_radio und xhtml_make_phone_call_string.

has_cellular_radio gibt an, ob das Gerät über Mobilfunktechnik verfügt. Dabei ist zu beachten, dass durch dieses Leistungsmerkmal nicht gewährleistet ist, dass es sich bei dem Gerät um ein Telefon handelt. Ein Kindle hat beispielsweise eine Mobilfunkverbindung, aber ausschließlich für Daten. has_cellular_radio reicht uns allerdings aus. Das Leistungsmerkmal xhtml_make_phone_call_string gibt die Methode zurück, mit der Sprachanrufe initiiert werden können.

Durch Kombination dieser beiden Eigenschaften können Sie ermitteln, ob ein Gerät in der Lage ist, einen Telefonanruf zu tätigen. Fügen Sie hierzu die folgenden Zeilen oben in der Seite in den PHP-Code ein:

```php
1.  if ($device->getCapability('has_cellular_radio') === 'true') {
2.      if ($device->getCapability('xhtml_make_phone_call_string')
            !== 'none') {
3.          $wireless = true;
4.          $method = $device->getCapability('xhtml_make_phone_call_
            string');
5.      } else {
6.          $wireless = false;
7.      }
8.  } else {
9.      $wireless = false;
10. }
```

Die erste Zeile prüft, ob das Gerät über Mobilfunktechnik verfügt. Wenn nicht, erhält $wireless den Wert false, und es geschieht nichts weiter. Andernfalls wird als Nächstes geprüft, ob xhtml_make_phone_call_string dem Wert none entspricht. Wenn ja, gibt es keinen Grund, den Anruflink einzufügen. Entsprechend können Sie $wireless guten Gewissens den Wert false geben. Ansonsten erhält $wireless den Wert true, und xhtml_make_phone_call_string wird an die Variable $method übergeben, damit Sie den String später verwenden können.

Danach verschachteln Sie den Link in Ihren HTML in eine PHP-if/else-Anweisung:

```
1.  <?php if ($wireless) { ?>
2.      <p><a href="<?php echo $method; ?>+498005555555">0800-555-5555
        </a></p>
3.  <?php } else { ?>
4.      <p class="call">0800-555-5555</p>
5.  <?php } ?>
```

Abbildung 8.4
Auf Geräten mit Anrufmöglichkeit fügen wir einen Link ein, der das Wählen der Nummer vereinfacht (links). Auf anderen Geräten, wie etwa Desktop-Browsern, wird die Telefonnummer als Text angezeigt (rechts).

Wenn $wireless gleich true ist, wird der Link eingefügt. $method wird ausgegeben, um sicherzustellen, dass wir die richtige Syntax verwenden. Ist $wireless gleich false, wird die Nummer weiterhin angezeigt, aber der Link wird entfernt, damit Sie sich nicht mit den seltsamen Problemen von tel: in Desktop-Browsern herumärgern müssen (Abbildung 8.4).

Optimierung für Touch-Geräte

Dank vorsichtig angewendeter serverseitiger Erkennung haben wir die User Experience für noch mehr Geräte verbessert. Nun gehen wir einen Schritt weiter und verbessern die Experience für Touch-Geräte. Insbesondere die Links in der Seitenleiste für die verwandten Schlagzeilen sind viel zu klein für einen Touchscreen. Apple empfiehlt Touch-Ziele mit mindestens 44 px Höhe, unsere Links könnten also ein bisschen mehr Padding vertragen.

Die Feature-Erkennung für Touch ist zwar ziemlich beliebt, es gibt aber einen entscheidenden Haken: Die Erkennung des Touch-Features überprüft die Unterstützung von Touch-Events, aber nicht notwendigerweise, ob das Gerät einen Touchscreen hat. WebOS-Telefone haben beispielsweise Touchscreens, unterstützen aber keine Touch-Events. Bei der Feature-Erkennung wäre das Testergebnis negativ, und diese Geräte würden kein besonderes Styling für Touch-Geräte erhalten.

WURFL kennt das Leistungsmerkmal pointing_method, das den Wert touchscreen zurückliefert, wenn das Gerät einen Touchscreen hat. Leider gibt es auch hier wieder einen Haken: Ein Touchscreen bedeutet nicht notwendigerweise, dass auch Touch-Events unterstützt werden.

Entscheidend ist, dass Sie das passende Tool für die jeweilige Aufgabe verwenden. Wenn Sie die Stilregeln für ein Touch-taugliches Gerät anpassen möchten, verwenden Sie die serverseitige Erkennung. Wollen Sie das JavaScript ändern, nutzen Sie die Feature-Erkennung.

Wenn Sie die Stilregeln für Touchscreen-Geräte ändern möchten, geben Sie einfach mit echo das Leistungsmerkmal pointing_method als Klasse des body-Elements aus:

```
<body id="top" class="<?php echo $device->getCapability
('pointing_method'); ?>">
```

Wenn das Gerät einen Touchscreen hat, erhält der Body automatisch die Klasse touchscreen.

Um sicherzustellen, dass die Links für die Überschriften Touchscreen-freundlich sind, müssen sie mindestens 44 px groß sein. Momentan beträgt die Schriftgröße 16 px und die Zeilenhöhe 24 px. Also brauchen wir weitere 20 px. Das erreichen wir durch jeweils 10 px zusätzliches Padding am oberen und unteren Rand der Links. Unsere Formel Ziel / Kontext = Ergebnis aus Kapitel 2, »Fluid Layouts«, liefert uns die passenden em-Werte:

```
1.  .touchscreen .related a{
2.      display:block;
3.      padding: .625em 0;
4.  }
```

Nun wenden wir dieselben Stilregeln auf die Links in »Mehr zu Football« an.

```
1.  .touchscreen .more-stories a{
2.      display:block;
3.      padding: .625em 0;
4.      border-bottom: 1px dotted #999;
5.  }
```

▶ **Hinweis**
display:block ist hier erforderlich, damit der Link das Padding erhält.

Für den Abschnitt more-stories werden die Bilder beim Breakpoint 37.5 em (600 px) geladen. Ab diesem Punkt ist der untere Rahmen unnötig und wirkt ein bisschen deplatziert (Abbildung 8.5). Diese Eigenschaft können Sie ganz einfach mit den folgenden Stilregeln innerhalb der Media Query überschreiben:

```
.touchscreen .more-stories a{
    border-bottom: 0;
}
```

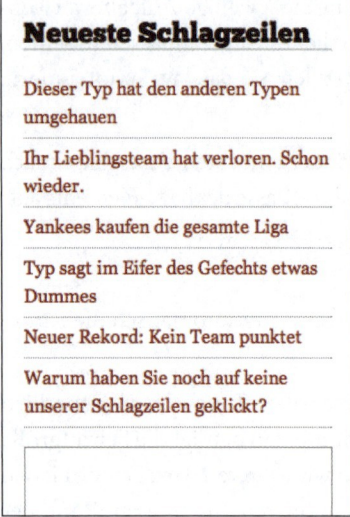

Abbildung 8.5 Auf Geräten mit Touchscreen (rechts) erhalten die Links etwas mehr Padding.

Wenn Sie nun Ihre Seite auf einem Touch-tauglichen Gerät laden, werden Sie feststellen, dass diese Links wesentlich angenehmere Touch-Punkte sind. Auf einem Gerät ohne Touchscreen bleiben die Größen wie gehabt.

TOUCH-FREUNDLICHES JAVASCRIPT

Visuell gesehen, ist die Website nun bereit für Geräte mit Touch-Unterstützung. Aber es gibt noch eine Anpassung, die wir machen müssen.

Momentan wird die Drop-down-Navigation auf einem Gerät mit Touchscreen und einer horizontalen Auflösung von mehr als 480 px über ein click-Event ausgelöst. Touch-Geräte sind zwar clever genug, um das click-Event zu verwenden, aber nicht ohne ein Handicap von 300 bis 500 ms. Das klingt zwar nicht nach viel, kann aber einen entscheidenden Einfluss darauf haben, wie Besucher Ihre Website erleben.

In mehreren Studien seit den 1960ern wurden 100 ms als die Grenze ermittelt, bis zu der ein Benutzer das Gefühl hat, dass ein System unmittelbar auf seine Eingaben reagiert.[3] Alles darüber fühlt sich für die Benutzer nicht mehr stringent an.

Wenn ein Gerät Touch-Events unterstützt, ist es wesentlich sinnvoller, diese zu verwenden und den Benutzern sofortiges Feedback zu geben. Denken Sie daran: Sie können sich an dieser Stelle nicht auf WURFL verlassen. Das Leistungsmerkmal

---

3 »Response Times: The 3 Important Limits« unter *www.useit.com/papers/responsetime.html*

pointing_method sagt Ihnen nur, ob der Bildschirm Touch-tauglich ist, nicht, ob Touch-Events unterstützt werden. Dafür müssen Sie die Feature-Erkennung verwenden.

Es ist ziemlich einfach, festzustellen, ob ein Gerät Touch-Events unterstützt:

```
hasTouch = 'ontouchstart' in window || 'createTouch' in document;
```

Diese Codezeile überprüft zwei unterschiedliche Eigenschaften, die mit Touch-Events zusammenhängen. Wenn eine davon existiert, hat das Gerät ziemlich wahrscheinlich Touch-Unterstützung, und Sie können guten Gewissens die Touch-Events verwenden.

Leider gibt es keinen einfachen nativen Ersatz für das onclick-Event, das wir bisher verwenden, weil Touch-Events auch komplizierte Gesten ermöglichen. Glücklicherweise haben sich darum bereits andere gekümmert.

Für *Noch eine Sport-Website* können Sie das Plug-in *Tap.js* von Alex Gibson verwenden, das Sie kostenlos unter *https://github.com/alexgibson/tap.js* auf GitHub erhalten. Um einen zusätzlichen HTTP-Request zu sparen, schnappen Sie sich den Code aus *tap.js* und fügen ihn oben in *yass.js* ein.

Tap.js verwendet die Feature-Erkennung, um festzustellen, ob Touch-Events unterstützt werden. Wenn ja, werden Touch-Events verwendet, ansonsten das click-Event.

Um das Plug-in einzusetzen, ersetzen Sie die Funktion:

```
1.    collapse.onclick = function() {
2.        Utils.classToggle(nav, 'hide');
3.        return false;
4.    };
```

durch den folgenden Code:

```
1.    myTap = new Tap(collapse);
2.    collapse.addEventListener('tap', function(){
3.        Utils.classToggle(nav, 'hide');
4.        return false;
5.    }, false);
```

Zeile 1 erstellt ein neues Tap-Objekt mit dem Namen myTap. Die Zeilen 2 bis 5 weisen den Browser an, auf ein tap-Event der collapse-Schaltfläche zu lauschen. Wenn ein tap-Event ausgelöst wird, rufen wir die Funktion classToggle auf (Zeilen 3 bis 4).

Zusammengefasst

Es gibt eine Menge Diskussionen, in denen Responsive Design und serverseitige Erkennung gegeneinander ausgespielt werden. Aber in Wahrheit ist keine der beiden Lösungen allein vollständig. Die besten Möglichkeiten, viele Geräte zu unterstützen, ergeben sich durch die sorgfältige Anwendung beider Techniken.

Die User Agent-Erkennung ist unglaublich leistungsfähig, aber Sie müssen sie mit Vorsicht verwenden. Verbessern Sie das Erlebnis für Ihre Besucher – aber schließen Sie keine Besucher aus.

Feature-Erkennung ist eine gute Wahl für Entwickler und kann clientseitig erfolgen oder – mit der Hilfe eines cleveren Hacks – auch serverseitig. Es handelt sich aber nicht um einen idiotensicheren Ansatz. Auch positive Falschmeldungen kommen vor. Und wenn Sie die Feature-Erkennung serverseitig ausführen möchten, ist ein zusätzlicher Ladevorgang der Seite erforderlich.

WURFL ist eine enorm hilfreiche Bibliothek für die Erkennung von Geräten. Mit über 500 Leistungsmerkmalen haben Sie eine unglaubliche Kontrolle über die User Experience.

Berücksichtigen Sie die Leistungsmerkmale von Geräten und überlegen Sie sorgfältig, wie Sie die User Experience darauf anpassen können. Indem Sie Komponenten und Stilregeln austauschen, können Sie eine Website auf einfache Weise für Touchscreen-Geräte, Low-End-Geräte und telefonietaugliche Geräte optimieren.

Im nächsten Kapitel bauen wir auf diese Diskussion auf. Wir beginnen damit, über Responsive Layouts hinauszuwachsen und Responsive User Experiences zu entwickeln.

Kapitel 9
Responsive User Experiences

In ständiger Bewegung die Zukunft ist.
— YODA, STAR WARS EPISODE V:
DAS IMPERIUM SCHLÄGT ZURÜCK

Wir Menschen beherrschen eine Menge. Aber die Zukunft vorherzusehen, gehört nicht dazu. Unsere Visionen werden von unseren vergangenen Erfahrungen vernebelt. Deshalb kann es schwierig sein, die Beschränkungen von bereits bekannten Medien loszulassen, wenn ein neues Medium das Licht der Welt erblickt.

Beispiele für dieses Verhalten sind leicht zu finden. Als das Fernsehen aufkam, waren die ersten Shows im Prinzip Radiosendungen auf einem Bildschirm. Unterm Strich gab es dieselben Inhalte wie im Radio – Menschen, die aus einem Skript mit einem Mikrofon vorlesen. Es hat eine Weile gedauert, bis die Menschen damit begannen, neue Arten von Inhalten für die Zuschauer zu entwickeln.

Selbst unsere Namenskonventionen zeigen, wie schwer es uns fällt, uns von der Vergangenheit zu trennen. Filme wurden früher beispielsweise noch häufig als »bewegte Bilder« bezeichnet. Das war eine bequeme, aber ungenaue Beschreibung.

Dasselbe Phänomen ist im Web zu beobachten. Unser Webdesign stammt größtenteils vom Print ab. Wir verwenden sogar dieselbe Terminologie, Wörter wie beispielsweise »Seite« und »Falz«. Aber unsere Besessenheit beim Layout führt dazu, dass wir einen großen Teil des Potenzials ungenutzt lassen, den das Web als interaktives Medium zu bieten hat. Wenn wir sein Potenzial ausreizen möchten, müssen wir über die visuelle Darstellung hinausgehen.

In diesem Kapitel sehen wir uns an, was es bedeutet, eine Responsive User Experience zu entwickeln. Sie erfahren:

- wie Sie Responsive Design als eine Reihe von Sensoren verstehen
- wie Sie eine Website an verschiedene Netzwerkgeschwindigkeiten und Datenbeschränkungen anpassen
- warum der Kontext für das Design wichtig ist
- wie Sie mit Geräte-APIs reichhaltige und personalisierte Erlebnisse entwickeln können

Ein System von Sensoren

Ethan Marcotte hat eine Bewegung mit dem Namen »Responsive Architecture« als Inspiration für Response Webdesign zitiert.[1] In der Responsive Architecture können sich Wände biegen und beugen, wenn sich Menschen nähern. Das ist nichts anderes als Layout.

---

1 Ethan Marcotte, *Responsive Web Design* (A Book Apart, 2011)

Aber Responsive Architecture wäre nicht sonderlich spannend, wenn das schon alles wäre. Die Zimmer können sich an Lichtverhältnisse und Temperatur anpassen. Glas kann lichtundurchlässiger werden, um mehr Privatsphäre zu bieten. Es ist nicht nur das Layout eines Zimmers, das auf seine Bewohner reagiert, Umgebung und Erfahrungen passen sich ebenfalls an.

Wenn »responsive« wirklich bedeutet, das Potenzial des Webs auszuschöpfen, geht es bei der Diskussion um weitaus mehr als um das Layout. Responsive zu sein, bedeutet, ein persönliches, anpassungsfähiges Nutzererlebnis zu erzeugen, das sich an die Bedürfnisse und die Umgebung des Benutzers ebenso anpasst wie an die Beschränkungen des verwendeten Geräts.

Ja, Websites sollen auf die Bildschirmgröße des verwendeten Geräts reagieren. Aber unter Umständen ist das der uninteressante Teil dessen, was wir tun können.

In einem Blogbeitrag spricht Mark Boulton darüber, dass Responsive Design aus drei verschiedenen Dingen besteht:[2]

Sensoren

Dinge, die die Umgebung erfassen (nicht das Wetter, aber alles drum herum – was auch immer).

Systeme

Ein System, das Informationen von den Sensoren entgegennimmt und den Aktoren sagt, was sie tun sollen.

Aktoren

Dinge, die die eigentliche Bewegung bringen. Die Motoren, das CSS, die Kabel.

Wenn wir Responsive Design auf diese Weise verstehen, geht es darum, zu erkennen, welche »Sensoren« uns zur Verfügung stehen. Plötzlich ist es ganz einfach, zu verstehen, dass die Diskussion darüber hinausgehen muss, auf die Bildschirmgröße zu reagieren. Eine echte Responsive User Experience berücksichtigt auch die folgenden Elemente:

- Netzwerk
- Kontext
- Möglichkeiten

---

[2] »A Responsive Experience« unter *www.markboulton.co.uk/journal/comments/a-responsive-experience*

> ### Device Experiences
>
> Einen anderen Blickwinkel auf unterschiedliche Erlebnisse für unterschiedliche Geräte hat Luke Wroblewski in seinem Blogbeitrag »Device Experiences & Responsive Design« vorgestellt.[3]
>
> In seinem Beitrag spricht er über die Notwendigkeit, passende Schnittstellen für alle Geräteklassen zu entwickeln: unterschiedliche Device Experiences (etwa: Geräteerfahrungen). Er nennt drei Kategorien, die insbesondere zu berücksichtigen sind:
>
> - Nutzung/Haltung
> - Eingabemethoden
> - Ausgabe/Bildschirm
>
> Diese drei Kategorien passen gut zu denen (Netzwerk, Kontext und Möglichkeiten), die im folgenden Abschnitt diskutiert werden. Unabhängig davon, wie Sie die verschiedenen Geräte kategorisieren, das Ergebnis ist dasselbe: Unterschiedliche Geräte haben unterschiedliche Anforderungen an Layouts, Interaktionen und Inhaltshierarchie. Media Queries, Fluid Layouts und fluide Bilder sind ein Anfang, reichen aber nicht aus.

Netzwerk

Qualität und Geschwindigkeit der Netzverbindung können dramatische Auswirkungen auf die Qualität der Benutzererfahrung haben. Wie wir in Kapitel 4, »Responsive Media«, diskutiert haben, wirkt sich die Performance einer Website entscheidend darauf aus, wie die Benutzer interagieren.

Leider sind nicht alle Netzwerke gleich. Es gibt einen großen Unterschied zwischen einer kabelgebundenen Hochgeschwindigkeitsverbindung und einem langsamen mobilen Netzwerk. Aber die Art des Netzwerks ist nur ein Faktor, die Performance des Netzwerks kann vom Standort, der Anzahl der Benutzer, dem Wetter und dem Mobilfunkanbieter abhängen – zuverlässige Prognosen sind da nicht möglich.

---

3 »Device Experiences & Responsive Design« unter *https://developers.facebook.com/html5/blog/post/6/*

Auch Datenlimits können eine gewisse Rolle spielen. Auf den zunehmenden Daten-Traffic auf mobilen Netzwerken reagieren immer mehr Netzwerkbetreiber damit, dass sie ihre Datentarife deckeln und Kunden drosseln, die bestimmte Limits überschreiten.

Nur um das nochmals klarzustellen: Sie können anhand des Geräts keine Rückschlüsse auf die Performance eines Netzwerks ziehen. Es ist zwar richtig, dass mobile Geräte mit einer größeren Wahrscheinlichkeit über eine langsame Verbindung verfügen und häufig weniger leistungsfähig sind als ihre Desktop-Geschwister. Es gibt aber auch Situationen, in denen mobile Geräte eine schnelle WLAN-Verbindung verwenden, während ein Laptop via Tethering eine langsame mobile Netzwerkverbindung nutzt. Der Gerätetyp allein reicht uns nicht.

Eine echte Responsive Website passt sich entsprechend auch an langsamere Netzwerke oder Datenlimits an.

Was können wir tun?

Beginnen Sie immer damit, die bestmögliche Performance zu bieten, unabhängig von Verbindungstyp oder Gerät. Die Benutzer haben gesprochen: Performance ist weder Option noch Feature, es ist eine Bedingung.

Sie können versuchen, die User Experience weiter zu optimieren, indem Sie ein paar Informationen über das Netzwerk sammeln. Sehen wir uns an, welche Möglichkeiten es gibt.

TESTLADEN VON BILDERN

Eine Methode, die Geschwindigkeit eines Netzwerks festzustellen, besteht darin, einen Request für ein kleines Bild zu machen und die Zeit bis zum Abschluss des Requests zu messen.

Hier sehen Sie eine rudimentäre Version eines solchen Tests:

```
var testImg = document.createElement('img');
testImg.onload = function() {
    endTime = ( new Date() ).getTime();
    var duration = (endTime - startTime) / 1000;
    // Wenn die Dauer eine bestimmte Zeit überschreitet, kleine
    // Bilder laden, ansonsten große Bilder
}
startTime = ( new Date() ).getTime();
testImg.src = 'http://mysite.com/myimage.gif';
```

Dieses Snippet ist simpel, aber Sie verstehen, worum es geht. Sie erstellen ein Bild mit JavaScript und speichern die Startzeit, bevor Sie die src festlegen. Sobald die src definiert ist, startet automatisch der Download des Bilds.

Ist das Bild geladen, wird die Funktion onload aufgerufen. Wir bestimmen die Endzeit und berechnen so die Ladedauer. Auf Grundlage dieser Zeit können Sie entscheiden, ob das Netzwerk für schwergewichtigere Ressourcen wie etwa hochauflösende Bilder schnell genug ist. Diese Methode ist nicht gerade die genaueste, könnte aber für einen schnellen Booleschen Test nach dem Motto »Breitband oder nicht« ausreichen. Für viele Websites müssen Sie jedoch wohl einen Test einsetzen, der etwas zuverlässigere Ergebnisse erzielt.

NETWORK INFORMATION-API

Eine weitere Methode zur Bestimmung des Verbindungstyps ist die Network Information-API, mit der Sie den Browser bitten können, den Verbindungstyp des Geräts zu bestimmen. Android unterstützt derzeit eine ältere, eingeschränkte Version der Spezifikation, mit der Sie nur die Art des verwendeten Netzwerks bestimmen können. Der Zugriff auf diese Information ist einfach:

```
var connection = navigator.connection;
```

Das connection-Objekt, von Android seit Version 2.2 implementiert, enthält die folgenden Eigenschaften:

```
1.  {
2.      "type": "1",
3.      "UNKNOWN": "0",
4.      "ETHERNET" : "1",
5.      "WIFI": "2",
7.      "CELL_2G": "3",
8.      "CELL_3G": "4"
9.  }
```

Die Eigenschaft type sagt Ihnen, welchen Verbindungstyp das Gerät gerade nutzt. In diesem Fall ist der Typ 1 (Zeile 2). Wenn Sie einen Blick auf die restlichen Eigenschaften werfen, sehen Sie die 1, die zeigt, dass das Gerät über eine Ethernet-Verbindung verfügt (Zeile 4).

Mit diesen Informationen könnten Sie sich dafür entscheiden, Bilder mit geringerer Auflösung bereitzustellen, wenn als Netzwerk beispielsweise CELL_2G oder CELL_3G verwendet wird.

Diese Implementierung lässt eine Menge Raum für Fehler. Ein 3G-Netzwerk könnte schnell, ein Wi-Fi-Netzwerk dagegen langsam sein. Es wäre wesentlich besser, wenn wir Zugriff auf die tatsächliche Bandbreite hätten.

Glücklicherweise gibt es eine aktualisierte Version der Spezifikation mit mehr Informationen. Der einzige Browser, der das derzeit unterstützt, ist Firefox 12+. Die Nightly Builds von WebKit unterstützen ebenfalls die Spezifikation, wir können also davon ausgehen, dass die eine oder andere Version es in nicht allzu ferner Zukunft auch in Safari, Chrome, iOS und Android schaffen wird.

Um die verschiedenen Stufen der Unterstützung zu berücksichtigen, müssen wir einige Präfixwerte überprüfen. Ansonsten ist der Einsatz recht einfach:

```
1. var connection = navigator.connection || navigator.mozConnection ||
   navigator.webkitConnection;
2. // Die Bandbreite prüfen
3. alert(navigator.connection.bandwidth);
4. // Ist die Internetverbindung getaktet?
5. alert(navigator.connection.metered);
```

In der neuen Version der Spezifikation wird die type-Eigenschaft entfernt, dafür werden die wesentlich nützlicheren Eigenschaften bandwidth und metered eingeführt.

Die Eigenschaft bandwidth liefert einen von drei Werten zurück:

- 0, wenn das Gerät offline ist
- 'Infinity', wenn die Bandbreite unbekannt ist
- eine Schätzung der aktuellen Bandbreite in Megabyte pro Sekunde (MByte/s)

Die Eigenschaft metered liefert true, wenn das Datenvolumen gemessen wird (also durch den Provider begrenzt ist), und ansonsten false.

Diese Informationen sind wesentlich nützlicher. Der Näherungswert für die Bandbreite ist ein wesentlich besseres Kriterium für die Netzwerkgeschwindigkeit als der Typ. Die Information, ob die Verbindung gedrosselt ist, kann bei Entscheidungen über die Implementierung potenziell datenlastiger Vorgänge helfen.

Bei der neuen Spezifikation können Sie auch eine Funktion festlegen, die darauf lauscht, ob sich die Netzwerkinformationen ändern:

```
1. function changed(){
2.     alert('Die Bandbreite beträgt jetzt: ' + navigator.connection.
       bandwidth);
3. }
4. navigator.connection.addEventListener('change', changed, false);
```

In diesem Code wird die Funktion changed() aufgerufen, wenn sich die Verbindungsinformationen ändern (Zeile 4), und die neue Bandbreite wird in einer Meldung angezeigt.

Da sich die Unterstützung für diese API verbessert, können sich Entwickler dafür entscheiden, entsprechende Bilder zu laden und datenlastige Vorgänge wie Polling nur dann vorzunehmen, wenn die Verbindung des Benutzers dies auch zulässt.

Kontext

● *Kontext*
Die Umstände (physikalisch, umfeldbedingt, verhaltensmäßig, sozial und anderweitig), unter denen ein Gerät verwendet wird.

Kontext ist insbesondere hinsichtlich mobiler Benutzer ein dunkles Kapitel, das Gegenstand etlicher Diskussionen ist. Leider definieren viele Menschen »Kontext« ziemlich eng und beziehen den Begriff nur auf Technologie.

In keinem Bereich wird das deutlicher als bei den mobilen Geräten. »Mobil« ist ein schrecklich überladenes Wort. Es schleppt Jahre historischer Assoziationen mit sich, die längst nicht mehr zutreffen. Wenn wir an den Kontext der mobilen Nutzung denken, kommen uns häufig als Erstes Benutzer in den Sinn, die mit ihrem Gerät unterwegs sind. Keine Freizeitsurfer. Suchvorgänge dienen einer ganz bestimmten Aufgabe. Mobile Benutzer haben nicht viel Zeit, um an die gewünschten Informationen zu kommen, und brauchen sie deshalb schnell.

Für kurze Zeit schien diese Interpretation auch zu funktionieren. Ein Wort umfasste sowohl den Kontext der Nutzung als auch den Kontext der Technologie. Wir haben den Kontext der Umgebung und der Aufgabe aus dem Gerät geschlossen, das ein Benutzer in der Hand hält.

Damit sind wir durchgekommen, weil, nun ja, das Web auf mobilen Geräten zunächst eher unerfreulich war – unerfreulich im Sinne von quälend langsam, und zwar so, dass man begann, auf den Fingernägeln herumzukauen. Die Netzwerke waren langsam, die Eingabemethoden umständlich und extrem beschränkt. Und die Geräte konnten Websites lediglich als monochromen Text darstellen.

Aber das ist schlichtweg nicht mehr der Fall. Mit dem Erscheinen der Smartphones – insbesondere des iPhones und der Android-Geräte – zeigte es sich, dass das mobile Surfen durchaus Spaß machen kann. Diese Geräte sind in der Lage, eine vollwertige Experience zu bieten. Insofern ist der Kontext wesentlich variabler geworden.

Die Menschen verwenden Smartphones zu Hause, während sie in ihrem bevorzugten Entspannungssessel (Abbildung 9.1) entspannen. Sie benutzen sie auf Reisen über langsame Netzwerke. Der Nutzungskontext ist verschwommen.

Eine Google-Umfrage aus dem ersten Quartal 2012 in Deutschland zeigt, wie stark der Nutzungskontext für Smartphones variiert:[4]

- 97 % verwenden ihr Smartphone zu Hause
- 88 % verwenden es unterwegs
- 72 % bei der Arbeit
- 69 % in öffentlichen Verkehrsmitteln
- 63 % im Geschäft
- 58 % im Restaurant
- 58 % im Café
- 46 % in der Schule
- 45 % bei Veranstaltungen
- 44 % im Wartezimmer
- 43 % am Flughafen

Abbildung 9.1
Smartphones werden nicht mehr nur »unterwegs« genutzt. Der »mobile« Kontext lässt sich nicht mehr so leicht definieren wie früher.

---

4 http://services.google.com/fh/files/blogs/our_mobile_planet_germany_de.pdf

Eine weitere Studie von Google 2011 zeigt übrigens, dass Statistiken auch irren können: Dabei kam heraus, dass 39 % der Menschen ihre mobilen Geräte auch auf der Toilette verwenden![5] Das bedeutet zweierlei: Zum einen lügen 61 % der Menschen. Und zum anderen können und werden diese Geräte einfach überall verwendet.

Das Problem der meisten heutigen »kontextuell« optimierten Erlebnisse besteht darin, dass wir nicht genügend Informationen haben, aus denen wir die Absicht eines Benutzers genau ableiten können. Der Kontext ist schwierig, die Absicht lächerlich schwierig zu ermitteln. Bei der Absicht kommen eine Reihe unterschiedlicher Kriterien ins Spiel:

- Verhaltensgeschichte
- Standort
- Zeit
- Wetter
- nahe gelegene Orte
- Nähe von Freunden, Menschenmengen oder Feinden
- Benutzerbewegung

Mark Kirby von Ribot schreibt dazu: »Gedankenlesen ist keine Basis für grundlegende Inhaltsentscheidungen.«[6] Damit hat er absolut recht. Wir müssen vorsichtig damit sein, inwieweit wir die Experience auf Grundlage unseres derzeit begrenzten Wissens über den Kontext anpassen. Denken Sie daran: Nicht wir haben die Kontrolle, sondern der Benutzer. Wie Giles Colborne sagt: »Sie haben keine Kontrolle über die Umgebungen, in denen Menschen Ihre Software verwenden. Sie müssen sie passend gestalten.«[7]

Trotz aller Verschwommenheit ist der Kontext dennoch relevant und kann sehr mächtig sein, wenn Sie über zuverlässige Informationen verfügen. Denken Sie nur an das klassische Beispiel einer Website für ein Museum. Wenn Sie genau feststellen können, dass eine Person von innerhalb des Museums auf Ihre Website zugreift, sollten Sie diese Information einsetzen, um ein optimiertes Erlebnis zu bieten. Konzentrieren Sie sich mehr auf die Informationen, die Besucher vor Ort

---

5 »The Mobile Movement« unter *www.thinkwithgoogle.com/insights/library/studies/the-mobile-movement/*
6 »The Mobile context« unter *http://mark-kirby.co.uk/2011/the-mobile-context/*
7 Giles Colborne, *Simple and Usable Web, Mobile, and Interaction Design* (New Riders, 2010)

benötigen, wie etwa Karten und Führungen – und weniger auf Informationen zu Tickets und Anreise.

Als jemand, der viel Science-Fiction liest, glaube ich, dass wir uns die Mühe machen sollten, über »Kontext« nachzudenken. In Science-Fiction-Büchern kommen häufig Technologien vor, die überall einsetzbar sind. Sie passen sich dabei dem jeweiligen (feststehenden) Kontext an und gehen so auf die Bedürfnisse des Techniknutzers eingeht – ganz gleich, in welcher Situation er sich befindet. Tragbare Geräte, insbesondere Smartphones, haben genau dieses Potenzial. Wenn wir nicht weiter mit dem Kontext experimentieren, verkaufen wir diese Technologie unter Wert.

Kontext klassifizieren

Beginnen Sie damit, die Perspektive zu erweitern, mit der Sie über Kontext denken. Anstatt ihn als »mobil« zu definieren (womit wirklich niemandem gedient ist), versuchen Sie lieber, sich den Kontext als zusammengesetztes Bild oder in Bezug auf die Haltung des Benutzers vorzustellen.

ZUSAMMENGESETZTES BILD

2007 hat Nick Finck in einer Präsentation vorgeschlagen, Kontext als eine Kombination aus vier unterschiedlichen Aspekten zu sehen:[8]

- **Benutzer**

    Wer ist Ihr Benutzer? Welche Bedürfnisse hat er oder sie?

- **Aufgabe**

    Welche Aufgabe versucht der Benutzer zu erledigen?

- **Umgebung**

    Wie ist die Umgebung des Benutzers – sowohl physikalisch als auch sozial gesehen?

- **Technologie**

    Welche Technologie hat der Benutzer, und wozu ist diese Technologie fähig?

Wenn Sie den Kontext im Hinblick auf diese vier unterschiedlichen Aspekte betrachten, erhalten Sie ein genaueres, zusammengesetztes Bild dessen, auf welche Arten Ihre Website verwendet wird. Außerdem zeigt sich so, wie kompliziert der

---

8 »Contextual Web« unter *www.slideshare.net/nickf/contextual-web*

Kontext sein kann: Es gibt keinen simplen »mobilen« Kontext, genauso wenig wie einen »Desktop«-Kontext. Der Kontext wird nicht durch ein Kriterium definiert, sondern durch eine Kombination mehrerer Kriterien.

HALTUNG DES BENUTZERS

Darüber hinaus ist es hilfreich, über die Haltung nachzudenken. Um beispielsweise Entscheidungen über die Optimierung der User Experience zu treffen, berücksichtigt Netflix, ob der Benutzer an einem Ort oder unterwegs ist, sich entspannt oder seine Erlebnisse mit anderen teilt.

Auch hier hilft eine solche Betrachtung des Nutzungskontexts dabei, unterschiedliche Benutzererlebnisse klarer zu gestalten. Vielleicht werden Sie nicht in der Lage sein, die Haltung eines Benutzers vorauszusagen. Aber mit Sicherheit können Sie bei der Gestaltung alle Möglichkeiten in Betracht ziehen.

Beobachten und forschen

Bei der Diskussion über den Kontext konzentrieren sich die Menschen tendenziell auf alle kleinen Dateneinheiten, die umherschwirren, und versuchen, den Kontext programmgesteuert zu ermitteln. Das ist alles wunderbar: Es ist nützlich, Hinweise auf den Kontext durch Sensoren und dergleichen zu sammeln. Aber unterm Strich gibt es keinen Ersatz für Ihre eigene Beobachtung. Wie Adam Greenfield in seinem Buch *Everyware* geschrieben hat:

> Nicht zuletzt wäre es für uns alle schlau, uns daran zu erinnern: Unsere Informationstechnologie mag zwar digitaler Natur sein, aber die menschlichen Wesen, die damit interagieren, werden immer aufreizend und entzückend analog sein. [9]

Die Forschung sollte quantitativen Methoden (beispielsweise Analysen) und qualitative Methoden (wie etwa Interviews) kombinieren, um so umfassend und genau wie möglich zu sein.

Durchkämmen Sie Ihre Analysen, um herauszufinden, wie sich die Menschen verhalten. Welche Seiten besuchen sie und mit welchen Geräten? Sind manche Seiten deutlich beliebter für einen bestimmten Gerätetyp (beispielsweise Tablets kontra Desktop)? Variiert die Anzahl der besuchten Seiten und die auf der Website verbrachte Zeit drastisch je nach verwendetem Gerät oder Standort? All diese Dinge sind Hinweise darauf, wie die Benutzer momentan mit Ihrer Website interagieren.

---

9 Adam Greenfield, *Everyware: The Dawning Age of Ubiquitous Computing* (New Riders, 2006)

Führen Sie Interviews mit Benutzern durch, um festzustellen, welche Ziele sie haben und wie das vom jeweiligen Kontext abhängt. Achten Sie auf Ungenauigkeiten: Menschen übertreiben bei ihrer Selbsteinschätzung tendenziell in die eine oder andere Richtung.

Es lohnt sich ebenfalls, das Verhalten zu beobachten. Beispielsweise könnten Sie einem Benutzer eine bestimmte Aufgabe geben und dann beobachten, wie er oder sie sie löst. Oder Sie gehen zum nächsten Laden und beobachten, wie Menschen mit ihren Geräten interagieren.

Leistungsmerkmale

Unterschiedliche Geräte haben unterschiedliche Leistungsmerkmale. Durch Progressive Enhancement können Sie erweiterte Features nutzen, um eine beeindruckendere User Experience zu entwickeln.

HTML5-Eingabetypen

Die vielleicht einfachste Möglichkeit der Optimierung besteht darin, an geeigneten Stellen die HTML5-Eingabetypen zu nutzen. Historisch gesehen, waren die Optionen für Eingabefelder begrenzt und das Eingabefeld für reinen Text am weitesten verbreitet.

HTML5 hat eine Menge neuer Optionen mit zusätzlicher Bedeutung mitgebracht. Vier davon sind insbesondere für mobile Geräte nützlich:

- email: für E-Mail-Adressen
- tel: für Telefonnummern
- number: für numerische Eingaben
- url: für URLs

Das Tolle an diesen Eingabetypen ist, dass sie dem Browser dabei helfen, zu verstehen, welche Art von Eingaben das jeweilige Feld erwartet, um so das Erlebnis entsprechend anzupassen. Die Verwendung ist einfach. Und wenn ein Gerät diese Typen nicht unterstützt, kommt eben wieder das gute alte Texteingabefeld zum Einsatz.

Artikel auf einem Gerät speichern

Ein großartiges Beispiel für die Nutzung der Fähigkeiten eines Geräts ist die Responsive Website des Boston Globe. Aufgrund der Einsicht, dass Leser unter Umständen einen Artikel später lesen möchten, wurde das Feature »My Saved List« implementiert. »My Saved List« macht ziemlich genau das, wonach es klingt: Damit können Sie einen Artikel in Ihren gespeicherten Elementen ablegen, um ihn später zu lesen – unabhängig vom Gerät, mit dem Sie darauf zugreifen.

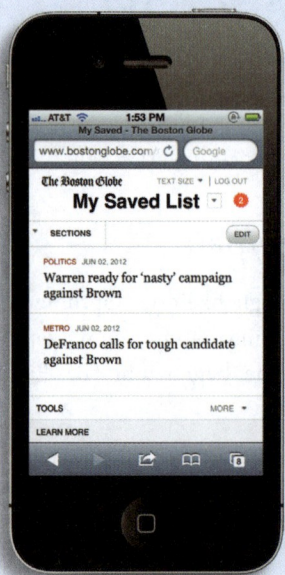

Es geht sogar noch einen Schritt weiter. Viele Geräte sind in der Lage, Inhalte lokal auf dem Gerät selbst zu speichern. Bei Geräten, die diese Funktionalität unterstützen, werden die gespeicherten Artikel also direkt auf dem Gerät des Besuchers abgelegt. Später können die Besucher diesen Artikel unabhängig davon lesen, ob sie über eine Internetverbindung verfügen oder nicht.

Das ist eine ausgezeichnete Möglichkeit, die einzigartige Funktionalität moderner Geräte auszunutzen. Durch sorgfältige Überlegung kann das Erlebnis für Benutzer so dramatisch verbessert werden.

Nehmen wir zum Beispiel das folgende Feld in einem Formular für die Eingabe einer E-Mail-Adresse:

```
<input type="text" name="email" id="email" />
```

Wenn Sie diese Seite auf Ihrem mobilen Gerät anzeigen, sehen Sie das typische QWERTZ-Layout. Ändern Sie nun den Typ in email.

```
<input type="email" name="email" id="email" />
```

Wenn Sie nun das Formular auf einem iOS-Gerät anzeigen, werden Sie feststellen, dass das Zeichen @ an der Stelle erscheint, an der vorher die Leertaste war (Abbildung 9.2). Eine einfache, aber nützliche Optimierung.

Android reagiert zwar nicht auf E-Mail-Felder, aber sowohl Android als auch iOS optimieren das Tastaturlayout für andere Feldtypen (siehe Abbildung 9.3 für Beispiele dafür, wie der Bildschirm je nach Eingabetyp benutzerfreundlich angepasst wird).

Abbildung 9.2 Wenn iOS den Eingabetyp email sieht, passt es das Layout der Tastatur entsprechend an (rechts).

Luke Wroblewski

JENSEITS DES LAYOUTS

Luke Wroblewski ist Digital Product Leader und hat Software gestaltet (oder dabei mitgewirkt), die weltweit von mehr als 700 Millionen Menschen verwendet wird. Luke ist außerdem der Autor von drei beliebten Büchern über Webdesign (Mobile First, Web Form Design und Site-Seeing: A Visual Approach to Web Usability).

Anmeldebildschirme mit Login und Kennwort funktionieren heute nicht mehr gut. Fast 82 % der Menschen haben ihr Kennwort vergessen, das sie auf einer Website verwenden. Und die häufigste Anfrage bei Intranet-Helpdesks betrifft die Wiederherstellung von Kennwörtern.[1] Das bedeutet eine Menge entgangener Geschäfte, erhöhter Kosten und genervter Kunden.

Trotzdem konzentrieren sich die meisten Teams bei der Überlegung, wie eine so wichtige Interaktion wie die Anmeldung auf unterschiedlichen Geräten funktionieren soll, meistens auf das Layout. Sie sorgen dafür, dass die Anmeldung »gut aussieht« – auf kleinen, mittleren und großen Bildschirm (siehe Abbildung von Windows Live). Diese Lösungen mögen zwar gut aussehen, verursachen aber die gleichen Probleme wie alle anderen Anmeldebildschirme und ignorieren eine Menge besserer Möglichkeiten.

Wenn wir einen Schritt zurücktreten und die einzigartigen Merkmale der unterschiedlichen Geräte berücksichtigen, mit denen sich Menschen an einer Website anmelden, können wir weit über adaptive Layoutlösungen hinausgehen. Denken Sie beispielsweise an die Möglichkeit, auf einem mobilen Gerät SMS zu senden und zu empfangen.

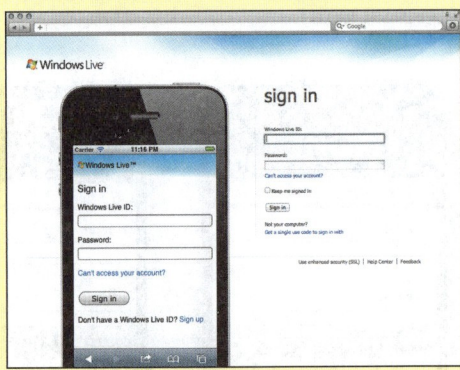

Der Anmeldebildschirm von Windows Live auf einem Desktop- und einem mobilen Webbrowser.

Ein Anmeldebildschirm, bei dem Benutzer per SMS im Hintergrund authentifiziert werden.

---

1 »Data Monday: Login & Passwords« unter *www.lukew.com/ff/entry.asp?1487*

Microsoft Windows 8 nutzt Fotos und Fingergesten für die Anmeldung.

Es gibt eine bessere Möglichkeit, als Menschen auf einer kleinen Tastatur Benutzername/ E-Mail-Adresse und Kennwort in Formularfelder eingeben zu lassen. Per Tastendruck könnten sie einfach eine SMS im Hintergrund senden, um das Konto zu überprüfen und auf die Website zu gelangen (siehe Abbildung gegenüberliegende Seite). Dabei muss überhaupt nicht getippt werden!

Natürlich sind SMS nicht die einzige Möglichkeit. Auf einem Gerät mit Touch-Unterstützung könnten sich Menschen beispielsweise mit einer bestimmten Kombination aus Gesten anmelden. Microsoft Windows 8 macht genau das. Die Benutzer können ein Foto knipsen oder aussuchen und dann ein »Bildkennwort« einrichten: Dazu wählen Sie eine Folge von Linien, Kreisen oder Tippgesten auf dem Bild (siehe Abbildung). Um sich anzumelden, müssen sie später nur diese Gesten auf dem Bild wiederholen.

Damit haben wir adaptive Layoutlösungen weit hinter uns gelassen. Microsofts Umdenken beim Log-in könnte sogar eine wesentlich humanere Form der Authentifizierung sein. Was fühlt sich menschlicher an: bestimmte Gesten auf einem Bild Ihrer Familie auszuführen oder eine Kombination aus kleinen und großen Buchstaben und Zahlen (keine Symbole!) in ein kleines Formularfeld einzugeben, das dafür nur •••••• anzeigt?

Solange wir nicht über das Layout hinausdenken und die neuen Möglichkeiten unserer Geräte ignorieren, werden wir noch ganz schön lange bei •••••• hängen bleiben. Und das wirkt wie eine große verpasste Gelegenheit, es unseren Kunden und uns selbst leichter zu machen.

Abbildung 9.3
HTML5-Eingabetypen wie etwa url oben (links) und tel (rechts) geben dem Gerät zusätzliche Informationen, sodass es die Tastatur für die Benutzer optimieren kann.

APIs

Formulareingabefelder sind nur der Anfang. Zu den aufregendsten Möglichkeiten, die einzigartigen Merkmale der Geräte auszunutzen, gehören die Geräte-APIs. Die Geräte haben zunehmend mehr Sensoren, die den Standort, die Ausrichtung und eine ganze Menge anderer Nutzungsbedingungen ermitteln können.

Diese Informationen bieten eine unglaubliche Möglichkeit, Ihren Benutzern ein wirklich personalisiertes und optimiertes Erlebnis zu bieten. Sie sollten sie soweit möglich immer nutzen.

GEOLOCATION-API

Stellen Sie sich eine Seite vor, die Ihnen helfen soll, ein Geschäft zu finden. Die häufigste Implementierung besteht darin, Sie zur Auswahl eines Standorts zu zwingen. Wir geben einen Ort oder eine Postleitzahl ein, und die Website zeigt die nächstgelegenen Filialen. Es geht aber deutlich besser.

Die Geolocation-API ist eine der am besten unterstützten Geräte-APIs überhaupt. Damit können Sie wesentlich bessere Standardwerte für die Benutzer Ihrer Website anbieten.

Um uns mit der API vertraut zu machen, basteln wir eine schnelle Demo, die Ihnen anzeigt, wie weit Sie von dem historischen Lambeau Field in Green Bay, Wisconsin entfernt sind. Die HTML-Struktur ist einfach:

```
1.  <html>
2.  <head>
3.      <title>Geolocation</title>
4.      <meta name="viewport" content="width=device-width" />
5.  </head>
6.  <body>
7.      <p>Test Geolocation API</p>
8.      <div id="results"></div>
9.  </body>
10. </html>
```

Das entsprechende JavaScript fügen Sie vor dem schließenden body-Tag ein.

Als Erstes müssen wir sicherstellen, dass das Gerät die Geolocation-API unterstützt. In einem realen Beispiel würden Sie natürlich eine entsprechende Ausweichlösung anbieten (bei der die Benutzer beispielsweise eine Postleitzahl eingeben können). Eine solche Lösung hängt gänzlich vom jeweiligen Anwendungsfall auf Ihrer Website ab. Aber da das hier lediglich eine Demo ist, geben wir einfach nur einen entsprechenden Text aus, wenn die API nicht unterstützt wird:

```
1.  <script type="text/javascript">
2.  var results = document.getElementById('results');
3.  // Unterstützung testen
4.  if (navigator.geolocation) {
5.      // Juhu! Wir haben Geolocation-Unterstützung
6.  } else {
7.      results.innerHTML = 'Mist! Anscheinend keine Geolocation-
        Unterstützung. Viel Glück!';
8.  }
9.  </script>
```

Zeile 1 schnappt sich das Element, in das wir die Ergebnisse Ihres Geolocation-Tests einfügen.

Abbildung 9.4 Wenn Sie versuchen, auf die Geolocation-API zuzugreifen, wird der Benutzer um seine Zustimmung gebeten.

In Zeile 4 prüft das Skript, ob die geolocation-Eigenschaft existiert. Wenn ja, unterstützt das Gerät Geolocation, und Sie können loslegen. Ansonsten wird der wenig hilfreiche Text angezeigt.

Wenn Geolocation unterstützt wird, können Sie mit der Methode getCurrent-Position auf den aktuellen Standort des Benutzers zugreifen:

```
1.  if (navigator.geolocation) {
2.      navigator.geolocation.getCurrentPosition(function(pos) {
3.          alert(pos.coords.latitude);
4.          alert(pos.coords.longitude);
5.      }, function(error) {
6.          // Oh-oh!
7.          alert('Hoppla! Fehlercode: ' + error.code);
8.      });
9.  }
```

Die Zeilen 2 bis 5 überprüfen die Position des Benutzers und teilen ihm den aktuellen Breitengrad und Längengrad seiner Koordinaten mit (Zeilen 3 und 4).

Die Zeilen 5 bis 8 definieren eine Funktion, die einen Fehler wirft, falls es ein Problem bei der Abfrage des Standorts gibt.

Wenn Sie diese Seite in einem Browser öffnen, sollten Sie eine Anzeige erhalten, in der Sie gefragt werden, ob Sie der Standortermittlung zustimmen (Abbildung 9.4). Das ist ein wichtiger Sicherheitsschritt, der jedoch nicht bei jedem Ladevorgang der Seite erforderlich ist.

Machen wir das Ganze noch etwas interessanter. Um die Entfernung zwischen dem Benutzer und Lambeau Field herauszufinden, brauchen wir die Koordinaten. Außerdem benötigen wir eine Funktion, um die Entfernung zwischen zwei Koordinatenpaaren zu bestimmen.

Die Koordinaten für Lambeau Field können Sie in einer Variablen speichern:

```
var lambeau = {
    'lat' : 44.5013805,
    'long' : -88.062325
}
```

Die Funktion für die Berechnung der Entfernung ist ein bisschen kompliziert und steckt voller Mathematik. Die Logik ist dank Movable Type (*www.movable-type.co.uk/scripts/latlong.html*) unter Creative Commons verfügbar:

```
1.  // Creative Commons-Funktion für Entfernung
2.  function calculateDistance(lat1, lon1, lat2, lon2) {
3.      var R = 3959; // miles
4.      var dLat = (lat2 - lat1).toRad();
5.      var dLon = (lon2 - lon1).toRad();
```

```
6.          var a = Math.sin(dLat / 2) * Math.sin(dLat / 2) +
            Math.cos(lat1.toRad()) * Math.cos(lat2.toRad()) *
            Math.sin(dLon / 2) * Math.sin(dLon / 2);
7.          var c = 2 * Math.atan2(Math.sqrt(a), Math.sqrt(1 - a));
8.          var d = R * c;
9.          return d;
10.    }
11.    Number.prototype.toRad = function() {
12.        return this * Math.PI / 180;
13.    }
```

Das Endergebnis der obigen Funktion ist die Entfernung in Meilen zwischen den beiden an die Funktion übergebenen Standorten. Ich werde nicht mehr auf die Berechnung eingehen, weil sie wie gesagt etwas kompliziert ist. Falls es Sie interessiert: Es handelt sich um die »Haversine«-Formel.

Mit der Position von Lambeau Field und der Haversine-Formel können wir nun die Entfernung zwischen den beiden Punkten mit nur wenigen Zeilen Code bestimmen:

```
1.    // Unterstützung testen
2.    if (navigator.geolocation) {
3.        navigator.geolocation.getCurrentPosition(function(pos) {
4.            results.innerHTML += "<p>Nur " + calculateDistance
                 (pos.coords.latitude, pos.coords.longitude, lambeau.lat,
                 lambeau.long) + " Meilen zum geheiligten Lambeau Field.</p>";
5.        }, function(error) {
6.            alert('Hoppla! Fehlercode: ' + error.code);
7.        });
8.    }
```

In Zeile 3 werden die Koordinaten der aktuellen Position und die von Lambeau Field an die Funktion calculateDistance übergeben. Das Ergebnis in Meilen wird zurückgegeben und in das entsprechende Element eingefügt (Abbildung 9.5).

Test Geolocation API

Nur 4281.976931066165 Meilen zum Lambeau Field.

Abbildung 9.5 Mithilfe der Haversine-Formel und der Geolocation-API können Sie anzeigen, wie weit ein Besucher von seinem Ziel entfernt sind.

Das ist ein einfaches Beispiel, aber nun wissen die Benutzer, wie weit sie vom Football-Spielfeld entfernt sind.

Wir können dieses Beispiel noch ein bisschen leistungsfähiger machen.

Vor allem wenn Benutzer mit ihrem Gerät unterwegs sind, wäre es schön, wenn sie sehen könnten, in welche Richtung sie zu ihrem Ziel laufen müssen. Mit dem Breitengrad und dem Längengrad der Koordinaten ist es möglich, einen Kurs anzuzeigen. Mit diesem Kurs könnten Sie dann einen Pfeil rotieren lassen, sodass er in die Richtung des Spielfelds zeigt.

```
<span id="arrow">&#8593;</span>
```

Die Funktion calculateBearing stammt ebenfalls wieder von der vorhin erwähnten Seite Movable Type:

```
function calculateBearing(lat1, lon1, lat2, lon2) {
    return Math.atan2(
        Math.sin(lon2 - lon1) * Math.cos(lat2),
        Math.cos(lat1) * Math.sin(lat2) -
        Math.sin(lat1) * Math.cos(lat2) *
        Math.cos(lon2 - lon1)
    ) * 180 / Math.PI;
}
```

Nun können Sie den Code so aktualisieren, dass die Kursberechnung in die Berechnung der aktuellen Position integriert wird:

```
if (navigator.geolocation) {
    navigator.geolocation.getCurrentPosition(function(pos) {
        results.innerHTML += "<p>Only " + calculateDistance
        (pos.coords.latitude, pos.coords.longitude, lambeau.lat,
        lambeau.long) + " Meilen zum Lambeau Field.</p>";
        var bearing = calculateBearing(pos.coords.latitude,
        pos.coords.longitude, lambeau.lat, lambeau.long);
        var arrow = document.getElementById('arrow');
        arrow.style.transform = 'rotateZ(' + bearing + 'deg)';
        arrow.style.msTransform = 'rotateZ(' + bearing + 'deg)';
        arrow.style.mozTransform = 'rotateZ(' + bearing + 'deg)';
        arrow.style.webkitTransform = 'rotateZ(' + bearing + 'deg)';
```

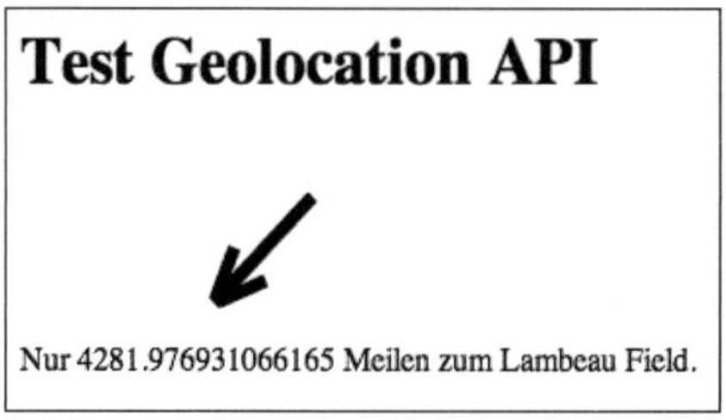

Abbildung 9.6 Mit ein paar zusätzlichen Überlegungen und etwas Mühe sehen die Benutzer nun einen Pfeil, der in die richtige Richtung weist.

```
10.     }, function(error) {
11.         // Oh-oh!
12.         alert('Hoppla! Fehlercode: ' + error.code);
13.     });
14. }
```

Alles ist wie bisher, aber es ist noch ein wenig mehr hinzugekommen. Zeile 4 berechnet nun den Kurs in Grad. Zeile 5 schnappt sich den Pfeil, und die Zeilen 6 bis 10 lassen den Pfeil mithilfe der CSS3-Transformation rotateZ rotieren. Wenn Sie nun die Webseite mit einem Browser laden, der Geolocation unterstützt, zeigt der Pfeil in die Richtung von Lambeau Field (Abbildung 9.6).

Auf einem Desktop-Computer hinterfragen Sie vielleicht den Sinn eines solchen Pfeils. Und haben damit recht. Niemand wird mit einem Laptop herumlaufen, um einen bestimmten Ort zu finden.

Aber auf einem Smartphone oder Tablet kann der Pfeil unglaublich nützlich sein. Sie könnten alle paar Sekunden den Standort des Benutzers abfragen und die Richtung des Pfeils (zusammen mit der Entfernung) aktualisieren, um den Benutzer zum Ziel zu führen. Eine einfache, aber effektive Verbesserung der User Experience.

Zum Spaß sehen wir uns noch einige aktuellere Einsatzmöglichkeiten der Geräte-APIs an, um uns einen Eindruck von ihrem Potenzial zu verschaffen.

MEDIA CAPTURE AND STREAMS

Eine andere API, die Media Capture and Streams-API, bietet über die Methode getUserMedia Zugriff auf Kamera und Mikrofon des jeweiligen Geräts. Unterstützt wird das Ganze von Opera Mobile (Version 12.0 und 12.1), Firefox 17+, Chrome 21+ sowie dem BlackBerry-Browser ab Version 10. Wie bei vielen der Geräte-APIs ist es erstaunlich, was Sie mit ein bisschen Code erreichen können.

Kompass

Diverse webtaugliche Geräte können mittlerweile dank eines eingebauten Gyroskops ihre Ausrichtung ermitteln. Viele Smartphones nutzen diese Informationen beispielsweise, um die Anzeige rotieren zu lassen, wenn das Gerät gedreht wird. Wenn sich die Ausrichtung des Geräts ändert, wird das Event deviceorientation ausgelöst.

In den neuesten Builds von WebKit, implementiert in iOS5, sind zwei neue, experimentelle Eigenschaften zu diesem Event hinzugekommen: webkitCompassHeading und webkitCompassAccuracy. webkitCompassHeading liefert die Richtung relativ zum magnetischen Nordpol in Grad zurück. Der magnetische Nordpol hat also die Richtung 0 Grad, Osten hat 90 Grad. webkitCompassAccuracy liefert Informationen über die Genauigkeit der Richtungsangabe. Wenn webkitCompassAccuracy beispielsweise 5 ist, kann die Richtungsangabe um 5 Grad plus oder minus variieren.

Mithilfe dieser API hat James Pearce, Head of Mobile Developer Relations bei Facebook, einen Kompass rein in HTML, CSS und JavaScript entwickelt. Wenn Sie ein iPhone haben, navigieren Sie zu *http://jamesgpearce.github.com/compios5* und sehen sich das Demo an. Bewegen Sie Ihr Smartphone, und die Kompassnadel zeigt in die richtige Richtung.

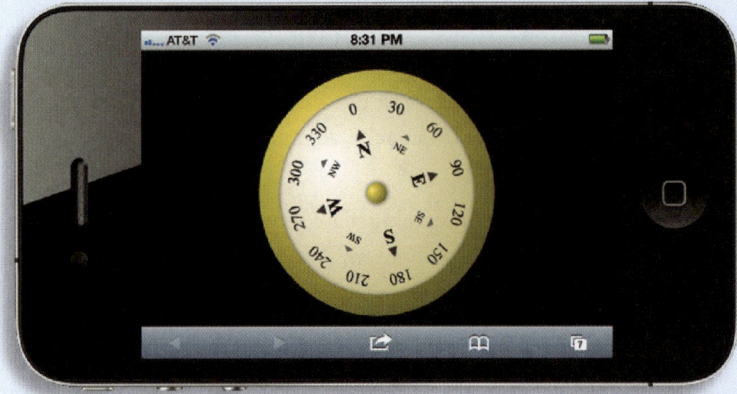

Ein voll funktionstüchtiger Kompass, vollständig in HTML, CSS und JavaScript entwickelt.

Auch hier halten wir das HTML zu Demonstrationszwecken einfach:[10]

```
1.   <html>
2.   <head>
3.       <meta name="viewport" content="width=device-width" />
4.       <style type="text/css">
5.           #canvas{
6.               background: #eee;
7.               border: 1px solid #333;
8.           }
9.       </style>
10.  </head>
11.  <body>
12.      <video id="myVid" width="300" height="375" autoplay></video>
13.      <input id="camera" type="button" disabled="true"
             value="Foto machen"></input>
14.      <canvas id="still" width="300" height="375"></canvas>
15.  </body>
16.  </html>
```

Es passiert nicht allzu viel. Aber sollten Sie mit HTML5 noch nicht sonderlich vertraut sein, gibt es hier vielleicht ein paar interessante Elemente für Sie.

Mit dem Element <video> können Sie Videos ohne Flash einbetten. Typischerweise geben Sie eine Quelle an. Aber in diesem Beispiel legen wir im JavaScript-Code die Kamera als Quelle fest, sodass für den Moment ein leeres Element ausreicht.

In das Element <canvas> können Sie mit JavaScript Grafiken zeichnen. Sie können Text, Fotos, Animationen und Graphen rendern – was auch immer. In diesem Beispiel soll canvas ein Foto anzeigen, nachdem es mit der Kamera aufgenommen wurde.

Dazu brauchen wir lediglich ein paar Zeilen JavaScript, um eine Kamera zu basteln. Fügen Sie Folgendes in die Seite ein, direkt nach dem schließenden body-Tag:

```
1.   <script>
2.       navigator.getUserMedia({video: true}, function(stream) {
3.           var video = document.getElementById("video");
4.           var canvas = document.getElementById("still");
5.           var button = document.getElementById("camera");
6.           video.src = stream;
```

---

10 Für die meisten Browser ist etwas mehr Code (mit dem jeweiligen browserspezifischen Präfix) erforderlich als in der hier gezeigten Variante. Eine entsprechende Lösung können Sie mit der Beispieldatei *cross_browser_camera.html* ausprobieren. Eine ausführliche Anleitung finden Sie unter *https://hacks.mozilla.org/2013/02/cross-browser-camera-capture-with-getusermediawebrtc*.

```
7.            button.disabled = false;
8.            button.onclick = function() {
9.                canvas.getContext("2d").drawImage(video, 0, 0);
10.           };
11.     }, function(err) { alert("Fehler: " + err)});
12. </script>
```

Zeile 2 ruft die Methode getUserMedia auf, die drei Argumente erwartet. Das erste Argument bestimmt, auf welche Art von Medium Sie zugreifen möchten. Das Argument muss als JavaScript-Objekt übergeben werden. In diesem Fall übergeben wir {video: true}, um dem Gerät mitzuteilen, dass wir nur auf das Video zugreifen möchten. Möchten Sie sowohl auf Video als auch auf Audio zugreifen, übergeben Sie {audio: true, video: true}.

Wenn Sie versuchen, auf die Kamera zuzugreifen, wird der Benutzer aufgefordert, mitzuteilen, ob er den Zugriff zulassen möchte oder nicht – ähnlich wie bei der Geolocation-API. Das zweite Argument ist die Funktion, die ausgeführt werden soll, wenn Ihnen der Zugriff gewährt wird. Beim Aufruf des Erfolgs-Callbacks wird der Stream zurückgegeben, den Sie verwenden können. Das dritte Argument ist die Funktion, die aufgerufen wird, wenn der Zugriff nicht gewährt wird. Das dritte Argument ist optional.

Die Zeilen 3 bis 5 rufen das Video, die Schaltfläche zum Schießen des Fotos und das Canvas zur Anzeige des Fotos ab.

Zeile 6 legt für die src-Eigenschaft des Videos den vom Gerät zurückgegebenen Stream fest.

Zeile 7 aktiviert die Schaltfläche. Diese muss zwar nicht standardmäßig deaktiviert sein, angesichts der Sicherheitsbedenken, die ein Benutzer eventuell bei der Zustimmung zum Kamerazugriff haben könnte, ist es aber eine hübsche visuelle Rückversicherung, die Schaltfläche zu deaktivieren.

Zu guter Letzt wartet die Funktion in den Zeilen 8 bis 10 darauf, dass die Schaltfläche angetippt wird. Sobald dies geschieht, wird mit der Canvas-Methode drawImage das Bild auf das Canvas gezeichnet. Der erste Parameter (im obigen Beispiel video), der an die Methode drawImage übergeben wird, bezieht sich auf das auf dem Canvas zu zeichnende Bild.

Die nächsten beiden Parameter sind die x/y-Koordinaten der Position, an der das Bild platziert werden soll. In unserem Beispiel übergeben wir »0, 0«, um den Browser anzuweisen, das Bild in der oberen linken Ecke des Canvas anzuzeigen.

Abbildung 9.7 Wird die Seite in Opera Mobile geladen, sehen Sie das Echtzeitvideo von der Kamera Ihres Geräts (links). Wenn Sie auf *Foto machen* tippen, wird ein Schnappschuss des Videos unterhalb der Schaltfläche angezeigt (rechts).

Wenn Sie die Seite in Opera Mobile laden (den sie auf jedem Android-Gerät installieren können), werden Sie dazu aufgefordert, der Website Zugriff auf die Kamera zu gewähren. Stimmen Sie zu, sollten Sie das Video Ihrer Kamera in Echtzeit auf dem Bildschirm sehen. Wenn Sie auf *Foto machen* tippen, wird das Foto als Schnappschuss im Canvas unterhalb der Schaltfläche angezeigt (Abbildung 9.7).

Zusätzlich zum anfänglichen »Wow-Faktor« kann das auch unglaublich nützlich sein. Denken Sie nur an eine Website mit Benutzerprofilen. Dann können die Benutzer mit ihrem Gerät ein Foto schießen und dieses sofort als Avatar verwenden.

WEITERE APIS AM HORIZONT

Da immer mehr Geräte-APIs verfügbar werden, können Entwickler Websites und Anwendungen entwickeln, die den Technologien in den Science-Fiction-Geschichten von heute Konkurrenz machen – Technologie, von der wir bis jetzt nur träumen konnten.

Ich habe die Hoffnung, dass diese APIs kein Nebenschauplatz, sondern eine Selbstverständlichkeit werden. Die Möglichkeit, mit einem Gerät auf dieser Ebene zu interagieren, ist etwas, das wir bisher nicht hatten. Wir können nicht einfach beim Layout aufhören, sonst verkaufen wir das Potenzial dieses einzigartigen Mediums unter Wert.

Die Geolocation- und Media Capture-APIs sind nur der Anfang. Hier einige anderen APIs, die sich in der Entwicklung befinden:

Tabelle 9.1   Geräte-APIs

API	FUNKTIONALITÄT
Contacts-API	Auf einem Gerät gespeicherte Kontakte lesen, hinzufügen und bearbeiten.
Messaging-API	SMS senden, empfangen und verwalten.
Calendar-API	Einträge im Kalender eines Geräts lesen, hinzufügen und bearbeiten.
Battery Status-API	Informiert über den Ladezustand des Akkus und gibt an, ob das Gerät ans Ladegerät angeschlossen ist.
Vibration-API	Steuert die Vibration des Geräts für taktiles Feedback.
Sensor-API	Zugriff auf Sensoren wie das Gyroskop oder zur Bestimmung des Umgebungslichts oder des Magnetfelds sowie der Annäherungssensoren
HTML Media Capture	Interaktion mit Kamera/Mikrofon des Geräts durch HTML-Formulare.
Web Intents	Ermöglicht die Integration zwischen Webapplikationen durch clientseitige Diensterkennung.

Zusammengefasst

Der Übergang zu einem neuen Medium ist schwierig. Tendenziell klammern wir uns an das, was vertraut und bequem ist. Aber im Laufe der Zeit schütteln wir langsam die Beschränkungen alter Medien ab und öffnen uns für Neues.

Das Web ist ein interaktives Medium, nicht nur eine Sammlung von Dokumenten. Wir müssen unsere Layoutobsession aufgeben und damit beginnen, Responsive User Experiences zu entwickeln. Wir sollten uns Responsive Design als eine Reihe von Sensoren vorstellen. Das kann uns dabei helfen, bei der Webentwicklung neue Wege zu gehen.

Netzwerke variieren dramatisch und können die User Experience stark beeinflussen. Ein echtes Responsive Design berücksichtigt diesen Umstand und passt das Erlebnis entsprechend an. Unsere Tools sind im Moment begrenzt, aber die Network Information-API bietet enormes Potenzial.

Der Nutzungskontext variiert ebenfalls. Wir müssen vorsichtig mit irreführenden Begriffen wie »mobil« umgehen. Der Kontext ist eine komplizierte Kombination aus Benutzer, Aufgabe, Technologie und Umgebung. Der Kontext ist wesentlich komplexer, als es ein einzelnes Wort ausdrücken kann.

Unterschiedliche Geräte bieten unterschiedliche Möglichkeiten. Diese können von einfachen Dingen wie unterschiedlichen Feldtypen in Formularen bis hin zu komplizierteren Beispielen mit Geräte-APIs reichen. Manche dieser APIs, wie zum Beispiel Geolocation, können wir bereits heute nutzen, um Erlebnisse persönlicher zu gestalten. Wenn immer mehr APIs implementiert werden, sind wir irgendwann in der Lage, Responsive Designs zu entwickeln, von denen wir bisher nur träumen konnten.

Nachwort
Blick nach vorn

Es ist klar, dass nicht die Technologie der limitierende Faktor ist, sondern unser Wunsch, uns eine andere Zukunft vorzustellen.

— SCOTT JENSON

Der Ford Fusion 2013 verfügt über ein 8-Zoll-Touchscreen und die SYNC®-Technologie des Unternehmens.

Die Herausforderung bei der Arbeit mit einem so dynamischen Medium wie dem Web liegt darin, dass es unglaublich vielseitig ist und sich rasant weiterentwickelt. Das ist gleichzeitig auch der spannende Teil.

Responsive Design ist nur der Anfang. Es ist ein Schritt, um das Potenzial des Webs auszuschöpfen, aber eben nur ein Schritt. Wenn Sie das Web mit Blick auf seine gegenwärtige Vielfalt betrachten, sind sie besser auf die Vielfalt vorbereitet, die noch kommt.

In diesem Buch haben wir uns hauptsächlich auf Desktop-, mobile Geräte und Tablets konzentriert. Aber es wird bald eine ganze Flut neuer Geräte geben. Smart TVs sind am Horizont zu erkennen und bringen eine ganze Reihe neuer Aspekte mit sich. Viele haben die gleiche Auflösung wie die Monitore, mit denen Sie arbeiten. Eine Anpassung des Layouts wird nicht ausreichen, um sowohl die Benutzer zu bedienen, die einen halben Meter vom Bildschirm entfernt sitzen, als auch jene, die in vier Metern Entfernung auf der Couch liegen.

Autos mit Internetverbindung erfreuen sich ebenfalls rapide zunehmender Beliebtheit. Mercedes-Benz, Ford und Audi drängen bereits mit solchen Fahrzeugen auf den Markt. Man mag die Sicherheit von Autos, in deren Armaturenbrett Anwendungen integriert sind, zwar hinterfragen – aber kommen werden sie sowieso.

Autos und Fernsehgeräte sind nur der Anfang. Geräte mit Internetverbindung wie zum Beispiel Staubsauger, Fensterscheiben und – ja, genau – Kühlschränke sind auch schon in Arbeit.

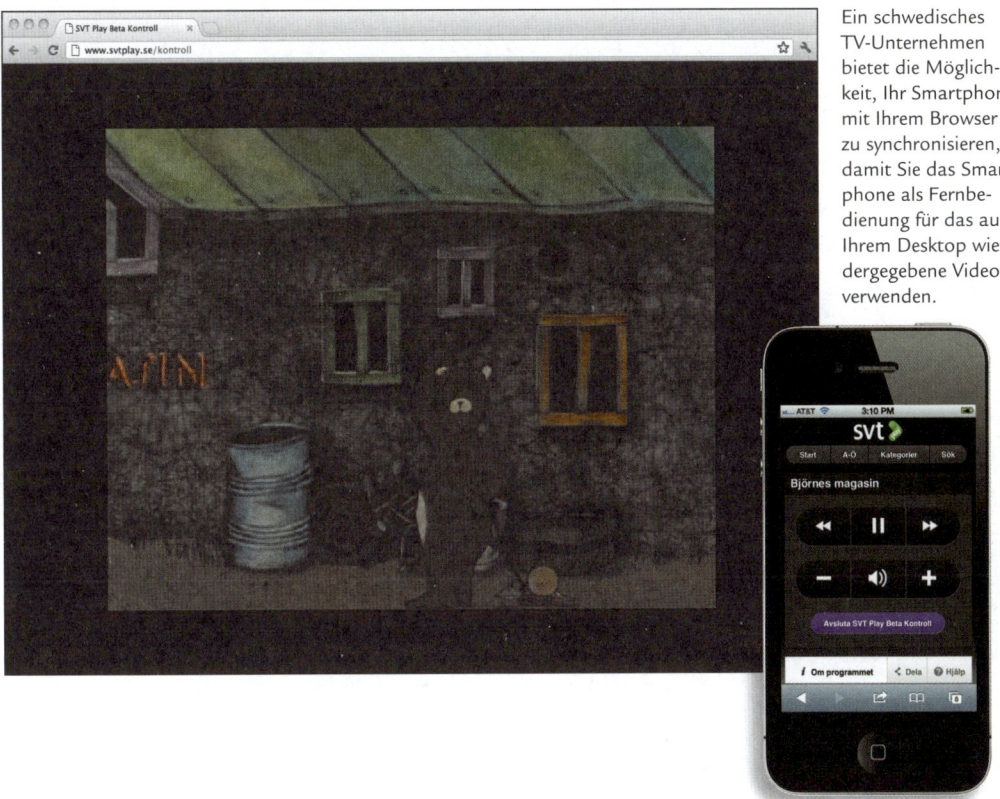

Ein schwedisches TV-Unternehmen bietet die Möglichkeit, Ihr Smartphone mit Ihrem Browser zu synchronisieren, damit Sie das Smartphone als Fernbedienung für das auf Ihrem Desktop wiedergegebene Video zu verwenden.

In der Einführung habe ich den Artikel von Scott Jenson über die bevorstehende Zombie-Apokalypse der Geräte[1] erwähnt. Da die Technologien immer erschwinglicher werden, nimmt die Anzahl webtauglicher Geräte rasch zu. Das Web ist keine Plattform, die auf ein einziges Gerät beschränkt ist.

Die Menschen machen bereits rudimentär Gebrauch vom Content Shifting: Mit Diensten wie etwa Instapaper und Readability können Sie etwas auf Ihrem Desktop suchen und speichern und es später auf Ihrem Smartphone oder Tablet lesen.

---

1 »The Coming Zombie Apocalypse« unter *http://designmind.frogdesign.com/blog/the-coming-zombie-apocalypse-small-cheap-devices-will-disrupt-our-old-school-ux-assumptions.htm*

Im Oktober 2011 hat das W3C angekündigt, an einer Spezifikation für die Erkennung von Geräten in der näherenUmgebung zu arbeiten.[2] Dadurch wird eine ganz neue Art des Content Shifting möglich. So könnten Sie beispielsweise mit Ihrem Smartphone Inhalte aufspüren und dann die Wiedergabe dieser Inhalte auf einem TV-Gerät in der Nähe steuern.

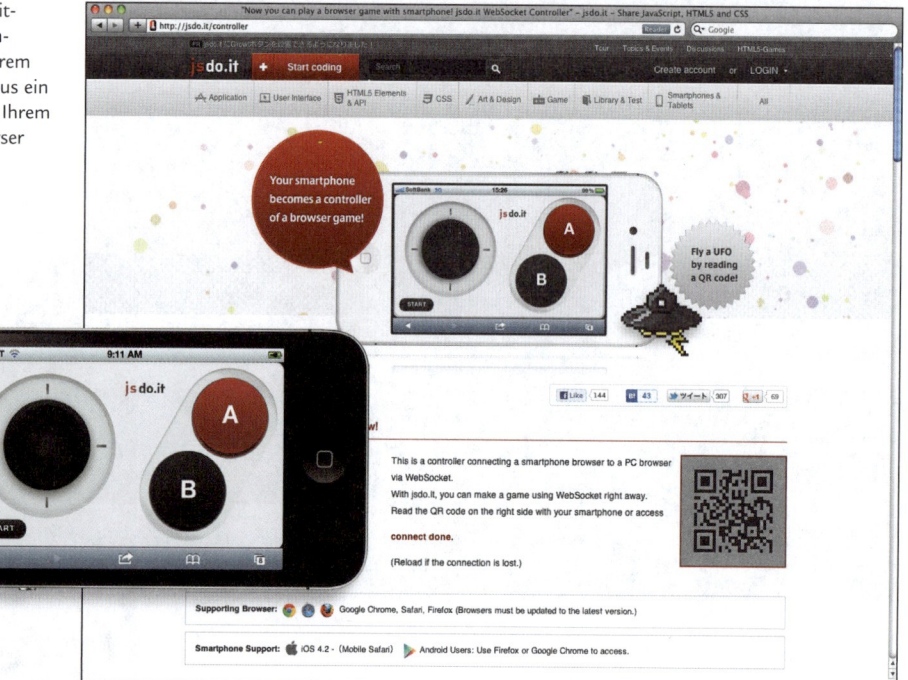

Mit dem jsdo.it-Controller können Sie von Ihrem Smartphone aus ein Raumschiff in Ihrem Desktop-Browser steuern.

Technologien wie WebSockets – die bereits ab Internet Explorer 10, Chrome 17+ und Firefox 11+ und teilweise von Safari, Opera, iOS und Opera Mobile unterstützt werden – bieten Ihnen die Möglichkeit, eine Sitzung zwischen Browser und Server zu öffnen, um zwischen den beiden zu interagieren. Dies öffnet Tür und Tor für die Interaktion mehrerer Benutzer sowie mehrerer Geräte untereinander.

Die Kluft zwischen verschiedenen Geräten wird immer kleiner, und genau deshalb sollte Ihre Aufmerksamkeit nicht allein dem Layout gelten. Da immer mehr Geräte miteinander verbunden sind, lässt sich die interaktive Natur des Webs immer

---

2 »Web applications: discovering and binding to services« unter *www.w3.org/QA/2011/10/web_applications_discovering_a.html*

weniger ignorieren. Wir müssen damit beginnen, weit mehr als das Gerät, das wir gerade in der Hand halten, in den Blick zu nehmen, und uns stattdessen Gedanken machen über die vielen verschiedenen Nutzererlebnisse, die im Zusammenspiel der verschiedenen Devices möglich sind.

Das Web ist ein unglaublich mächtiges Medium, eines, das auf eine beliebige Anzahl von Sensoren reagieren kann und über die physikalischen Wände eines Geräts hinausreicht. Stellen wir uns der Herausforderung, nicht nur auf das Layout zu reagieren.

Bildnachweis

BEISPIEL-WEBSITE
Foto von Jayel Aheram unter *www.flickr.com/photos/aheram/440478825*
Foto von Jack Rydquist unter *www.flickr.com/photos/chaos123115/2994577362*
Foto von Ed Yourdon unter *www.flickr.com/photos/yourdon/3890007962*
Foto von Trevor Manternach unter *www.flickr.com/photos/trvr3307/2352092039*

KAPITEL 1
Seite 11: Foto von Chris Harrison, Carnegie Mellon University. Abdruck mit freundlicher Genehmigung der Rechteinhaber.
Seite 17: Foto aus *Adaptive Web Design: Crafting Rich Experiences with Progressive Enhancement* von Aaron Gustafson (Easy Readers, 2011). Abdruck mit freundlicher Genehmigung der Rechteinhaber.

KAPITEL 4
Seite 115: Foto von John Martinez Pavliga unter *www.flickr.com/photos/virtualsugar/2972610947*
Seite 124: Copyright The Royal Observatory, Greenwich

KAPITEL 5
Seite 140: Foto von Luke Wroblewski unter *www.flickr.com/photos/lukew/7382743430/in/set-72157630151452558*. Abdruck mit freundlicher Genehmigung der Rechteinhaber.
Seite 156: Foto von Jeremy Vandel unter *www.flickr.com/photos/jeremy_vandel/4279024627*

KAPITEL 6
Seite 175: Foto von Jeremy Keith unter *www.flickr.com/photos/adactio/2888167827*
Seite 181: Foto von David Fulmer unter *www.flickr.com/photos/daveynin/6027218091*

KAPITEL 9
Seite 249: Foto von Eelke Dekker unter *www.flickr.com/photos/eelkedekker/5339017351*

Index

A

Aaron Gustafson, M&M-Analogie 17
»A ›Comprehensive‹ Guide to Mobile Statistics« von Jason Grigsby 144
»A Dao of Web Design« von John Allsopp 24
Adaptive Images 114
Adobe Shadow 159
Affero General Public License v3 (AGPL) 226
Afrika, mobile Geräte 170
AGPL (Affero General Public License v3) 226
A List Apart 13, 24
all, Medientyp 70
Allsopp, John: »A Dao of Web Design« 24
Analysedienste 141
Analysen 139
    demographische Studien 145
    Inhaltsanalyse 147
    installierte Basis 145
    Marktanteile der installierten Basis 145
    Metriken für das mobile Web 144
    Tracking-Methoden 141
anchorInclude-Funktion 197, 199
and, Media Query-Schlüsselwort 71
Android *siehe* Google Android/Chrome
API für Inhalte 207
    Anzeigeschicht 208
    Speicherschicht 207
    Übersetzungs- oder API-Schicht 208
appendAround 204
Apple
    Bildschirmgröße 6
    internetfähige TV-Geräte 6
    Touchscreens 236
»A Responsive Experience« von Mark Boulton 243
article 43

aside 42
aspect-ratio, Medienausdruck 71, 72
ausklappbares Menü 93
Ausrichtungs-Bug unter iOS 65

B

Barebones 184
Barrierefreiheit 148
Battery Status-API 268
bedingte Kommentare für IE 51
benutzerdefinierte Datenattribute in HTML5 106
Bilder
    Auswirkung der Größe auf Performance 104
    display:none und Performance 105
    für mobile Geräte 105
    nachladen mit matchMedia() 110
    nachladen per nativem JavaScript 106
    Responsive Images *siehe* Responsive Images
    Scalable Vector Graphics (SVG) 123
    testladen 245
    Vektorbilder 123
    Werbung 129
Bildkennwort (Microsoft Windows 8) 257
Bildschirmgröße
    hochauflösende Displays 121
    Werbung 129
BlackBerry
    Eingabemethoden 156
    Media Queries 79
    Standarddisplay 35
    verzerrte Analysen 141
    Webfonts 120
Bootstrap 183
Boulton, Mark: »A Responsive Experience« 243
Bowles, Cennydd: »What bugs me about ›content-out‹« 191

Box-Sizing 45
braille, Medientyp 70
Breakpoints 83
    bestimmen 83
    Definition 30
    dem Inhalt entsprechend 83
    von px in em konvertieren 89
Browser
    in Geräte integrierte 6
    Mock-ups fürs Design 179

C

Calendar-API 268
canvas-Element 265
Cascading Stylesheets (CSS), Funktion 17
CDN (Content Delivery Network) 116
Chrome *siehe* Google Android/Chrome
clientseitiger Include 199
CMS (Content Management-Systeme) 205
CNN-Website 10
Codesuppe 205
color, Medienausdruck 71, 72
color-index, Medienausdruck 71, 72
column-count 88
Contacts-API 268
Content *siehe* Inhalte
Content Delivery Network (CDN) 116
Content Management-Systeme (CMS) 205
Content-Reference-Wireframes 174
»Content Strategy for the Web« von Kristina Halvorson 151
»Contextual Web« von Nick Finck 251
Cookies, lesen und schreiben 231
»Creating Intrinsic Ratios for Video« von Thierry Koblentz 125
CSS-Preprocessor 36
    LESS 36
    SASS 36
CSS-Tabellen 49

D

data-*, benutzerdefinierte Datenattribute 106, 198
DDR, Device Detection Repository 215
demographische Studien 145
Design-Briefs 155, 165
Detector 220
DeviceAnywhere 160
device-aspect-ratio, Medienausdruck 71, 72
DeviceAtlas 215, 228
»Device Experiences & Responsive Design« von Luke Wroblewski 244
device-height, Medienausdruck 72
device-width, Medienausdruck 72
display-Eigenschaft 49
display:none
    und Performance 108
    und Performance von Bildern 105
display:table
    Warnung und Wort für die Zukunft 53
display:table-cell
    absolute Positionierung 53
    Deklaration 50
Download-Ballast von Websites 108

E

E-Book-Reader, integrierte Browser 6
ECMAscript 73
eCSSential von Scott Jehl 77
elastische Layouts 28
em
    elastisches Layout 28
    für Schriftgrößen 32
    in Media Queries 89
email, Eingabetyp 253
embossed, Medientyp 70
Emulatoren 158
»Everyware« von Adam Greenfield 252

F

Feature-Erkennung 216
    Modernizr 217
    Pro/Contra feature-Erkennung 219
feste Breite, Layouts mit 25
Finck, Nick: »Contextual Web« 251
Firefox (Mozilla)
    erhöhte Downloadzahlen 104
    matchMedia()-Unterstützung 110
    mehrspaltige Layouts 87
    Präfixsyntax 45
    px- vs. em-basierte Media Queries 88
    rem 36
FitVids, jQuery-Plugin 125
Flexbox 203
Flexible Box Layout Module 203
Fluid Layouts 27
@font-face-Deklaration 120
Ford Fusion 272
Formfaktor 2
Foursquare 136
Frameworks 40
    Grid-basierte 40
    Nachteile 22
    YAML 137
Frost, Brad: »Responsive Design verkaufen« 166
Future Friendly Manifesto 15

G

Gastbeiträge
    »Jenseits des Layouts« von Luke Wroblewski 256
    »Kleines Smartphone, große Erwartungen« von Tom Maslen 142
    »Performance-Aspekte von Responsive Design« von Guy Podjarny 108
    »Responsive Design und Barrierefreiheit« von Henny Swan 148
    »Responsive Design verkaufen« von Brad Frost 166
    »RESS in der Wildnis« von Erik Runyon 222
    »Vertikale Media Queries« von Ed Merritt 74
Geolocation API 258
    Movable Type 260
geräte-agnostisches Konzept 14
Geräte-APIs 258
    Geolocation API 258
    Media Capture API 263
    Network Information API 246
    Tabelle der 268
Geräteerfahrungen 244
Gerätepixel 62
geräteübergreifende Erfahrung 153
Google Analytics 141
Google Android/Chrome
    matchMedia()-Unterstützung 110
    Media Queries 79
    Präfixsyntax 45
    rem 36
    WURFL oder JavaScript 231
Google Chrome *siehe* Google Android/Chrome
Graceful Degradation 14
Greenfield, Adam: »Everyware« 252
Grey Box-Methode 176
grid, Medienausdruck 72
Grid-basierte Frameworks 40
Grid Layouts 203
Grigsby, Jason 117
    »A ›Comprehensive‹ Guide to Mobile Statistics« 144
Grunderfahrung 80
Guypo *siehe* Podjarny, Guy

H

Halvorson, Kristina
    »Content Strategy for the Web« 151
handheld, Medientyp 70
has_cellular_radio, WURFL 235
Haversine-Formel 261

height, Medienausdruck 72
hover, Media Query-Feature 73
HTML5-Elemente
  article 43
  aside 42
  benutzerdefinierte Datenattribute 106, 198
  data-*, benutzerdefinierte Datenattribute 106, 198
  Eingabetypen 253
  section 43
HTML Media Capture 268
httparchive.org 22
hybride Layouts 29

I

IBM-Werbung 134
iFrame 125
Image Beacons 141
img-Element 141
Inhalte
  analysieren 147
  Content Delivery Networks (CDNs) 116
  Content Management-Systeme 18
  Content Modeling 193
  Content-Reference-Wireframes 174
  planen 147
  Reihenfolge 194
  verbergen 108
  verbessern 197
  verschieben 204
  WYSIWYG 203
Inhaltsanalyse 147, 174
Inhaltstypen 191
initial-scale, Direktive 66
installierte Basis, Marktanteile 145
Instapaper 273
Internet Explorer
  24-Bit-PNGs 177
  bedingte Kommentare 51
  Bug mit Schriftgröße 34
  display-Eigenschaft nicht unterstützt vor IE8 50

rem 36
spezifisches Stylesheet nicht auf Windows Phone 7 anwenden 53
Internetnutzung, ausschließlich mobile 170
intrinsische Verhältnisse 125
»Inventing on Principle« von Bret Victor 182
iPad
  Dominanz 6
  hochauflösende Displays 122
iPhone
  CSS-Pixel vs. Gerätepixel 62
  Displaygröße 6
  Standarddisplay 35
  Webfonts 120
Irish, Paul: »Polyfill für matchMedia()« 110

J

JavaScript
  Ballast in Webseiten 22
  Funktion 17
  Responsive Images 106
  verzerrte Analysen 141
JavaScript-Ballast 22
»Jenseits des Layouts« von Luke Wroblewski 256
Jenson, Scott: »The Coming Zombie Apocalypse« 10, 273
jQuery 197
jsdo.it-Controller 274
JSON 216

K

Keith, Jeremy: »Windows mobile Media Queries« 53
Kindle (Amazon)
  Dominanz 6
  geräteübergreifende User Experience 153
  Mobilfunkverbindung 235
  Standardschriftgrößen 35
Kirby, Mark: »The Mobile context« 250

»Kleines Smartphone, große
    Erwartungen« von Tom Maslen 142
Koblentz, Thierry: »Creating Intrinsic
    Ratios for Video« 125
Kohärenz 153, 168
Kompass 264
Konstellation von Geräten 153
Kontext 248
Konvertierung von px in Prozent 37, 38

L

Lambeau Field 260
Latenz 7, 77, 135
Layouttypen
    elastisches Layout 28
    feste Breite 25
    Fluid Layouts 27
    hybride Layouts 29
LESS 36
logische Schlüsselwörter, in Media
    Queries 71
Lovinger, Rachel: »Nimble Report« 206

M

Marcotte, Ethan
    Demo-Website Inquirer 12
    »Responsive Web Design« 13, 164,
        242
    »Toffee-Nosed« 13
Marktanteile der installierten Basis 145
Maslen, Tom: »Kleines Smartphone,
    große Erwartungen« 142
matchMedia() 110
maximum-scale
    Direktive 66
max-width 47, 87
McLuhan, Marshall 180
mdot-Websites 108
@media 69
Media Capture API 263
Media-Features, Tabelle 72
Media Queries 58, 73
    Breakpoints 83
    CSS-Regeln 76

Definition 30
eingebettete 77
externe 77
Grundlagen 58
hover 73
Komponenten 69
logische Schlüsselwörter 71
matchMedia() 110
max-width 87
Media-Features 72
Media Queries Level 4 73
Medienausdrücke 71
Medientypen 69
min-resolution 122
min-width 71
mit em 89
only 76
or 76
pointer 73
script 73
Struktur 68
vom Desktop ausgehend 78, 118
von mobilen Geräten ausgehend 79,
    119
-webkit-min-device-pixel-ratio 122
mediaQuery bookmarklet 83
mehrspaltiges CSS3-Layout 87
mentales Modell 3
Merritt, Ed: »Vertikale Media Queries«
    74
Messaging-API 268
Metadaten 193
Metriken für das mobile Web 144
Microsoft OmniTouch 11
Microsoft Windows 8
    Bildkennwort 257
minimum-scale, Direktive 67
min-resolution 122
min-width, Deklaration 71
M&M-Analogie, Aaron Gustafson 17
Mobile First
    Bilder 105
    Grundlagen 169
    Media Queries 79
»Mobile First« von Luke Wroblewski
    169

mobile Internetnutzung, ausschließlich 170
mobiler Traffic, Pandora und Twitter 5
Mobilfunkverträge, weltweit 4
Mock-ups 176
    dynamische 179
    HTML-basierte 179
    statische 178, 182
Modell, mentales 3
Modernizr 217
    modernizr-server 218
monochrome, Medienausdruck 72
Movable Type 260
-moz-box-sizing, Deklaration 45
-moz-column-count 88
Mozilla, verbesserte Ladezeiten 104
Multi-column Layout Module 87

N

Nachkommen-Selektor 34
navigator.connection 247
Network Information API 246
»Nimble Report« von Rachel Lovinger 206
not, Media Query-Schlüsselwort 73
NPR (National Public Radio), API für Inhalte 207
number, Eingabetyp 253
Nutzungskontext 252

O

OmniTouch 11
»On a small screen, user experience is everything« von Madhava Enros 153
only, Media Query-Schlüsselwort 76
Opera/Opera Mobile/Opera Mini
    CSS-Pixel vs. Gerätepixel 62
    mehrspaltige Layouts 87
    px- vs. em-basierte Media Queries 88
    rem 36
orientation, Medienausdruck 72
or, Media Query-Schlüsselwort 76

P

Pandora 5
PerfectoMobile 160
»Performance-Aspekte von Responsive Design« von Guy Podjarny 108
Pixel
    als Maßeinheit in Layouts mit fester Breite 25
    CSS-Pixel 62
    für Schriftgrößen 30
    Gerätepixel 62
    Konvertierung in em 37
    Pixeldichte 122
Planung von Responsive Websites 133
Podjarny, Guy: »Performance-Aspekte von Responsive Design« 108
pointer, Media Query-Feature 73
pointing_method, WURFL 236
Polyfill 217
    Definition 110
    matchMedia() 110
    picturefill 117
print, Medientyp 70
Progressive Enhancement 14
    durch Textkürzungen 201
projection, Medientyp 70
px siehe Pixel

R

Rasterlayouts , 40
    in Pixel 43
    Raster festlegen 41
    Robbie Mansons GitHub-Repository 43
    vom Inhalt ausgehend 41
rem, für Schriftgrößen 35
Rendering-Engines 63
Reqwest 197
resolution, Medienausdruck 72
resolution_width, WURFL 229
Responsive Advertising 129
Responsive Architecture 242
Responsive Content 189, 193, 197
    anchorInclude-Funktion 199

Anchor-Include Pattern 197
clientseitiger Include 199
Content Modeling 193
Inhalte entfernen 195
Inhalte verbessern 197
Inhalte verschieben 204
Priorität von Inhalten 192
Struktur 192
View Desktop 195
Zielsetzung von Inhalten 192
Responsive Design and Server-Side
    Components (RESS) *siehe* RESS
»Responsive Design und Barriere-
    freiheit« von Henny Swan 148
»Responsive Design verkaufen« von
    Brad Frost 166
Responsive Images 102
    Adaptive Images 114
    Downloadzeiten 117
    Gewicht von Bildern 103
    Hintergrundbilder 118
    hochauflösende Displays 121
    Polyfill 117
    Sencha.io Src 113
    Strategien für 111
    und gestalterische Eingriffe 115
    verbergen 108
    Werbung 129
Responsive User Experience 242, 244, 252
    Geolocation API 258
    Geräte-APIs 258
    Kontext 248
    Media Capture API 263
    Network Information API 246
»Responsive Web Design« von Ethan
    Marcotte 13, 164, 242
Responsive Webdesign, Workflow 161
»RESS in der Wildnis« von Erik Runyon 222
RESS (Responsive Design and Server-
    Side Components) 212
    $_SERVER 229
    DDR, Device Detection Repository 215
    Detector 220

DeviceAtlas 215, 228
Feature-Erkennung 216
Modernizr 217
modernizr-server 218
Pro/Contra Feature-Erkennung 219
Pro/Contra User Agent-Erkennung 216
Servervariablen 229
User Agent-Erkennung 213
User Agent-String 213
WURFL 215
    installieren 225
Rich Text-Editor 203
Rieger, Stephanie: »Strategies for
    choosing testing devices« 156
Runyon, Erik: »RESS in der Wildnis« 222

S

Safari
    matchMedia()-Unterstützung 110
    rem 36
Samsung Acclaim 215, 220
SASS 36
Scalable Vector Graphics (SVG) 123
scan, Medienausdruck 72
Schlüsselwörter für Media Queries 71
Schriftgrößen
    em 32
        Bug in Internet Explorer 34
    Prozent 34
    px 30
        Konvertierung in em 38
        Konvertierung in Prozent 37
    rem 35
    Standardschriftgrößen 35
screen, Medientyp 70
script, Media Query-Feature 73
section 43
Seitentabellen 150, 174
Sencha.io Src 113
Sensor-API 268
$_SERVER 229
serverseitige Erkennung 212
Servervariablen 229
setviewportsize 109

Shadow von Adobe 159
Shopzilla, verbesserte Ladezeiten 103
Skizzen 175
Smartphones, Verkaufszahlen 4
speech, Medientyp 70
»Strategies for choosing testing devices«
    von Stephanie Rieger 156
Styleguide 183
    Bootstrap 183
    Frontend-Styleguide 183
    mit Barebones 184
    visueller 183
»Support vs. Optimization« von Brad
    Frost 152
SVG (Scalable Vector Graphics) 123
Swan, Henny: »Responsive Design und
    Barrierefreiheit« 148

T

Tabellenlayouts 49
Tap.js 239
tel, Eingabetyp 236, 253
tel:, Link für Telefonnummern 234
Testgeräte organisieren 156
Testladen von Bildern 245
Testumgebung
    Adobe Shadow 159
    bisheriger Traffic 156
    Budget 157
    Dienste von Drittanbietern 160
    Emulatoren 158
    gerätespezifische Faktoren 157
    projektspezifische Features 157
    regionaler Traffic und Markt 157
    vorbereiten 155
Texte einkürzen 201
»The Coming Zombie Apocalypse« von
    Scott Jenson 10, 273
»The Mobile context« von Mark Kirby
    250
»Toffee-Nosed« von Ethan Marcotte 14
Toggle-Menü 93
tty, Medientyp 70
tv, Medientyp 70
Twitter 5

U

UA-String *siehe* User Agent-String
url, Eingabetyp 253
User Agent-Erkennung 213
    Pro/Contra User Agent-Erkennung
        216
User Agent-String 18, 113, 213
    Sencha.io Src 113
    Struktur 215

V

Vektorbilder 123
Verkaufszahlen
    Smartphones 4
    Tablets 6
»Vertikale Media Queries« von Ed
    Merritt 74
Vibration-API 268
Victor, Bret: »Inventing on Principle«
    182
Video 124
    FitVids, jQuery-Plugin 125
    intrinsische Verhältnisse 125
    Seitenverhältnis 125
Viewport 29
    Grundlagen 61
    Layout-Viewport 62
    visueller Viewport 62
viewport-Meta-Tag 63
    height 64
    height=device-height 64
    maximum-scale 65, 66
    minimum-scale 67
    user-scalable 65
    @viewport-Regel 67
    width 64
    width=device-width 64
@viewport-Regel 67
Vimeo 125
Vinh, Khoi: »Ordering Disorder: Grid
    Principles for Web Design« 40

W

WAI-ARIA-Landmarks 148
Wasserfallkonzept 167
Webfonts 120
Web Intents 268
WebKit-basierte Browser
　　CSS-Pixel vs. Gerätepixel 62
　　mehrspaltige Layouts 87
　　px- vs. em-basierte Media Queries 88
　　Rendering-Engines 63
-webkit-box-sizing, Deklaration 45
-webkit-column-count 88
-webkit-min-device-pixel-ratio 122
webkitCompassAccuracy 264
webkitCompassHeading 264
webpagetest.org 108
Website
　　CNN 10
　　Inquirer 12
WebSockets 274
Werbung 129
»What bugs me about ›content-out‹« von Cennydd Bowles 191
What You See Is What You Get 203
width, Medienausdruck 72
Wii, integrierter Browser 6
Windows Phone 7
　　IE-Stylesheet nicht anwenden 53
　　Media Queries 79
Wireframes 150, 173
　　Content-Reference-Wireframes 174
　　detailreichere Wireframes 176
　　Grey Box-Methode 176
　　Tools 176
Wireless Markup Language 4
WML 4
Workflow beim Responsive Webdesign 161
Wroblewski, Luke: »Device Experiences & Responsive Design« 244
Wroblewski, Luke: »Jenseits des Layouts« 256
Wroblewski, Luke: »Mobile First« 169
WTAI (Wireless Telephony Applications Interface) 234
WURFL 215
　　has_cellular_radio 235
　　installieren 225
　　pointing_method 236
　　resolution_width 229
　　xhtml_make_phone_call_string 235
WYSIWYG 203

X

Xbox 360, integrierter Browser 6
xhtml_make_phone_call_string, WURFL 235
XHTML-MP 212

Y

YAML-Framework 137
Yiibu 123
YouTube 125, 126

Z

Zusammenarbeit von Designer und Entwickler 163
Zusammenarbeit mit dem Kunden 167

Über den Autor

Tim Kadlec ist Webentwickler und hat bereits für viele verschiedene Unternehmen gearbeitet – darunter kleine Firmen, große Verlagshäuser und Industriekunden. Er konnte dadurch ein umfassendes Verständnis dafür entwickeln, wie sich der durchdachte Einsatz von Webtechnologien für Unternehmen aller Größen positiv bemerkbar macht.

Tim ist Mitbegründer von *Breaking Development*, einer der ersten Konferenzen für Webdesign und die mobile Entwicklung. Seine große Leidenschaft gilt dem Web, und dementsprechend trifft man ihn auf zahlreichen Konferenzen an, auf denen er über seine Erfahrungen als Web- und Mobile-Entwickler spricht.

Tim ist Co-Autor vom *Web Performance Daybook Volume 2* und bloggt unter *http://timkadlec.com*. Auf Twitter ist er unter @tkadlec aktiv.

Tim lebt mit seiner Frau und seinen drei Töchtern in der kleinen Stadt Three Lakes, Wisconsin.

Über den technischen Gutachter

Jason Grigsby erwarb im Jahr 2000 sein erstes Mobiltelefon. Er war besessen von dem Gedanken, wie viel besser die Welt sein würde, wenn alle Menschen Zugriff auf alle Informationen der Welt hätten – und das mithilfe eines Device, das in die Hosentasche passt. Diese mobilen Träume stießen an die harten Grenzen der Realität: WAP war Mist. Also beschäftigte sich Jason bis 2007 wieder mit dem Web – bis das iPhone zeigte, dass die Zeit reif war für das mobile Web. Er schloss sich mit drei der intelligentesten Menschen zusammen, die er kannte, und gründete *Cloud Four*.

Seit der Gründung dieses Unternehmens hatte er das große Glück, an vielen fantastischen Projekten mitzuarbeiten, darunter die iPhone-App *Obama '08*. Er ist Gründer und Präsident von *Mobile Portland*, einer lokalen Non-Profit-Organisation, die sich der Förderung der mobilen Community in Portland, Oregon, verschrieben hat.

Jason ist Co-Autor von *Mobiles Web von Kopf bis Fuß* (O'Reilly Verlag) und ein gefragter Konferenzsprecher und Consultant zum Thema Mobile. Wenn es steigerungsfähig wäre, könnte man behaupten, dass er heute noch stärker von mobilen Geräten besessen ist als im Jahr 2000. Sein Blog finden Sie unter *http://cloudfour.com*, seine persönliche Website unter *http://userfirstweb.com*. Auf Twitter ist Jason als @grigs unterwegs.